KI im Mittelstand: Chancen, Optimierungen und Neugeschäft

ONLINE-KURS ZUM BUCH

Als Nutzer*in dieses Buches haben Sie kostenlos Zugriff auf einen Online-Kurs, der das Buch optimal ergänzt und für Sie wertvolle digitale Materialien bereithält. Zugang zu diesem Online-Kurs auf einer Springer Nature-eigenen eLearning-Plattform erhalten Sie über einen Link im Buch. Dieser Kurs-Link befindet sich innerhalb der ersten Kapitel. Sollte der Link fehlen oder nicht funktionieren, senden Sie uns bitte eine E-Mail mit dem Betreff „Book+Course" und dem Buchtitel an customerservice@springernature.com.

Online-Kurse bieten Ihnen viele Vorteile!

- Sie lernen online jederzeit und überall
- Mit interaktiven Materialien wie Quizzen oder Aufgaben überprüfen Sie kontinuierlich Ihren Lernfortschritt
- Die Videoeinheiten sind einprägsam und kurzgehalten
- Tipps & Tricks helfen Ihnen bei der praktischen Umsetzung der Lerninhalte
- Ihr Zertifikat erhalten Sie optional nach erfolgreichem Abschluss

Dominik Renner · Daniel Reicher ·
Christian Vancea

KI im Mittelstand: Chancen, Optimierungen und Neugeschäft

Dominik Renner
Feldkirchen bei Graz, Österreich

Daniel Reicher
Graz, Österreich

Christian Vancea
Graz, Österreich

ISBN 978-3-658-46076-1   ISBN 978-3-658-46077-8   (eBook)
https://doi.org/10.1007/978-3-658-46077-8

Die Deutsche Nationalbibliothek verzeichnet diese Publikation in der Deutschen Nationalbibliografie; detaillierte bibliografische Daten sind im Internet über https://portal.dnb.de abrufbar.

Planung/Lektorat: Petra Steinmueller
Springer Vieweg ist ein Imprint der eingetragenen Gesellschaft Springer Fachmedien Wiesbaden GmbH und ist ein Teil von Springer Nature.
Die Anschrift der Gesellschaft ist: Abraham-Lincoln-Str. 46, 65189 Wiesbaden, Germany

Wenn Sie dieses Produkt entsorgen, geben Sie das Papier bitte zum Recycling.

Kick-off: KI im Mittelstand – Dein Ticket in die Zukunft

Hallo und ein herzliches Willkommen zum Start unseres aufregenden Abenteuers in die Welt der Künstlichen Intelligenz, speziell zugeschnitten auf den Mittelstand! Wir, das sind Dom, Chris und Daniel – drei enge Freunde und nun deine Tourguides auf dieser Entdeckungsreise. Unser Ziel? Wir möchten dir das Thema KI näherbringen: lebendig, pragmatisch und mit einer Prise Humor. Da wir uns nun durch diese Zeilen schon ein wenig kennengelernt haben, schlagen wir vor, beim Du zu blciben.

Uns Drei vereint die Begeisterung für die Möglichkeiten, die KI kleinen und mittleren Unternehmen bietet. Wir sind überzeugt: Dieses Buch wird nicht nur dein Wissen rund um Künstliche Intelligenz signifikant erweitern, sondern dich auch optimal darauf vorbereiten, wie du KI-Technologien effektiv in deinem Unternehmen einsetzen kannst. Es soll dir die Augen öffnen für die unzähligen neuen Möglichkeiten, die uns diese spannende Ära bietet, und dir konkret aufzeigen, wie du die Potenziale der KI für deinen Geschäftserfolg nutzen kannst. Mit praxisnahen Beispielen, leicht verständlichen Erklärungen und strategischen Leitfäden wirst du lernen, die aktuellen Herausforderungen in Chancen zu verwandeln und dein Unternehmen zukunftssicher zu machen.

Warum dieses Buch?
In einer Welt, in der Künstliche Intelligenz (KI) immer mehr an Bedeutung gewinnt, suchten wir nach einem Leitfaden, der uns nicht nur oberflächlich mit dem Thema vertraut macht, sondern uns tief in die Materie eintauchen lässt – und das auf eine pragmatische und gleichzeitig fesselnde Art und Weise. Wir suchten nach einem Buch, das sowohl Einsteiger als auch Fortgeschrittene anspricht und dabei den Spagat zwischen einer leicht verständlichen Einführung und fundierten Einblicken meistert. Ein Buch, das die faszinierenden Möglichkeiten der KI im Mittelstand aufzeigt, praktische Tipps liefert und so geschrieben ist, dass man es nicht mehr aus der Hand legen möchte. Doch unsere Suche blieb erfolglos. Entweder waren die vorhandenen Texte enorm trocken, oder sie umschifften das Thema KI ähnlich vorsichtig, wie ein Finanzberater das Wort „Risiko" – alles in allem streiften die meisten

Bücher lediglich die Oberfläche des Potenzials, das KI für mittelständische Unternehmen birgt.

So stand für uns fest: Wenn das, für uns passende, Buch noch nicht existiert, dann müssen wir es eben selbst schreiben. Und hier sind wir nun – mit einem Werk, das hoffentlich genauso aufregend für dich zu lesen sein wird, wie es für uns war, es zu schreiben. Dieses Buch ist das Ergebnis unserer Reise durch die Welt der Künstlichen Intelligenz, angereichert mit lebensnahen Beispielen, Fallstudien und praktischen Tipps speziell für mittelständische Unternehmen. Es ist gedacht als Wegweiser in eine Zukunft, in der KI nicht mehr nur ein Schlagwort ist, sondern ein integraler Bestandteil des Unternehmenserfolgs. Wir laden dich ein, mit uns auf eine Entdeckungsreise zu gehen, auf der du nicht nur die technologischen Grundlagen und die wirtschaftlichen Potenziale der KI verstehen wirst, sondern auch, wie du diese Erkenntnisse praktisch in deinem Unternehmen anwenden kannst.

Wer sind ‚Wir‘?

Als drei Freunde, die ihre Leidenschaft für Technologie und Unternehmertum teilen, haben wir, Dom, Chris und Daniel beschlossen, dem Genre der Geschäftsbücher einen etwas anderen Wind einzuhauchen. Unsere gemeinsame Reise startete nicht in der Formalität von Meetingräumen, sondern aus einer Freundschaft heraus. Verbunden durch die Überzeugung, dass wahre Innovation oft in lockerer Runde bei einem Glas Wein, statt in trockenen Meetings entsteht, fanden wir zusammen.

Unsere Erfahrungsschatzkiste ist gefüllt mit den verschiedensten Abenteuern – von den dynamischen, aber oft chaotischen Welten der Startups bis hin zu den strategisch durchdachten, aber manchmal zu starren Strukturen der Großkonzerne. Diese Wege haben uns nicht nur gelehrt, wie man Resilienz aufbaut und Innovationen vorantreibt, sondern auch, dass das wahre Geheimnis darin liegt, eine Brücke zwischen diesen Welten zu schlagen. Es geht darum, die Kreativität und Agilität eines Startups mit der Skalierbarkeit und den Prozessen eines etablierten Unternehmens zu kombinieren. Und genau diese Synergie ist es, die wir in unsere Zusammenarbeit einfließen lassen – immer mit dem Ziel, nicht nur zusammenzuarbeiten, sondern auch zusammen zu wachsen und zu lernen.

Aber genug von uns. Dieses Buch ist für dich gemacht. Es soll dich auf eine spannende Reise mitnehmen, bei der du die faszinierende Welt der Künstlichen Intelligenz (KI) nicht nur verstehst, sondern auch praktisch für dein Unternehmen einsetzen kannst. Unser Ziel ist es, dass du in Gesprächen über KI nicht nur mitreden, sondern die Diskussion aktiv führen kannst. Wir wissen, dass wir mit den technischen Details nur an der Oberfläche kratzen und auf einer hohen Flughöhe bleiben werden. Mehr ist im Rahmen dieses Buches leider nicht möglich. Es soll dir jedoch einen umfassenden Überblick, eine solide Basis und einen Startpunkt bieten. Du musst kein KI Solution Architect oder Data Scientist werden, aber wir wollen dir das notwendige Handwerkszeug mitgeben, damit du zukünftig die Aussagen anderer hinterfragen und dein Unternehmen fit für die KI-Zukunft machen kannst. Wir wollen dich inspirieren, die vielfältigen Möglichkeiten von KI zu entdecken und gleichzeitig zeigen, dass es okay ist, Fragen oder Bedenken zu haben.

Abb. 1 Foto der Autoren (v.l.n.r.): Daniel Reicher, Christian Vancea, Dominik Renner

Wir hoffen, dass unsere Geschichten und Tipps dich ermutigen, den Mittelstand mit KI aktiv zu gestalten und zu revolutionieren (Abb. 1).

Deine Reise in die Welt der KI

Dieses Buch ist deine Eintrittskarte in eine Welt, in der KI nicht nur ein Buzzword ist, sondern ein echter Mehrwert für dein Unternehmen. Wir nehmen dich an die Hand (nicht wörtlich, aber fast) und zeigen dir, wie du KI nutzen kannst, ohne ein IT-Genie zu sein.

- Denkst du manchmal, dass ein bisschen KI genau das ist, was dir und deinem Business fehlt?
- Welche Routineaufgaben könnten wohl automatisiert werden?
- Was, wenn du durch KI deine Kunden besser verstehen und deine Produkte gezielter entwickeln könntest?
- Oder noch besser: Wie könnte KI dein Unternehmen transformieren, indem sie dir Einblicke und Lösungen bietet, an die du bisher nicht einmal gedacht hast?

Diese und ähnliche Fragen werden wir gemeinsam erkunden. Und wer weiß, vielleicht entdeckst du ja das ein oder andere KI-Potenzial in deinem Unternehmen, das nur darauf wartet, entfesselt zu werden.

Wir glauben fest daran, dass KI die Zukunft maßgeblich prägen wird. Aber keine Sorge, es geht nicht darum, den Menschen zu ersetzen, sondern darum, menschliche Fähigkeiten durch intelligente Technologie zu erweitern und zu bereichern.

Warum der Mittelstand? Weil Großunternehmen schon genug Rampenlicht bekommen!

Stellen wir uns vor, KI wäre das Schweizer Taschenmesser in der Werkzeugkiste der modernen Geschäftswelt – nur dass einige immer noch versuchen, die Verpackung zu öffnen. Während die Google, Amazons und Apples dieser Welt bereits begonnen haben, dieses Werkzeug in großem Stil einzusetzen und ganze Wälder zu durchforsten, steht der Mittelstand oft noch am Waldrand und fragt sich, ob das Werkzeug nicht zu hochtechnologisch für seine Verhältnisse ist.

Hier kommt der klischee brechende Teil: Der Mittelstand, mit seiner Wendigkeit, seinem Erfindungsreichtum und seiner Kundennähe, könnte mit KI eigentlich Berge versetzen – oder zumindest die Hügel der Bürokratie etwas effizienter gestalten. KI ist nicht nur ein Weg, diese Stärken zu potenzieren, sondern auch eine Chance, in der Liga der Großen mitzuspielen, ohne dabei die Bodenhaftung zu verlieren.

Aber warum gerade jetzt? Wir leben in einer Zeit, in der die technologischen Fortschritte nicht nur Schritt halten, sondern oft die Geschwindigkeit unseres Alltags übertreffen. KI-Technologien werden zunehmend zugänglicher und erschwinglicher, was sie auch für mittelständische Unternehmen attraktiv(er) macht. Gleichzeitig steigt der Wettbewerbsdruck, und die Kundenanforderungen werden immer spezifischer. KI bietet hier einen Ausweg: Sie ermöglicht es Unternehmen, sich von der Masse abzuheben, indem sie maßgeschneiderte Lösungen und einzigartige Kundenerlebnisse bietet. Darüber hinaus geht es bei KI nicht darum, den menschlichen Faktor zu ersetzen, sondern vielmehr darum, die menschliche Arbeit zu ergänzen und zu erweitern. Indem Routineaufgaben automatisiert werden, können sich Mitarbeiter auf kreative und strategische Aufgaben konzentrieren, die echten Mehrwert schaffen. Dieser Ansatz ermöglicht es dem Mittelstand, seine Ressourcen effizienter einzusetzen und seine Mitarbeiter in den Mittelpunkt der Unternehmensentwicklung zu stellen.

Also, bevor wir die Ärmel metaphorisch hochkrempeln und uns in die Welt der praktischen KI-Anwendungen für den Mittelstand stürzen, halten wir fest: KI ist weniger eine schrittweise Entwicklung als vielmehr ein Katalysator für den Sprung in die Zukunft. Die Frage ist nicht, ob der Mittelstand KI nutzen kann, sondern wie er sie nutzen kann, um seine Ziele zu erreichen. Die Antwort liegt in der Anpassungsfähigkeit, Flexibilität und Innovationskraft, die kleinere Unternehmen oft auszeichnen. Diese Eigenschaften machen den Mittelstand zum idealen Kandidaten für den Einsatz von KI-Lösungen, die maßgeschneidert, kosteneffizient und hochwirksam sein können.

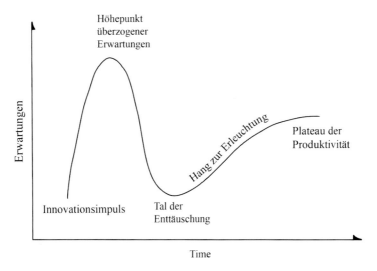

Abb. 2 Hype-Zyklus der Erwartungen

Dabei geht es nicht nur darum, den neuesten Trends zu folgen oder Technologie um der Technologie willen einzusetzen. Vielmehr ist es eine strategische Entscheidung, die darauf abzielt, die Kernkompetenzen des Unternehmens zu stärken, die Kundenzufriedenheit zu erhöhen und einen klaren Wettbewerbsvorteil zu schaffen. KI ermöglicht es mittelständischen Unternehmen, Daten in Entscheidungen zu verwandeln, Effizienz zu maximieren und neue Geschäftsfelder zu erschließen. Kurz gesagt, KI ist der Schlüssel zur Transformation des Mittelstands in eine agilere, intelligentere und kundenzentriertere Zukunft.

Doch bevor wir uns von der Begeisterung mitreißen lassen, ist es wichtig, einen klaren Kopf zu bewahren. Die Einführung von KI-Technologien in den Mittelstand ist zwar ein vielversprechender Schritt in Richtung Zukunft, aber sie ist kein Zaubermittel, das alle Probleme auf einen Schlag löst. Neben den offensichtlichen Herausforderungen wie Datensicherheit und ethischen Bedenken, stößt man auch auf das Phänomen der KI-Euphorie – eine anfängliche Begeisterung, die oft entsteht, wenn jemand zum ersten Mal ein fortschrittliches Tool wie ChatGPT nutzt. Diese Euphorie kann zu überzogenen Erwartungen führen, die nicht immer sofort erfüllt werden können. Ein nüchterner Blick auf die Realitäten und eine schrittweise, durchdachte Implementierung sind entscheidend, um nachhaltige Erfolge zu erzielen. Es ist wichtig, die eigenen Ziele klar zu definieren, die notwendigen Ressourcen zu planen und kontinuierlich zu lernen und sich anzupassen. So wird aus der anfänglichen Begeisterung ein langfristiger, strategischer Vorteil (Abb. 2).

Anstatt vom Fachkräftemangel zu sprechen, der oft als Hürde für die Implementierung von KI gesehen wird, bevorzugen wir den Begriff Herausforderung, wenn es darum geht, bestehende Teams weiterzubilden und mit den notwendigen Kompetenzen auszustatten.

In einer Welt, die sich ständig weiterentwickelt, ist die Fähigkeit, sich anzupassen und neues Wissen zu erwerben, entscheidender als je zuvor. Doch genau hier zeigt sich die Stärke des Mittelstands: in der Fähigkeit, Herausforderungen als Chancen zu begreifen und mit Kreativität, Flexibilität und einer Prise Mut zu begegnen.

In den kommenden Kapiteln werden wir viele Beispiele und praxisnahe Fallstudien vorstellen, die zeigen, wie mittelständische Unternehmen diese Herausforderungen erfolgreich meistern und die Potenziale von KI nutzen.

Unser Ziel in diesem Buch ist es daher nicht nur, die technischen Grundlagen und die wirtschaftlichen Potenziale von KI zu erläutern, sondern auch, einen realistischen Blick auf die praktische Umsetzung zu werfen. Wir möchten dir zeigen, dass KI kein fernes Zukunftsszenario ist, sondern eine greifbare Realität, die du für dein Unternehmen nutzbar machen kannst. Dabei legen wir besonderen Wert auf pragmatische Lösungen, die auch ohne ein großes IT-Team umgesetzt werden können. Wir möchten, dass du dieses Buch zuklappst mit dem Wissen, dass KI für deinen Mittelstand nicht nur erreichbar, sondern auch unverzichtbar ist.

Stellen wir uns vor, dieses Buch ist wie ein Espresso: stark, wirksam und genau das Richtige, um dich wachzurütteln für die Herausforderungen des digitalen Zeitalters. Wir zeigen dir, dass KI nicht nur ein Buzzword ist, das in Vorstandsetagen herumgeworfen wird, sondern ein praktisches Werkzeug. Es geht darum, KI aus der Welt der „Was-wäre-wenn" in die „Hier-und-jetzt" deines Mittelstandsunternehmens zu holen. Wie? Indem wir dir Schritt für Schritt zeigen, wie du von der Automatisierung der täglichen Abläufe bis hin zur Entwicklung komplett neuer datengetriebener Geschäftsmodelle alles umsetzen kannst.

Also, bist du bereit, einen Schritt weg vom „Das haben wir schon immer so gemacht" hin zu „Was wäre, wenn wir das mal anders probieren?" zu gehen? Dann blättere um und tauche ein in die faszinierende Welt der KI.

Inhaltsverzeichnis

Abbildungsverzeichnis

Teil I

Das Mysterium der Künstlichen Intelligenz – Was sie ist und was nicht

Willkommen in der Ära der Künstlichen Intelligenz (KI) – einem Zeitalter, das nicht nur die Spitzen der wissenschaftlichen Forschung berührt, sondern sich auch in so ziemlich allen alltäglichen Gesprächen wiederfindet. KI ist ein Phänomen, das gleichzeitig fasziniert und oft Rätsel aufwirft, ein Thema, das in den Medien ebenso präsent ist, wie in den strategischen Planungen von Unternehmen. Trotz ihrer Omnipräsenz bleibt die KI aber für viele ein schwer fassbares Konzept, ein Spannungsfeld zwischen science-fiction Zukunftsszenarien und der nüchternen Realität technologischer Fortschritte und Limitationen.

KI ist ein Begriff, der viele Formen annimmt und unterschiedliche Bedeutungen hat, je nachdem, wen man fragt. Für einige ist KI die Schaffung künstlicher Lebensformen, die menschliche Intelligenz übertreffen könnten, während andere darunter nahezu jede Form der Datenverarbeitungstechnologie verstehen. Doch was ist KI wirklich? Um diese Frage zu beantworten, betrachten wir zunächst drei konkrete Anwendungen von KI, die ganz unterschiedliche Aspekte dieser Technologie beleuchten.

Anwendungsbeispiele von KI

- **Selbstfahrende Autos:** Diese faszinierenden Maschinen sind das Produkt einer Vielzahl von KI-Techniken. Von der Suche und Planung, um die günstigste Route von A nach B zu finden, über Computer Vision zur Identifizierung von Hindernissen bis hin zur Entscheidungsfindung unter Unsicherheit in einer komplexen und dynamischen Umgebung – all diese Technologien müssen fehlerfrei funktionieren, um Unfälle zu vermeiden. Die gleichen Technologien finden auch Anwendung in anderen autonomen Systemen wie Lieferrobotern, fliegenden Drohnen und autonomen Schiffen. Die Implikationen sind weitreichend: von der Verbesserung der Verkehrssicherheit bis hin zur Effizienzsteigerung in Logistikketten.
- **Inhalts-Empfehlungssysteme:** Die Personalisierung von Inhalten ist ein weiteres Feld, in dem KI eine zentrale Rolle spielt. Ob es um die Auswahl der Beiträge geht, die in unseren Social Media Feeds erscheinen, oder um die Empfehlung des nächsten Films, den wir auf Netflix anschauen sollten – hinter all diesen Entscheidungen stecken komplexe KI-Algorithmen. Diese Systeme analysieren unser Verhalten und unsere Vorlieben, um uns Inhalte vorzuschlagen, die uns interessieren könnten. Die Herausforderungen und

ethischen Fragen, die sich aus der Nutzung dieser Technologien ergeben, sind jedoch nicht zu unterschätzen, insbesondere im Hinblick auf Filterblasen und die Verbreitung von Falschinformationen.

- **Bild- und Videoverarbeitung:** Von der Gesichtserkennung in unseren Smartphones bis hin zur Erstellung von Computeranimationen in Filmen – KI-Technologien ermöglichen eine Vielzahl von Anwendungen im Bereich der Bild- und Videoverarbeitung. Diese Technologien haben das Potenzial, unsere Interaktion mit digitalen Medien grundlegend zu verändern, werfen aber auch Fragen hinsichtlich Datenschutz und der Authentizität von Inhalten auf.

Wir könnten jetzt noch viele weitere Beispiele, die wir später im Buch auch noch im Detail behandeln werden, für die Anwendung von KI aufzählen, aber die Botschaft dürfte klar sein: KI ist allgegenwärtig und prägt längst unseren (digitalen) Alltag, und das bereits schon deutlich länger als mit der Einführung von ChatGPT die tägliche Berichterstattung über KI begonnen hat.

„Ich sehe was das du nicht siehst" – Personalisierte Nachrichten durch KI
Heutzutage bieten Online-Nachrichtenplattformen (wie zb. The New York Times), anders als traditionelle Printmedien, eine maßgeschneiderte Nutzererfahrung. Mittels KI-Algorithmen werden die Startseiten individuell für jeden Leser gestaltet. Diese Algorithmen werten Faktoren wie bisherige Lesevorlieben, Verweildauer bei bestimmten Artikeln, häufig gesuchte Themen und Nutzerinteraktionen aus. Das Ergebnis ist eine personalisierte Startseite, die präzise auf die Interessen des Einzelnen abgestimmt ist, um sicherzustellen, dass die angezeigten Inhalte auch wirklich die treffendsten sind.

Was ist Künstliche Intelligenz?

Wie der Online-Kurs das Buch bereichert

Als Leser*in dieses Buches können Sie kostenfrei auf den zugehörigen Online-Kurs zugreifen. Der Kurs ergänzt dieses Buch inhaltlich und liefert zudem Hilfestellungen für die erfolgreiche Umsetzung in den Alltag.

Für die Nutzung folgen Sie bitte den folgenden Anweisungen:

1. Verwenden Sie den nachfolgenden Link ▶sn.pub/XNv2Mh, um Zugang zu dem begleitenden Online-Kurs zu erhalten.
2. Bei erstmaliger Nutzung registrieren Sie sich bitte zunächst auf der Lernplattform.

Im Herzen des KI-Hypes liegt eine Verwandlung des Begriffs „Künstliche Intelligenz" von einer präzisen wissenschaftlichen Definition zu einem breit gefassten, fast modischen Schlagwort. Plötzlich wird alles Mögliche – von Statistik über Business Analytics bis hin zu manuell codierten Wenn-dann-Regeln – als KI bezeichnet. Warum? Weil der Begriff „KI" inzwischen magisch Kunden anzieht und Investorenherzen höherschlagen lässt. Es ist, als hätte man das Wort „Innovation" entdeckt und auf alles und jeden angewendet, um den Anschein von Fortschritt zu erwecken.

Diese Entwicklung hat nicht nur das Bild von KI in der Öffentlichkeit zunehmend verwischt, sondern auch zu Diskussionen geführt, was KI wirklich ausmacht und warum eine klare Definition wichtig ist, um die Potenziale und Grenzen dieser Technologie realistisch zu bewerten und zu nutzen. Aber warum gibt es so viel Unklarheit rund um den Begriff KI?

© Der/die Autor(en), exklusiv lizenziert an Springer Fachmedien Wiesbaden GmbH, ein Teil von Springer Nature 2025
D. Renner et al., *KI im Mittelstand: Chancen, Optimierungen und Neugeschäft*,
https://doi.org/10.1007/978-3-658-46077-8_1

Grund 1: Es gibt keine offizielle Definition

Ein bisschen wie beim Fangenspielen mit der Technologie: Kaum glaubt man, Künstliche Intelligenz (KI) in einer Ecke erwischt zu haben, schlüpft sie schon wieder durch unsere Finger und definiert sich neu. Die Sache mit der KI ist, dass es selbst unter KI-Forschern keine exakte Definition gibt. Frag zehn KI-Forscher, was KI eigentlich ist, und du erhältst elf verschiedene Antworten – ja, die Rechnung mag hier nicht aufgehen, aber so mysteriös ist das Feld eben!

Trotz dieser Vielfalt an Perspektiven gibt es einige Definitionen, die sich durch ihre Beständigkeit und ihren Einfluss auszeichnen. Eine der am weitesten verbreiteten und anerkannten stammt von Marvin Minsky aus dem Jahr 1966:

> **Übersicht**
> **Marvin Minsky über Künstliche Intelligenz (1966):** *„(...) the science of making machines do things that would require intelligence if done by men.“*[1]
> Künstliche Intelligenz ist die Wissenschaft, Maschinen dazu zu bringen, Dinge zu tun, die Übersichtmenschliche Intelligenz erfordern, wenn sie von Menschen ausgeführt werden.

Minskys Definition hebt hervor, dass es bei KI nicht nur darum geht, dass Maschinen bestimmte Aufgaben ausführen, sondern dass sie Aufgaben übernehmen, für die, würden sie von Menschen ausgeführt, Intelligenz erforderlich wäre.

Diese Definition von Minsky öffnet nicht nur eine Tür zum besseren Verständnis dessen, was KI ausmacht, sondern leitet auch über zu einem beliebten Scherz in der KI-Community, der die fließenden Grenzen und die ständige Neubewertung im Feld der Künstlichen Intelligenz treffend beschreibt:

> *„KI ist alles, was Computer noch nicht können; sobald sie es können, ist es keine KI mehr.“*

Das Ironische daran ist, dass nach dieser Definition KI immer ein unerreichbares Ziel bleibt. Denn sobald ein Computer etwas „Cooles" kann, verliert es prompt seinen KI-Status und wird zum Standard-Repertoire der Computerwissenschaften.

Diese fließende Definition mag zwar ein Scherz sein, aber sie enthält auch eine Prise Wahrheit. Nehmen wir die automatischen Such- und Planungsmethoden, die vor fünfzig Jahren noch als die heißesten KI-Innovationen galten. Heute? Standardwissen für jeden Informatikstudierenden. Und so könnte es auch bestimmten Methoden zur Verarbeitung unsicherer Informationen ergehen, die bald eher in die Kategorie Statistik oder Wahrscheinlichkeitsrechnung eingeordnet werden als in die KI.

---

[1] Stonier, T. (1992). The Evolution of Machine Intelligence. In: Beyond Information. Springer, London. https://doi.org/10.1007/978-1-4471-1835-0_6

In dieser ständigen Neuerfindung und Umdefinition liegt aber auch der Reiz der KI: Sie ist ein Feld, das nie stillsteht, sich immer weiterentwickelt und uns ständig herausfordert, mit ihr Schritt zu halten. Es ist ein bisschen so, als würden wir gemeinsam mit der Technologie wachsen und lernen.

Grund 2: Das Erbe der Science-Fiction

Die Schwierigkeit, Künstliche Intelligenz (KI) zu definieren, liegt nicht nur in der Komplexität und Vielseitigkeit der Technologie selbst, sondern auch in den vielfältigen Vorstellungen und Erwartungen, die jeder von uns an das Thema heranträgt.

Ein Teil des Problems ist, dass KI für viele Menschen stark von den bunten Darstellungen in Science-Fiction geprägt ist. Diese Visionen reichen von hyperintelligenten Systemen, die die Menschheit retten oder zerstören können (a la iRobot), bis hin zu künstlichen Wesen mit menschlichen Zügen, die sich nach Anerkennung und Zugehörigkeit sehnen. Diese fiktiven Erzählungen beeinflussen nicht nur unsere Erwartungen, sondern auch unsere Ängste bezüglich der KI, was eine nüchterne Auseinandersetzung mit dem Thema, vorallem im Geschäftskontext, deutlich schwerer macht.

Grund 3: Was leicht scheint, ist tatsächlich schwer...

Ein weiterer Knackpunkt beim Verständnis von KI ist die überraschende Schwierigkeit, zwischen leichten und schweren Aufgaben zu unterscheiden. Stell dir vor, du greifst nach einem beliebigen Gegenstand in deiner Nähe. Scheint einfach, oder? Aber halt mal kurz inne und denk darüber nach, was du da gerade gemacht hast: Du hast deine Augen genutzt, um die Umgebung zu scannen, hast ein passendes Objekt identifiziert, eines ausgesucht, eine Flugbahn für deine Hand berechnet, um es zu erreichen, dann deine Hand ausgestreckt, indem du verschiedene Muskeln in einer bestimmten Reihenfolge aktiviert hast, und schließlich das Objekt mit genau dem richtigen Druck gepackt, um es nicht fallen zu lassen oder zu zerquetschen.

Diese Alltagsmagie offenbart ihre wahre Komplexität oft erst, wenn mal etwas nicht nach Plan läuft: Das Objekt, das du aufheben wolltest, ist entweder schwerer oder leichter als gedacht, oder jemand reißt genau in dem Moment die Tür auf, als du nach dem Türgriff greifen wolltest, und schon ist das Gleichgewicht dahin. Normalerweise gehen uns solche Tätigkeiten völlig mühelos von der Hand, aber hinter diesem „einfachen" Vorgang verbergen sich Millionen Jahre Evolution und jahrelanges Üben in unserer Kindheit.

Während solche Aktionen für uns Menschen ein Kinderspiel sind, stellen sie für Roboter eine enorme Herausforderung dar, und genau hier wird intensiv geforscht. Ein Blick auf die neuesten Roboter von Boston Dynamics zeigt, wie weit wir in diesem Bereich gekommen sind, aber auch, wie viel noch zu tun bleibt, bis Maschinen ähnlich geschickt mit der physischen Welt interagieren können wie wir.

...und was schwer scheint, ist tatsächlich leicht

Auf der anderen Seite gibt es Tätigkeiten wie das Schachspiel oder komplizierte mathematische Probleme, die uns als Paradebeispiele für anspruchsvolle mentale Herausforderungen gelten. Diese Aufgaben setzen nicht nur jahrelanges Üben voraus, sondern beanspruchen auch unsere höchsten kognitiven Fähigkeiten und erfordern intensives, fokussiertes Denken. Es ist daher kaum verwunderlich, dass die frühe KI-Forschung sich gerade solchen Herausforderungen widmete – sie schienen den Kern dessen zu berühren, was wir unter Intelligenz verstehen.

Interessanterweise hat sich jedoch herausgestellt, dass gerade Aufgaben wie das Schachspiel überraschend gut in den digitalen Kompetenzbereich fallen. Computer, die klaren Regeln folgen und Milliarden von möglichen Zügen in Sekundenschnelle durchrechnen können, zeigen sich hier von einer beeindruckenden Stärke. Der historische Sieg des Computers Deep Blue über den damaligen Schachweltmeister Garri Kasparow im Jahr 1997 mag für viele eine Überraschung gewesen sein, offenbarte aber eine wichtige Erkenntnis: Was uns Menschen als hochkomplexe mentale Leistung erscheint, kann für einen Computer vergleichsweise einfach sein (Abb. 1.1).

Doch die Ironie dabei ist, dass die scheinbar einfacheren, physischen Aspekte des Spiels – wie das Ergreifen und Bewegen der Schachfiguren ohne das Brett umzuwerfen – für KI-Systeme und Roboter eine weit größere Herausforderung darstellen. Diese Erkenntnis bringt uns dazu, unsere Vorstellungen von Intelligenz und den damit verbundenen Fähigkeiten zu hinterfragen. Während digitale Systeme in der Lage sind, uns in bestimmten kognitiven Aufgaben zu übertreffen, bleiben die scheinbar banalen, alltäglichen motorischen Fähigkeiten, die wir Menschen oft als selbstverständlich ansehen, für sie eine beachtliche Hürde.

Diese Umkehrung der Schwierigkeitswahrnehmung verdeutlicht nicht nur die Grenzen derzeitiger KI-Systeme, sondern auch die Komplexität und Feinheit menschlicher Fertigkeiten. Sie erinnert uns daran, dass Intelligenz ein vielschichtiges Phänomen ist, das nicht allein durch die Fähigkeit, komplexe Berechnungen durchzuführen oder strategische Spiele zu gewinnen, definiert werden kann.

Beim weiteren Eintauchen in die Welt der KI stößt man unweigerlich auf zwei Begriffe, die das Herzstück von KIs Wesen bilden: Autonomie und Adaptivität.

Abb. 1.1 Roboter (AI) vs. Mensch

Autonomie und Adaptivität

Autonomie beschreibt die Fähigkeit von Maschinen, Aufgaben in komplexen Umgebungen eigenständig, ohne ständige menschliche Anleitung, zu bewältigen. Adaptivität hingegen beschreibt die Gabe der KI, sich durch Lernerfahrungen zu verbessern und anzupassen. Diese beiden Eigenschaften zusammen bilden das Rückgrat dessen, was wir unter einer intelligenten Maschine verstehen.

Übersicht
Autonomie
Die Fähigkeit, Aufgaben in komplexen Umgebungen ohne ständige Anleitung durch einen Nutzer auszuführen.

- **Beispiel:** Ein autonomes Fahrzeug, das selbstständig durch den Stadtverkehr navigiert und auf unerwartete Hindernisse reagiert.

Adaptivität
Die Fähigkeit, die Leistung durch das Lernen aus Erfahrungen zu verbessern.
- **Beispiel:** Eine Empfehlungs-KI, die ihre Vorschläge basierend auf dem Nutzerverhalten kontinuierlich anpasst und verbessert, um immer relevantere Empfehlungen zu geben.

Nehmen wir zum Beispiel ein mittelständisches Logistikunternehmen, das autonome Lieferfahrzeuge einsetzt. Diese Fahrzeuge navigieren nicht nur selbstständig durch städtische Umgebungen, sondern passen sich auch kontinuierlich an veränderte Verkehrsbedingungen und Routenoptimierungen an. Wenn ein Fahrzeug auf eine unerwartete Straßensperre trifft, weicht es eigenständig aus und lernt, ähnliche Situationen in Zukunft effizienter zu handhaben. So wird die Lieferkette nicht nur zuverlässiger, sondern auch kosteneffizienter. Diese Kombination aus Autonomie und Adaptivität ermöglicht es dem Unternehmen, seine Ressourcen optimal zu nutzen und auf unvorhergesehene Herausforderungen flexibel zu reagieren.

Aber Achtung, wenn wir über KI reden, sollten wir unsere Wortwahl mit Bedacht treffen. Begriffe wie „Lernen", „Verstehen" und „Intelligenz" klingen zwar großartig, aber sie malen ein Bild der KI, das mehr einer Wunschvorstellung gleicht als der nüchternen Realität. Zum Beispiel klingt es beeindruckend, wenn wir sagen, ein System sei „intelligent", weil es den schnellsten Weg durch den Verkehr findet oder Hautkrankheiten auf Fotos diagnostizieren kann. Doch dabei vergessen wir leicht, dass diese Fähigkeiten eng umrissen sind und nicht bedeuten, dass die Maschine auch andere menschliche Tätigkeiten – wie das Kochen eines Abendessens oder das Falten von Wäsche – meistern kann.

Übersicht
John Searles berühmtes Gedankenexperiment, das chinesische Zimmer-Argument[2], wirft einen ziemlich großen Schatten auf die Party der KI-Enthusiasten. Es stellt die These auf, dass intelligentes Verhalten nicht automatisch mit echter Intelligenz gleichzusetzen ist. Kurz gesagt, es ist ein philosophischer Dämpfer auf die Idee, dass unsere klugen Maschinen tatsächlich etwas „verstehen".

---

[2] https://plato.stanford.edu/entries/chinese-room/#ChinRoomArgu

Das Experiment:
Ein Mensch, der kein Chinesisch spricht, wird in ein Zimmer eingeschlossen. Durch einen Schlitz in der Tür erhält er Zettel mit Notizen auf Chinesisch. Mithilfe eines detaillierten Handbuchs im Zimmer findet er Anweisungen, wie er auf diese Notizen antworten soll, und schickt die Antworten zurück durch den Schlitz.

Searles Schlussfolgerung:
Auch wenn der arme Kerl außerhalb des Zimmers denkt, er hätte gerade eine tiefgründige Konversation auf Chinesisch geführt, wissen wir es besser. Der Mensch im Zimmer hat genauso viel von der chinesischen Sprache verstanden wie eine Kaffeemaschine von der Kaffeebohne – nämlich nichts. Searle meint also, dass, egal wie geschickt eine Maschine im Imitieren menschlicher Interaktion ist, ihr „Verständnis" von dem, was sie tut, ziemlich oberflächlich ist. Searle argumentiert, dass, ähnlich wie die Person im Zimmer, eine Maschine, die intelligentes Verhalten zeigt (z. B. den Turing-Test besteht), nicht notwendigerweise als intelligent oder „bewusst" im menschlichen Sinne angesehen werden kann.

Genauso irreführend kann es sein, von einem Computer Vision-System zu sagen, es „verstehe" Bilder, weil es Autos, Fußgänger und Gebäude identifizieren kann. Das suggeriert fälschlicherweise, dass das System auch den Kontext oder die Bedeutung hinter diesen Bildern begreift, was schlichtweg nicht der Fall ist.

Diese Missverständnisse führen uns zu der Erkenntnis, dass Intelligenz kein eindimensionales Konzept ist, das sich einfach messen lässt wie die Temperatur. Die Vorstellung, KI-Systeme könnten anhand einer einzigen Skala bewertet werden, ist irreführend. Ist ein Schachalgorithmus „intelligenter" als ein Spam-Filter? Kann ein Musikempfehlungsdienst mit einem selbstfahrenden Auto in Sachen „Intelligenz" konkurrieren? Solche Vergleiche sind sinnlos, da jede KI auf ihre spezifische Aufgabe zugeschnitten ist und außerhalb dieses Rahmens nicht zwangsläufig leistungsfähig ist.

Starke vs. Schwache Künstliche Intelligenz

Jetzt wird's spannend: starke und schwache KI. Lass uns mal einen Blick darauf werfen, was diese beiden Begriffe bedeuten. Schwache KI, auch bekannt als „enge KI", ist ein ziemliches Arbeitstier – aber ein sehr spezialisierter. Sie kann in ihrem speziellen Anwendungsbereich wahre Wunder vollbringen, aber ein tiefes Verständnis oder Bewusstsein für ihre Aktionen? Fehlanzeige. Die meisten KI-Systeme, die du täglich nutzt, gehören zu dieser Kategorie. Von deinem Sprachassistenten bis zu den Empfehlungsalgorithmen bei Netflix, sie alle sind clevere, aber begrenzte KI-Lösungen.

Abb. 1.2 Das chinesische Zimmer Experiment: Eingabe vs. Ausgabe

Starke KI dagegen ist das Einhorn der Technologie. Eine starke KI könnte theoretisch alles, was du auch kannst – und wahrscheinlich noch mehr. Sie könnte eigenständig lernen, verstehen, schlussfolgern und sogar so etwas wie Bewusstsein entwickeln. Klingt nach Science-Fiction, oder? Genau das ist es momentan auch. Wir sind noch weit davon entfernt, eine solche KI in die Realität umzusetzen. Es gibt immense ethische und technische Hürden, die überwunden werden müssen.

Aber stell dir mal vor, wir hätten eine solche starke KI. Ein Computer, der das gesamte Wissen des Internets durchforsten kann, um die größten Probleme der Menschheit zu lösen, bevor sie überhaupt entstehen. Das wäre ein echter Gamechanger für Medizin, Klimawandel, Wirtschaft und soziale Gerechtigkeit. Die sogenannte Künstliche Allgemeine Intelligenz (AGI) ist der heilige Gral der KI-Entwicklung. Eine Maschine, die menschliche Intelligenz in all ihren Facetten nachahmen und vielleicht sogar übertreffen kann.

Stell dir vor, deine KI könnte komplexe Probleme im Gesundheitswesen lösen, ohne dabei ins Schwitzen zu kommen. Klingt zu schön, um wahr zu sein? Nun, die Realität ist ein bisschen komplizierter. AGI muss nicht nur technisch machbar sein, sondern auch sicher und ethisch vertretbar. Sie muss unsere Werte teilen und darf keine Bedrohung darstellen. Die Optimisten unter den Experten, wie Ray Kurzweil, glauben, dass wir bis 2029 soweit sein könnten. Aber ehrlich gesagt, ist das ziemlich optimistisch.

Firmen wie OpenAI und Google stecken Unmengen an Ressourcen in die AGI-Forschung, in der Hoffnung, dass diese Systeme unser Leben erheblich verbessern können. Trotz all der Euphorie sehen viele Experten AGI als ein noch fernes Ziel. Sicherheit und ethische Überlegungen stehen dabei immer im Vordergrund, um die Risiken einer potenziellen Superintelligenz zu minimieren.

Irgendwann werden wir wahrscheinlich AGI und ASI (Artificial Superintelligence) erreichen – Intelligenzformen, die unser menschliches Verständnis weit übersteigen könnten. Vielleicht müssen wir diese superintelligente AGI selbst fragen, was Intelligenz wirklich bedeutet. Das wird ein echter Augenöffner sein! Bis dahin bleibt uns nichts anderes übrig, als abzuwarten und die Entwicklung mit einer Mischung aus Neugier und Vorsicht zu beobachten".

Starke vs. Schwache Künstliche Intelligenz
Schwache KI (Enge KI)

- Definition: KI-Systeme, die auf spezifische Aufgaben spezialisiert sind.
- Beispiele: Sprachassistenten, Empfehlungsalgorithmen, Bild- und Spracherkennung.
- Merkmale: Hohe Leistungsfähigkeit in einem begrenzten Bereich, kein echtes Verständnis oder Bewusstsein.

Starke KI (Generelle KI)

- Definition: Theoretische KI, die menschliche Intelligenz in allen Bereichen nachahmen kann.
- Fähigkeiten: Selbstständiges Lernen, Verstehen, Schlussfolgern und möglicherweise Bewusstsein.
- Potenziale: Revolutionäre Lösungen für globale Probleme in Medizin, Klima, Wirtschaft und mehr.
- Status: Momentan noch Science-Fiction, mit großen ethischen und technischen Herausforderungen.

Künstliche Allgemeine Intelligenz (AGI)

- Ziel: Entwicklung einer KI, die menschliche Intelligenz vollständig nachbilden kann.
- Herausforderungen: Technische Machbarkeit, Sicherheit, ethische Überlegungen.
- Zukunftsaussichten: Expertenmeinungen variieren; einige prognostizieren Durchbrüche bis 2029, andere sehen es als langfristiges Ziel.

Fun Fact: Wenn wir AGI und ASI (Artificial Superintelligence) erreichen, könnten diese Intelligenzen so weit über unserem Verständnis liegen, dass wir sie fragen müssten, was Intelligenz wirklich bedeutet!

Die Unterscheidung zwischen starker und schwacher KI hilft uns, die Landschaft der Künstlichen Intelligenz besser zu navigieren und unsere Erwartungen entsprechend zu kalibrieren. Während die schwache KI bereits tief in unser Leben integriert ist, bleibt die Idee einer starken KI ein leuchtender, doch ferner Punkt am Horizont der Forschung.

So, wir haben nun gesehen, dass „Künstliche Intelligenz" zu einem Schlagwort geworden ist, das ähnlich wie „agil" vor einigen Jahren alles und jeden in seinen Bann zieht. Es scheint, als ob das Hinzufügen von „KI" zu einem Produkt oder einer Dienstleistung – egal, wie lose der tatsächliche Bezug ist – vergleichbar ist mit dem Verleihen eines Gütesiegels: Plötzlich wird alles attraktiver, wertvoller und, ja, verkauft sich einfach besser.

Aber mal ehrlich: Nicht jede Anwendung, die sich KI auf die Fahne schreibt, verdient wirklich diesen Titel. Es wird Zeit, dass wir über die echte Substanz hinter der KI sprechen und die Blendwerke von den wahren Innovationen trennen. Im nächsten Kapitel tauchen wir tiefer in die Welt von Machine Learning, Deep Learning und Co. ein. Wir werden klären, was diese Begriffe wirklich bedeuten, warum sie mehr als nur trendige Buzzwords sind und vor allem, was der Mittelstand wirklich über KI wissen muss, um nicht nur mitzureden, sondern auch mitzugestalten.

☑ **Checkliste: Ist diese KI-Anwendung wirklich so intelligent?**
Bevor du dich das nächste Mal von den beeindruckenden Fähigkeiten einer KI mitreißen lässt, stelle dir folgende Fragen, um deren tatsächliches „Intelligenzniveau" besser einschätzen zu können:

	Ja	Nein
Spezialist oder Generalist? • Hat die KI das Potenzial, ein breites Spektrum an Problemen anzugehen?		
Adaptivität: • Lernt die KI aus neuen Erfahrungen und verbessert sich selbstständig?		
Verständnis: • Kann die KI zugrunde liegende Konzepte verstehen und darauf basierend Entscheidungen treffen?		
Autonomie: • Erfordert die KI wenig menschliche Überwachung und Eingriffe?		
Flexibilität: • Kann die KI sich an veränderte Umstände anpassen?		

Selbstverbesserung:
• Ist die KI in der Lage, sich eigenständig weiterzuentwickeln und zu verbessern?

Problemvielfalt:
• Kann die KI verschiedene Arten von Problemen lösen?

Kontextverständnis:
• Kann die KI den Kontext, in dem sie operiert, verstehen und berücksichtigen?

Ethik und Entscheidungsfindung:
• Ist die KI in der Lage, ethische Überlegungen in ihre Entscheidungsprozesse einzubeziehen?

Fehlererkennung und -korrektur:
• Kann die KI Fehler in ihren Operationen erkennen und selbstständig Korrekturen vornehmen?

Innovationsfähigkeit:
• Zeigt die KI die Fähigkeit, kreative oder innovative Lösungen für Probleme zu entwickeln?

Bewertungsmatrix

• *Hochintelligent (9–11 Ja): Diese KI ist der CEO unter den Maschinen. Sie zeigt ein hohes Maß an Intelligenz, Autonomie und Adaptivität. Wahrscheinlich könnte sie nicht nur Ihre Meetings leiten, sondern auch die nächste große Geschäftsidee entwickeln und umsetzen.*

• *Mittelintelligent (5–8 Ja): Diese KI macht vieles richtig und kann ein verlässlicher Partner im Tagesgeschäft sein. Dennoch braucht sie manchmal noch ein wenig Anleitung und kann von weiterem Training profitieren.*

• *Gering intelligent (0–4 Ja): Diese KI ist auf einfache Aufgaben beschränkt und erfordert ständige Aufsicht und Korrekturen.*

2

KI auf den Punkt gebracht: Alles, was der Mittelstand wirklich wissen muss

Nachdem wir im ersten Kapitel entdeckt haben, dass „Künstliche Intelligenz" ein Begriff ist, der alles und nichts bedeuten kann – je nachdem, wie man das Wort ‚KI' in seinem Geschäftsumfeld verwendet –, steigen wir nun tiefer in die Materie ein, aber keine Sorge wir halten das Tempo hoch.

Wer hätte gedacht, dass ein Bereich, der einst das Terrain von Akademikern und Sci-Fi-Autoren war, plötzlich zum heißesten Thema in Vorstandsetagen und Startup-Lofts wird? Aber bevor wir alle unsere Business-Strategien über den Haufen werfen und blindlings auf den KI-Zug aufspringen, sollten wir vielleicht einen Moment innehalten und uns fragen: Was haben wir eigentlich im ersten Kapitel gelernt? Richtig, dass KI nicht einfach nur ein weiteres Schlagwort ist, sondern eine tiefgreifende technologische Entwicklung, die genauso viele Fragen aufwirft, wie sie Lösungen bietet.

Der Mittelstand steht vor einem Universum voller Chancen, aber auch vor einem Labyrinth voller Fragen: Was muss man über KI wirklich wissen, ohne sich in den technologischen Wirren zu verlieren? Bevor wir also die nächste Trendwelle reiten oder uns von schillernden KI-Versprechen blenden lassen, nehmen wir einen scharfen, Blick auf die Geschichte und die Grundlagen der KI, bewaffnet mit dem Wissen aus Kap. 1, dass KI mehr ist als nur ein schickes Etikett für alles, was auch nur entfernt nach Zukunft riecht.

Zurück zu den Wurzeln: Ein historischer Intermezzo

Die Idee der KI ist fast so alt wie die Informatik selbst. Schon lange, bevor der erste Computer erfunden wurde, träumten Menschen von der Möglichkeit automatischen Denkens und Schlussfolgerns. Ein Pionier auf diesem Gebiet war Alan Turing. Neben dem berühmten Turing-Test gehören seine Beiträge zur KI und zur Informatik allgemein zu den

D. Renner et al., *KI im Mittelstand: Chancen, Optimierungen und Neugeschäft*,
https://doi.org/10.1007/978-3-658-46077-8_2

Grundsteinen moderner Computertechnik. Turing entwickelte die Turing-Maschine, ein theoretisches Modell, das zwar praktisch nicht umsetzbar ist, ihn aber zur Erfindung programmierbarer Computer führte. Diese Innovation erscheint uns heute selbstverständlich, war aber zu Turings Zeiten eine echte Revolution.

☼ Mensch oder Maschine? – Der Turing Test[1]

Alan Turing, ein britischer Mathematiker und Logiker, gilt zurecht als der Vater der Informatik. Besessen von der Frage, ob Maschinen denken können, schlug Turing ein Spiel vor, das später als der berühmte Turing-Test bekannt wurde.

Das Spiel beginnt:
Stelle dir ein Text-Chat-Szenario vor: Ein menschlicher Befrager chattet mit zwei Mitspielern, A und B. Einer ist ein Mensch, der andere ein Computer. Kann der Befrager nicht entscheiden, wer von beiden der Computer ist, hat die Maschine den Test bestanden. Der Clou ist: Wenn der Computer in einem allgemeinen Gespräch von einem Menschen nicht zu unterscheiden ist, dann, so Turing, müsste er als intelligent gelten.

Was Turing uns sagen wollte:
Im Grunde genommen ist Turings Ansatz vergleichbar mit dem Spruch aus Forrest Gump: „Dumm ist der, der Dummes tut". Auf Turing gemünzt hieße das: „Intelligent ist, wer intelligentes von sich gibt". Mit anderen Worten, eine Entität gilt als intelligent, wenn sie durch ihr Verhalten nicht von einer anderen intelligenten Entität zu unterscheiden ist. Turing beschränkte dabei das Verhalten auf Gespräche, um sicherzustellen, dass die Entscheidung nicht aufgrund des Aussehens getroffen wird.

   Was uns der Turing-Test wirklich lehrt, ist, dass Intelligenz vielleicht weniger mit dem „Was" zu tun hat, als mit dem „Wie". Es ist eine Einladung, die Grenzen unserer eigenen Vorstellungen von Intelligenz zu hinterfragen. Und für mittelständische Unternehmen? Eine Erinnerung daran, dass der Schein trügen kann: Nur weil etwas aussieht (oder chattet) wie ein Mensch, muss es noch lange nicht verstehen, fühlen oder denken wie einer. In der Welt der KI ist es nicht die Fähigkeit, ein Quiz zu gewinnen, die zählt, sondern die Fähigkeit, wirklich zu verstehen und zu interagieren. Oder, um es mit einem Augenzwinkern zu sagen: Bevor Sie Ihre nächste KI-Lösung einstellen, stellen Sie sicher, dass sie nicht nur gut im Smalltalk ist.

---

[1] https://plato.stanford.edu/entries/turing-test/

> **Fun Fact**
>
> Die CAPTCHA-Technologie („Completely Automated Public Turing test to tell Computers and Humans Apart") die dir oft beim surfen im Internet unterkommt, nutzt genau Alan Turings Idee des Turing Tests, aber in umgekehrter Richtung. Anstatt zu prüfen, ob Maschinen menschlich wirken können, wird getestet, ob du menschlich genug bist, um Maschinen zu täuschen. Mit anderen Worten, jedes Mal, wenn du eine verzerrte Buchstabenfolge entzifferst oder die Bilder mit Verkehrsampeln auswählst, bestehst du einen Turing-Test – nur eben als Mensch.
>
> Also, das nächste Mal, wenn du dich durch ein CAPTCHA kämpfst, denk daran: Du trittst in die Fußstapfen von Alan Turing und beweist, dass du cleverer bist als ein Roboter. Eine nette Hommage an einen der größten Denker unserer Zeit, oder?

John McCarthy und die Geburtsstunde der KI

Der Begriff „Künstliche Intelligenz" stammt von John McCarthy, dem oft als Vater der KI bezeichneten Wissenschaftler. Das Ganze begann 1956, als McCarthy zusammen mit anderen die Dartmouth-Konferenz ins Leben rief. McCarthy griff die Ideen von Turing auf und behauptete, dass jede Facette der Intelligenz so detailliert beschrieben werden kann, dass eine Maschine sie nachahmen könnte – ein Gedanke, der die KI-Forschung bis heute antreibt.

Warum Spiele und Suchalgorithmen in der KI-Forschung zentral wurden

Mit dem Aufkommen leistungsfähigerer Computer in den 1950er Jahren rückten Spiele und Suchalgorithmen in den Fokus der KI-Forschung. Spiele boten ein klar definiertes Feld für Experimente, während Such- und Planungstechniken zu bedeutenden Fortschritten führten. Von Schach über Go bis hin zu modernen Strategiespielen – Spiele inspirieren KI-Forscher kontinuierlich zu neuen Durchbrüchen (Abb. 2.1).

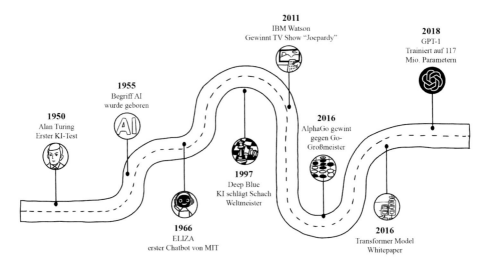

Abb. 2.1 Die KI-Zeitleiste

Wie KI lernte, zwischen den Zeilen zu lesen, ohne sich zu verlaufen

Ein bedeutender Wendepunkt in der Geschichte der Künstlichen Intelligenz wurde mit der Veröffentlichung des Whitepapers „Attention is All You Need" im Jahr 2017 markiert. Dieses Dokument stellte die Welt der KI auf den Kopf, indem es die Transformer-Architektur vorstellte, eine innovative Methode, die den Bereich des maschinellen Lernens, insbesondere in der Verarbeitung natürlicher Sprache (NLP), revolutionierte.

Vor dieser Entdeckung verließen sich viele Modelle auf komplexe, sequenzielle Verarbeitungsmechanismen, die nicht nur rechenintensiv, sondern auch ineffizient in der Handhabung langer Datenreihen waren. Die Transformer-Architektur hingegen, die auf dem Konzept der „Aufmerksamkeit" basiert, ermöglicht es Modellen, wichtige Informationen aus großen Datenmengen effizienter zu extrahieren und zu verarbeiten, indem sie den Fokus gezielt auf relevante Teile der Daten legt.

> **Was ist das Transformer-Modell?**
> Jetzt stell dir mal vor, du hast ein Buch vor dir und kannst es an jeder beliebigen Stelle aufschlagen und sofort den Kontext verstehen. Genau das können Transformer-Modelle. Sie sind wie sehr aufmerksame Leser, die nicht nur Zeile für Zeile durchgehen, sondern auch den gesamten Kontext erfassen und die wichtigsten Informationen herauspicken.

Veröffentlichung: 2017 im Whitepaper „Attention is All You Need".[2]

Funktion: Revolutioniert das maschinelle Lernen durch den Einsatz von „Aufmerksamkeit" anstelle von sequenziellen Verarbeitungsmechanismen

Vorteile:

- **Effizienz:** Schnelleres Verarbeiten großer Datenmengen
- **Genauigkeit:** Bessere Erkennung relevanter Informationen
- **Flexibilität:** Handhabung langer Datenreihen ohne Effizienzverlust

Bedeutung: Grundlage für fortschrittliche KI-Modelle wie GPT, die präzise und kontextbezogene Sprachverarbeitung ermöglichen.

Anwendungsgebiete: Übersetzungsdienste, Textgenerierung, Spracherkennung und viele weitere Bereiche der natürlichen Sprachverarbeitung (NLP).

Diese „magische" Fähigkeit basiert auf etwas, das wir „Aufmerksamkeit" nennen. Genau wie du in einem Gespräch auf wichtige Wörter achtest, um den Kern der Botschaft zu erfassen, konzentriert sich das Transformer-Modell auf die relevantesten Teile der Daten, um zu verstehen und zu antworten. Es kann die Bedeutung eines Satzes erfassen, indem es Beziehungen zwischen Wörtern analysiert, egal wie weit sie im Text voneinander entfernt sind. Dies ermöglicht es dem Modell, komplexe Anfragen effizient zu bearbeiten und dabei den Kontext und die Nuancen der Sprache zu verstehen.

Kurz gesagt, das Transformer-Modell revolutioniert die Art und Weise, wie Maschinen Sprache verarbeiten, indem es sich auf das „Wesentliche" konzentriert und dabei hilft, die riesige Informationsflut schnell und präzise zu navigieren. Für Manager bedeutet dies den Zugang zu Technologien, die schneller, genauer und effizienter sind als je zuvor, was Entscheidungen auf der Grundlage von Datenanalysen erheblich verbessern kann.

Dieser Durchbruch hat den Weg für Entwicklungen wie GPT (Generative Pre-trained Transformer) geebnet und den Grundstein für eine neue Ära in der KI-Forschung gelegt, in der Effizienz und Genauigkeit bei der Sprachverarbeitung deutlich verbessert wurden. Und ja, genau daher kommt auch das GPT in ChatGPT!

Mit diesem Einblick ins Transformer-Modell hast du jetzt mehr Durchblick in Sachen ChatGPT als die meisten, die darüber sprechen. Herzlichen Glückwunsch, du hast soeben das nächste Level im Verständnis der KI-Welt erreicht.

---

[2] https://proceedings.neurips.cc/paper_files/paper/2017/file/3f5ee243547dee91fbd053c1c4a845aa-Paper.pdf

Was der Mittelstand daraus lernen kann

Für mittelständische Unternehmen liegt die Magie der KI nicht im Gewinnen von Brettspielen oder dem Entziffern alter Codes. Vielmehr bieten die Grundprinzipien der KI – das automatisierte Lernen aus Daten, das Erkennen von Mustern und das Treffen von Entscheidungen – enorme Potenziale für Effizienzsteigerungen, Innovationen und neue Geschäftsmodelle. Die wahre Herausforderung liegt darin, diese Technologien so zu nutzen, dass sie konkreten Mehrwert schaffen.

Während wir uns durch den Dschungel der KI-Terminologie kämpfen, ist es wichtig, den Blick für das Wesentliche zu bewahren. KI ist kein Allheilmittel und schon gar kein Ersatz für menschliche Kreativität und Unternehmergeist. Aber sie ist ein mächtiges Werkzeug, das, richtig eingesetzt, den Mittelstand in die Zukunft katapultieren kann.

Nachdem wir nun den Nebel um das Transformer-Modell gelichtet haben, ist es an der Zeit, die Landkarte der Künstlichen Intelligenz weiter zu erkunden. Unser nächstes Ziel sind die verschiedenen Regionen dieser faszinierenden Welt: Machine Learning, Large Language Models und Generative KI. Jede dieser Regionen hat ihre eigenen Besonderheiten, Herausforderungen und Schätze zu bieten. Verstehen wir sie besser, können wir die KI-Landschaft nicht nur navigieren, sondern auch ihre Möglichkeiten voll ausschöpfen.

Maschinelles Lernen & Co.: Die Architekten der digitalen Zukunft

Täglich prasseln Buzzwords wie Machine Learning (ML), Deep Learning (DL) und viele andere auf uns ein, als würden wir unter einem Schirm stehen, der uns vor dem KI-Nieselregen schützen soll. Aber Hand aufs Herz: Verstehen wir wirklich, was hinter diesen Begriffen steckt? Oder nicken wir nur weise, während wir heimlich hoffen, dass niemand nach Details fragt? Dieses Kapitel ist dein Schutzschild gegen peinliche Momente der Unwissenheit. Wir rüsten dich nicht nur mit dem nötigen Vokabular aus, sondern sorgen auch dafür, dass du verstehst, wie diese Konzepte wie Zahnräder ineinandergreifen, um die technologische Magie zu entfesseln, die unseren Alltag prägt (Abb. 2.2).

Machine Learning – Die Grundlage

Machine Learning, kurz ML genannt, ist der Überbegriff, der eine Reihe von Algorithmen und Techniken umfasst, die es Computern ermöglichen, aus Daten zu lernen und Entscheidungen zu treffen oder Vorhersagen zu treffen, ohne dafür explizit programmiert zu sein. ML ist in drei Hauptkategorien unterteilt: überwachtes Lernen (wo die Maschine aus vorgegebenen Beispielen lernt), unüberwachtes Lernen (wo die Maschine Muster in unmarkierten Daten findet) und verstärkendes Lernen (wo die Maschine durch Belohnung und Bestrafung lernt). Jede dieser Kategorien hat spezifische Anwendungsfälle

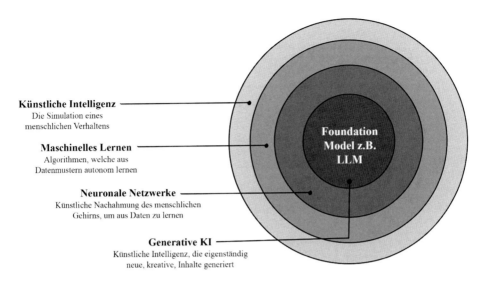

Künstliche Intelligenz
Die Simulation eines
menschlichen Verhaltens

Maschinelles Lernen
Algorithmen, welche aus
Datenmustern autonom lernen

Neuronale Netzwerke
Künstliche Nachahmung des menschlichen
Gehirns, um aus Daten zu lernen

Generative KI
Künstliche Intelligenz, die eigenständig
neue, kreative, Inhalte generiert

Foundation
Model z.B.
LLM

Abb. 2.2 Übersicht KI-Terminologie

und Methoden, die wir uns im nächsten Kapitel etwas genauer anschauen, gemeinsam ermöglichen sie Maschinen eine beeindruckende Anpassungsfähigkeit und Intelligenz.

Deep Learning – Eine spezielle ML-Technik

Deep Learning, eine Untergruppe des Machine Learning, nutzt künstliche neuronale Netze mit vielen Schichten (daher der Begriff „deep"), um komplexe Muster in großen Datenmengen zu erkennen. DL hat bedeutende Fortschritte in der Bild- und Spracherkennung ermöglicht und ist die treibende Kraft hinter vielen fortschrittlichen KI-Anwendungen, von der Gesichtserkennung bis hin zu autonomen Fahrzeugen. Spannenderweise haben Deep-Learning-Modelle es geschafft, in einigen Fällen die menschliche Leistung zu übertreffen, zum Beispiel bei der Erkennung von Krankheiten auf medizinischen Bildern. Ein weiteres faszinierendes Detail ist, dass DL-Modelle selbständig Features aus Daten extrahieren können, die für den Menschen schwer zu identifizieren sind, was zu erstaunlichen neuen Erkenntnissen und Anwendungen führt.

Large Language Models – Sprachkünstler der Künstlichen Intelligenz

Large Language Models (LLMs) sind eine spezielle Anwendung von Deep Learning, die sich darauf konzentrieren, natürliche Sprache zu verstehen und zu generieren. Stell dir vor, du hast eine KI, die nicht nur deine Nachrichten beantworten, sondern auch Romane schreiben und komplexe Texte analysieren kann. Modelle wie GPT (Generative Pre-trained Transformer) und BERT (Bidirectional Encoder Representations from Transformers) haben diese Fähigkeiten auf eine Weise revolutioniert, die wir uns vor ein paar Jahren kaum hätten vorstellen können.

Diese Sprachkünstler sind mittlerweile die treibende Kraft hinter Chatbots, die dir kompetent Auskunft geben, automatisierten Textzusammenfassungen, die dir das Lesen langer Dokumente ersparen, und fortschrittlichen Textanalysen, die tiefe Einblicke in riesige Textmengen bieten. Aber Vorsicht: Während sie beeindruckend gute Poesie verfassen können, sind sie auch bekannt dafür, ab und zu faktenfreie Geschichten zu erzählen – eine kleine Erinnerung daran, dass selbst die klügste KI nicht perfekt ist. Trotzdem, die Fortschritte, die durch LLMs erzielt wurden, sind atemberaubend und zeigen, wie weit die Verarbeitung natürlicher Sprache bereits gekommen ist.

Generative KI – Die Kunst der Kreation

Generative KI ist wie ein kreativer Assistent, der in der Lage ist, beeindruckende Inhalte zu erstellen – egal ob Texte, Bilder, Musik oder Videos. Diese Technologie hat das Potenzial, die Art und Weise, wie wir kreative Arbeiten angehen, komplett zu verändern und neue Möglichkeiten zu eröffnen. Ein wichtiger Teil davon sind Large Language Models (LLMs), aber generative KI umfasst auch Technologien wie GANs (Generative Adversarial Networks).

Stell dir vor, du arbeitest in einem Design-Team und musst in kürzester Zeit Prototypen für eine neue App erstellen. Mit generativer KI-Tools wie Figma kannst du automatisch Layouts und Designs generieren lassen, die du dann weiter verfeinern kannst. Oder denk an die Musikindustrie: Künstler können KI nutzen, um neue Melodien zu komponieren oder Beats zu kreieren, die sie dann für ihre Songs verwenden.

Auch in der Geschäftswelt findet generative KI spannende Anwendungen. Marketingteams nutzen KI, um personalisierte Werbekampagnen zu erstellen, die genau auf die Zielgruppe zugeschnitten sind. Filmemacher und Videoproduzenten setzen auf KI, um Spezialeffekte zu generieren oder sogar ganze Szenen zu animieren, die so realistisch wirken, dass sie das Publikum in Staunen versetzen.

Generative KI verändert nicht nur kreative Prozesse, sondern auch die Effizienz und die Möglichkeiten in vielen Branchen. Stell dir vor, du könntest mit ein paar Klicks ansprechende Grafiken, überzeugende Texte oder innovative Produktdesigns erstellen.

Die Zusammenarbeit zwischen Mensch und Maschine öffnet Türen zu neuen Ideen und verbessert die Produktivität erheblich.

 Künstliche Intelligenz – Die Bausteine

Machine Learning (ML):

- Das Fundament der KI-Welt, das Maschinen ermöglicht, aus Daten zu lernen, ohne explizit dafür programmiert zu sein. Es umfasst überwachtes, unüberwachtes und verstärkendes Lernen – die Grundbausteine für die Anpassungsfähigkeit und Intelligenz moderner Systeme.

Deep Learning (DL):

- Eine fortschrittliche Form des ML, die tiefe neuronale Netze nutzt, um komplexe Muster in großen Datensätzen zu erkennen. Von der Bilderkennung bis zur Sprachverarbeitung – DL treibt die ambitioniertesten KI-Anwendungen voran.

Large Language Models (LLMs):

- Spezialisierte DL-Modelle, die für die Verarbeitung und Erzeugung natürlicher Sprache entwickelt wurden. Sie ermöglichen es Computern, menschliche Sprache zu verstehen und zu generieren, was Technologien wie Chatbots und Textgeneratoren vorantreibt.

Generative KI:

- KI-Systeme, die neue Inhalte erzeugen können, von Texten und Bildern bis hin zu Musik und Videos. Diese Technologien erweitern die kreativen Möglichkeiten, indem sie die digitale Welt mit innovativer Kreativität bereichern.

Das Zusammenspiel

Obwohl Machine Learning, Deep Learning, Large Language Models und Generative KI als eigenständige Konzepte erscheinen mögen, sind sie tatsächlich eng miteinander verbunden und aufeinander aufbauend. ML bietet die grundlegende Methodik, auf der DL spezialisierte Techniken für das Verarbeiten von komplexen Datenstrukturen entwickelt.

LLMs und Generative KI nutzen die Fortschritte im Bereich des Deep Learning, um spezifische Anwendungen wie die Generierung natürlicher Sprache und anderer Inhalte zu ermöglichen.

In ihrer Gesamtheit illustrieren diese Technologien das breite Spektrum und die Tiefe der modernen KI-Forschung und -Entwicklung. Sie zeigen, wie aus grundlegenden Prinzipien des Lernens und der Datenverarbeitung Systeme entstehen können, die nicht nur die Welt um uns herum interpretieren, sondern auch auf kreative und innovative Weise mit ihr interagieren.

Man könnte sagen, diese Technologien sind wie die Mitglieder einer Boyband: jeder hat seine eigene Rolle, aber erst zusammen ergeben sie ein harmonisches Ganzes. Machine Learning ist der zuverlässige Bassist, Deep Learning der virtuose Gitarrist, Large Language Models sind der charismatische Sänger, und Generative KI der mysteriöse Keyboarder, der immer für eine Überraschung gut ist. Und ja, sie brauchen alle die Bühne der Daten, um ihre Show abzuziehen. Also, wenn Sie das nächste Mal Ihre KI-Strategie planen, denke daran: Du managed nicht nur eine Technologie, sondern eine ganze Band – und jeder will seinen Solo-Moment.

Machine Learning – Wie Maschinen das Lernen lernen

3

Stell dir einen Computer vor, der nicht programmiert werden muss. Ein System, das lernt, indem es einfach zuschaut – so wie wir. Frühe KI-Systeme versuchten, mit einem symbolischen Ansatz intelligent zu wirken. Sie sollten durch das Erkennen von Symbolen glänzen, aber die Komplexität dieser sogenannten Expertsysteme war eine echte Herausforderung. Programmierer arbeiteten eng mit Experten zusammen, aber die Vielzahl an möglichen Kombinationen war einfach überwältigend.

Dann kam die Erkenntnis: Intelligenz kann nicht einfach programmiert, sondern durch Beobachtung erlernt werden. Ein Pionier auf diesem Gebiet war Arthur Samuel, der 1959 ein Dame-Programm entwickelte, das durch Spielen gegen sich selbst lernte. Es erkannte Muster und Strategien, ohne dass ein Mensch die Züge vorgegeben hatte. Samuel nannte diesen revolutionären Ansatz „Maschinelles Lernen". Doch so genial dieser Ansatz war, in den 1950er Jahren gab es ein kleines Problem: Es fehlten schlichtweg die digitalen Daten, um komplexere Muster zu erkennen.

Mit dem Aufkommen des Internets in den 1990er Jahren änderte sich das dramatisch. Plötzlich gab es eine wahre Datenflut, die wie ein Segen für die KI-Forschung war. Maschinelle Lernsysteme konnten nun auf riesige Datenmengen zugreifen, was ihr Potenzial enorm steigerte. Computerwissenschaftler entwickelten neue Algorithmen, die diese Daten nutzten, um zu lernen und sich anzupassen. Ein bekanntes Beispiel ist die Erkennung von Katzenbildern: Dank der Millionen von verfügbaren Online-Bildern konnten Maschinen präzise Muster erkennen. Mit jedem neuen Datensatz werden diese Systeme schlauer und passen sich kontinuierlich an.

Heutzutage ist Maschinelles Lernen der am schnellsten wachsende Bereich der KI. Unternehmen sammeln ständig große Mengen neuer Daten. Die Herausforderung besteht nun darin, diese Informationen sinnvoll zu nutzen. KI-Systeme durchforsten Daten, um wertvolle Erkenntnisse zu liefern. Das Management von Daten und deren Anwendung ist zur zentralen Aufgabe moderner Unternehmen geworden. Wenn du also das nächste Mal eine lustige Katzen-GIF ansiehst, denk daran: Da draußen gibt es eine KI, die wahrscheinlich mehr über Katzen weiß als du. Und das alles dank Maschinellem Lernen.

Aber wie funktioniert jetzt Maschinelles Lernen eigentlich?

Stell dir ML als eine Art rubiks cube (Ja genau so einen, den jeder von uns immer lösen wollte, aber nicht die Zeit dafür fand) vor, der sich selbst lösen will. Die Universität von Berkeley[1] teilt den Lernprozess eines ML-Algorithmus in drei Hauptteile auf:

- **Der Entscheidungsprozess:** Im Grunde geht es darum, Vorhersagen oder Klassifizierungen zu treffen. Gibst du dem Algorithmus einige Daten, ob markiert oder nicht, versucht er, ein Muster zu erkennen und macht eine Schätzung darüber.
- **Die Fehlerfunktion:** Diese Funktion ist wie der strenge Lehrer, der die Hausaufgaben überprüft. Sie bewertet, wie gut oder schlecht die Vorhersage des Modells war. Bei bekannten Beispielen kann sie einen Vergleich anstellen und so die Genauigkeit des Modells einschätzen.
- **Der Modell-Optimierungsprozess:** Wenn das Modell besser zu den Datenpunkten im Trainingsset passen kann, dann wird so lange an den Gewichten justiert, bis die Diskrepanz zwischen bekanntem Beispiel und Modellschätzung reduziert ist. Der Algorithmus wiederholt diesen iterativen „Bewerten und Optimieren"-Prozess und passt die Gewichte selbstständig an, bis eine gewisse Genauigkeitsschwelle erreicht ist.

Reale Anwendungen von Maschinellem Lernen

Lass uns einen ersten Blick auf einige Beispiele werfen, wie Maschinelles Lernen unseren Alltag bereits jetzt beeinflusst:

- **Spracherkennung: Dein persönlicher Assistent**
  Spracherkennung, auch bekannt als automatische Spracherkennung (ASR), ist eine Fähigkeit, die auf natürlicher Sprachverarbeitung (NLP) basiert und menschliche Sprache in Text umwandelt. Du kennst das vielleicht von Siri oder anderen virtuellen Assistenten, die deine Sprachbefehle in Text umsetzen oder dir bei der Navigation durch dein Smartphone helfen.

---

[1] https://ischoolonline.berkeley.edu/blog/what-is-machine-learning/

- **Kundenservice: Chatbots als neue Helfer**
  Im Kundenservice übernehmen immer häufiger Chatbots die Rolle menschlicher Agenten. Sie beantworten Fragen, geben Ratschläge oder helfen bei der Auswahl von Produkten – und das rund um die Uhr. Egal ob auf Websites, in sozialen Medien oder in Messenger-Apps wie Facebook Messenger und Slack, Chatbots sind vielseitig einsetzbar und verbessern die Kundenerfahrung entscheidend.

- **Computervision: Die Augen der KI**
  Computervision ermöglicht es Computern, Informationen aus digitalen Bildern und Videos zu extrahieren und entsprechende Aktionen durchzuführen. Ob Gesichtserkennung auf Social-Media-Plattformen, medizinische Bildgebung in der Radiologie oder Navigation in selbstfahrenden Autos – Computervision revolutioniert zahlreiche Branchen und verbessert unsere Lebensqualität.

- **Empfehlungssysteme: Persönliche Shopping-Assistenten**
  Empfehlungssysteme nutzen Vergangenheitsdaten, um Trends zu erkennen und Kunden personalisierte Produktempfehlungen zu geben. Ob beim Online-Shopping oder beim Musik-Streaming, diese Systeme verbessern die Kaufentscheidungen und steigern die Kundenzufriedenheit.

- **Automatisierter Aktienhandel: Intelligente Investitionen**
  Algorithmengetriebene Handelsplattformen optimieren Aktienportfolios und führen tausende Trades pro Tag ohne menschliche Intervention durch. Diese Plattformen nutzen Maschinelles Lernen, um Trends zu identifizieren und Gewinne zu maximieren.

- **Betrugserkennung: Sicherheit durch ML**
  Banken und Finanzinstitute setzen maschinelles Lernen ein, um verdächtige Transaktionen zu erkennen. Durch Überwachung und Analyse von Transaktionsdaten können betrügerische Aktivitäten identifiziert und verhindert werden.

Diese Beispiele zeigen, wie Maschinelles Lernen bereits jetzt unsere Welt verändert und wie wichtig es ist, dieses Thema zu verstehen, um die Chancen und Herausforderungen der Zukunft zu meistern.

Das Herzstück von ML – Daten, Daten und nochmals Daten
Im Kern geht es beim ML darum, Muster in Daten zu erkennen. Je mehr Daten zur Verfügung stehen, desto besser kann das ML-Modell Vorhersagen treffen. Das ist vergleichbar mit einem erfahrenen Manager, der im Laufe der Jahre gelernt hat, Markttrends zu erkennen und vorauszusagen. Der Unterschied? ML kann Millionen von Datenpunkten in Sekunden analysieren und daraus lernen.

Überwachtes vs. Unüberwachtes Lernen

Es gibt zwei Hauptarten des Maschinellen Lernens: überwachtes und unüberwachtes Lernen.

- **Überwachtes Lernen:** Stell dir vor, du bringst einem Kind das Fahrradfahren bei. Du zeigst ihm, wie es geht, hältst es fest, während es balanciert, und gibst ihm dann einen sanften Schubs, bis es schließlich selbstständig fahren kann. Das ist überwachtes Lernen. Du gibst dem ML-Modell Beispiele (Daten) zusammen mit den Antworten (Labels), und es lernt, diese Zuordnungen zu machen. Es ist, als würde man einem Algorithmus ein Bild von einer Katze zeigen und sagen: „Das hier ist eine Katze." Dann zeigt man ihm ein Bild von einem Hund und sagt: „Und das ist ein Hund." Mit genügend Beispielen wird das Modell in der Lage sein, eigenständig zu erkennen, ob ein Bild eine Katze zeigt. Einfach, oder? Bis du feststellst, dass du ihm Millionen von Bildern zeigen musst. Zum Glück wird der Algorithmus dabei nicht müde oder ungeduldig, anders als wir Menschen.
- **Unüberwachtes Lernen:** Unüberwachtes Lernen hingegen ist wie ein Kind, das auf eigene Faust herausfindet, wie die Welt funktioniert, indem es spielt und entdeckt. Hier bekommt das ML-Modell nur Daten, aber keine Labels. Es muss selbst Strukturen oder Muster in den Daten finden. Stell dir vor, du lässt das Kind in einem Raum voller Spielsachen und beobachtest, wie es alleine herausfindet, wie man die Bausteine zusammenfügt oder das Puzzle löst. Das ML-Modell sortiert die Daten und sucht nach Mustern oder Anomalien, ohne dass du ihm sagst, was es genau suchen soll. Es ist wie das berühmte Beispiel, bei dem ein Algorithmus Millionen von Online-Bildern durchforstet und von selbst erkennt: „Hey, da gibt es eine Menge Bilder von Katzen!" Und das Beste daran? Es braucht keine Belohnungen oder Lob, um motiviert zu bleiben.

Beide Methoden haben ihre eigenen Stärken und Schwächen. Überwachtes Lernen ist oft präziser, da es auf klaren, gekennzeichneten Daten basiert. Aber es erfordert auch viel menschliche Arbeit, um diese Daten vorzubereiten. Unüberwachtes Lernen ist flexibler und kann neue, unerwartete Muster entdecken, aber es kann auch etwas chaotisch sein, da das Modell ohne klare Anweisungen arbeiten muss. Stell dir vor, du lässt dein Kind in einem Raum voller Spielsachen und es beginnt, die Bausteine zu essen, anstatt sie zusammenzusetzen – manchmal entdeckt der Algorithmus eben auch falsche Muster.

Insgesamt ergänzen sich diese beiden Methoden perfekt und machen maschinelles Lernen zu einem unglaublich vielseitigen Werkzeug. Ob es darum geht, klare Anweisungen zu befolgen oder kreative Lösungen zu finden, ML-Modelle haben einiges drauf. Und wer weiß, vielleicht lösen sie eines Tages sogar den Rubik's Cube, den wir alle aufgegeben haben (Abb. 3.1).

Überwachtes Lernen

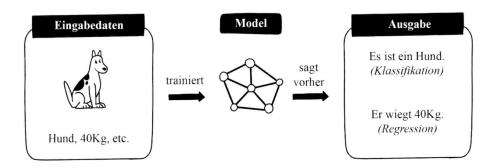

Unüberwachtes Lernen

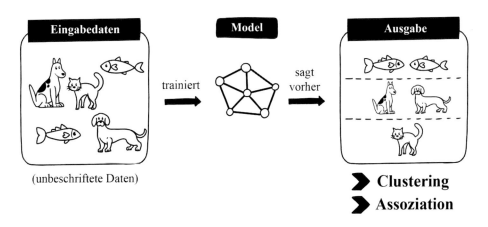

Abb. 3.1 Überwachtes vs. unüberwachtes Lernen

Deep Learning – ML auf Steroiden

Eine spezielle Form des ML ist das Deep Learning (DL), das mit sogenannten neuronalen Netzen arbeitet. Diese sind vom menschlichen Gehirn inspiriert und können unglaublich komplexe Muster in Daten erkennen. Das ist besonders nützlich für Aufgaben wie Bild- oder Spracherkennung.

Maschinelles Lernen hat durch künstliche neuronale Netzwerke einen großen Schub bekommen. Ein künstliches neuronales Netzwerk ist ein KI-System, das die Struktur des menschlichen Gehirns nachahmt und derzeit einer der populärsten Ansätze im maschinellen Lernen ist.

Stell dir das so vor: Erinnerst du dich an das Spiel „20 Fragen", bei dem man durch eine Reihe von Ja- oder Nein-Fragen erraten musste, an was jemand denkt? Jemand denkt an etwas, und durch clevere Fragen wie „Ist es etwas, das man essen kann?" oder „Kann man es tragen?" versuchst du, die richtige Antwort zu finden. Ein künstliches neuronales Netzwerk funktioniert ähnlich, nur dass es anstelle von Fragen Hunderttausende oder sogar Millionen von numerischen Parametern verwendet. Und anders als deine Freunde, die manchmal absichtlich falsch raten, bleibt das Netzwerk erfreulich ehrlich und lernt kontinuierlich dazu.

Das Netzwerk besteht aus mehreren Schichten von Neuronen: einer Eingabeschicht, mehreren versteckten Schichten und einer Ausgabeschicht. Wenn wir dem Netzwerk ein Bild eines Hundes zeigen, analysiert die Eingabeschicht jedes Detail des Bildes. Die versteckten Schichten verarbeiten diese Informationen weiter und versuchen, Muster zu erkennen. Schließlich gibt die Ausgabeschicht eine Wahrscheinlichkeit aus, dass es sich um einen Hund handelt. Anfangs mag diese Wahrscheinlichkeit nur 10 % betragen, aber durch ständiges Training und Anpassung der neuronalen Verbindungen verbessert sich das Netzwerk stetig.

Wichtig ist, dass das neuronale Netzwerk den Hund nicht so sieht wie wir – es erkennt keine Merkmale wie Hecheln oder Bellen. Stattdessen sieht es den Hund als Muster von Punkten in einem Bild. Diese Netzwerke benötigen riesige Mengen an Daten, um effektiv zu lernen. Ohne hunderttausende Bilder von Hunden könnte das neuronale Netzwerk nicht die notwendigen Muster erkennen. Also, wenn du dachtest, das stundenlange Scrollen durch Katzenvideos im Internet wäre Zeitverschwendung, denk noch einmal nach – du trägst aktiv zur KI-Forschung bei!

Nachdem wir nun die Grundlagen des maschinellen Lernens durchleuchtet haben, sollten wir uns auch einige spezifische Methoden anschauen, die in der Praxis oft verwendet werden. Ein klassisches Beispiel ist die Nearest Neighbor-Klassifikation. Stell dir vor, du bist auf einem Networking-Event, versuchst verzweifelt, die richtigen Geschäftspartner zu finden, und denkst dir: „Ach, ich rede einfach mal mit dem nächstbesten Typen da drüben." Überraschenderweise funktioniert dieser Ansatz auch in der KI ziemlich gut. Kein langes Rätselraten, keine komplexen Algorithmen – einfach mal drauf los und schauen, ob es passt. Wie im echten Leben, manchmal ist der direkteste Weg eben doch der beste.

Nearest Neighbor-Klassifikation – Wenn der nächste Nachbar hilft

Die Nearest Neighbor-Klassifikation basiert auf der Idee, dass ähnliche Datenpunkte nahe beieinander liegen. Stell dir vor, du hast eine Menge Datenpunkte auf einem zweidimensionalen Graphen. Wenn du einen neuen Datenpunkt hinzufügen willst, schaust du einfach, welcher der vorhandenen Punkte ihm am nächsten liegt, und ordnest ihn der gleichen Kategorie zu. Das Prinzip ist simpel: Der „nächste Nachbar" bestimmt die Klassifikation. Einfach, oder? Aber lass dich nicht täuschen – hinter dieser Einfachheit steckt eine erstaunliche Wirksamkeit.

Nehmen wir ein Beispiel aus der Geschäftswelt: Stell dir vor, du bist im E-Commerce tätig und hast eine Datenbank mit Kunden, die verschiedene Produkte kaufen. Jetzt möchtest du herausfinden, welches Produkt ein neuer Kunde wahrscheinlich kaufen wird. Du vergleichst die Einkaufsgewohnheiten dieses neuen Kunden mit denen deiner bestehenden Kunden und findest die Gruppe, die am ähnlichsten ist. Voilà, du kannst nun Vorhersagen treffen und gezielte Angebote machen, die den Umsatz steigern. Ein bisschen wie das Stöbern in den Einkaufswagen anderer Leute, nur ohne die komischen Blicke.

Ein weiterer interessanter Aspekt der Nearest Neighbor-Klassifikation ist, wie sie im Management verwendet werden kann. Angenommen, du bist ein Projektmanager und möchtest herausfinden, welche Projekte ähnlich gelagert sind, um Ressourcen effizienter zu verteilen. Du nutzt die Nearest Neighbor-Klassifikation, um Projekte mit ähnlichen Anforderungen und Herausforderungen zu identifizieren. Dadurch kannst du besser planen und die Erfolgsquote deiner Projekte erhöhen. Es ist fast so, als ob du beim Mittagessen einfach die Person neben dir fragst, wie sie ihre Projekte managt, und plötzlich einen neuen Weg findest, Dinge zu optimieren.

Wie erklärt man das Ganze einer KI? Stellen wir uns vor, deine Maschine soll lernen, ob eine neue Geschäftsidee gut ist oder nicht. Du fütterst sie mit vergangenen Geschäftsideen und deren Ergebnissen – Erfolg oder Misserfolg. Wenn eine neue Idee auftaucht, schaut die KI nach, welche der bereits bekannten Ideen am ähnlichsten sind, und trifft eine Entscheidung basierend darauf. Es ist, als würde sie sagen: „Diese Idee ähnelt den erfolgreichen Projekten, also könnte sie auch erfolgreich sein." Je mehr Daten du hinzufügst, desto schlauer wird sie. Und das Beste daran? Du musst ihr nicht jede einzelne Entscheidung erklären. Sie lernt einfach weiter und wird dabei immer besser. Eine schöne Vorstellung, oder? Maschinen, die lernen, ohne jemals eine Kaffeepause zu brauchen.

⌖ Die Nearest Neighbor-Klassifikation im Detail

1. **Datenvorbereitung:** Zuerst benötigst du einen gut strukturierten Datensatz, in dem jeder Datenpunkt korrekt kategorisiert ist. Die Qualität der Daten ist entscheidend, da die Genauigkeit des Modells stark von den vorliegenden Informationen abhängt.
2. **Distanzmessung:** Die Methode misst die „Distanz" zwischen den Datenpunkten. In einem zweidimensionalen Raum wäre dies einfach der kürzeste Weg zwischen zwei Punkten, aber in der Praxis verwendet man komplexere Maße für mehrdimensionale Daten.
3. **Klassifikation:** Wenn ein neuer Datenpunkt auftaucht, wird die Distanz zu allen bestehenden Punkten gemessen. Der nächste oder die nächsten Nachbarn bestimmen dann die Klassifikation des neuen Punktes. Bei k-Nearest Neighbors (k-NN) wird nicht nur der nächste, sondern die k nächsten Nachbarn betrachtet, und der neue Punkt wird der Kategorie zugeordnet, die am häufigsten unter den nächsten Nachbarn vorkommt.

Warum Nearest Neighbor wichtig ist

Als Manager eines Unternehmens bist du ständig auf der Suche nach Möglichkeiten, Geschäftsentscheidungen zu optimieren, Marktchancen zu erkennen und die Effizienz zu steigern. Hier sind einige Gründe, warum es für dich relevant ist, die Nearest Neighbor-Klassifikation zu verstehen:

- **Gezieltes Marketing und Kundenbindung:**:Die Nearest Neighbor-Klassifikation ermöglicht es dir, Kundenverhalten präzise vorherzusagen. Stell dir vor, du kannst genau bestimmen, welche Produkte für einen neuen Kunden von Interesse sind, indem du sein Profil mit denen bestehender Kunden vergleichst. Dies ermöglicht personalisierte Marketingkampagnen, die die Kundenbindung erhöhen und die Verkaufszahlen steigern können.
- **Marktsegmentierung:** Mit der Nearest Neighbor-Klassifikation kannst du verschiedene Kundensegmente identifizieren, indem du Ähnlichkeiten im Kaufverhalten, den Vorlieben und demografischen Merkmalen analysierst. Dies hilft dir, maßgeschneiderte Angebote und Dienstleistungen zu entwickeln, die genau auf die Bedürfnisse und Wünsche jedes Segments abgestimmt sind.
- **Effiziente Ressourcenallokation:** Die Fähigkeit, Datenpunkte effektiv zu klassifizieren, unterstützt dich bei der optimalen Allokation von Ressourcen. Du kannst besser vorhersagen, welche Projekte oder Produkte die höchsten Erfolgschancen haben und dementsprechend deine Investitionen und Anstrengungen fokussieren.

Die Nearest Neighbor-Klassifikation ist mehr als nur ein technisches Konzept – sie ist ein mächtiges Werkzeug, das dir als Manager helfen kann, dein Unternehmen in der digitalen Ära voranzubringen. Indem du diese Methode verstehst und anwendest, kannst du die Stärken deines Unternehmens besser nutzen, Chancen erkennen und Herausforderungen meistern.

Und während du dich vielleicht gerade fragst, wie viel Einfluss ein solch „einfaches" Modell tatsächlich haben kann – denke daran, dass auch die besten CEOs einfache, aber effektive Strategien lieben. Schließlich geht es nicht immer um die kompliziertesten Methoden, sondern darum, wie man sie intelligent einsetzt.

💡 Good to know

Datenqualität: ML ist so gut wie die Daten, die es füttern. Unvollständige, verzerrte oder irrelevante Daten können zu ungenauen oder sogar irreführenden Ergebnissen führen.

Modellauswahl: Es gibt kein universelles ML-Modell, das für alle Aufgaben am besten geeignet ist. Die Auswahl des Modells hängt von der spezifischen Aufgabe, den Daten und den gewünschten Ergebnissen ab.

Ethik und Bias: ML-Modelle können vorhandene Vorurteile in den Daten widerspiegeln. Es ist wichtig, ethische Überlegungen in den Entwicklungsprozess einzubeziehen und Modelle regelmäßig auf Bias und Fairness zu überprüfen.

Fortlaufendes Lernen: ML-Modelle können mit der Zeit veralten, da sich Daten und Muster ändern. Ein kontinuierliches Training und die Anpassung der Modelle sind notwendig, um ihre Genauigkeit und Relevanz zu erhalten.

Warum ML für dein Unternehmen wichtig ist

Jetzt fragst du dich vielleicht: „Was hat das alles mit meinem Unternehmen zu tun?" Die Antwort ist simpel: Maschinelles Lernen (ML) kann dein Unternehmen effizienter machen, bessere Entscheidungen ermöglichen und sogar neue Geschäftsmöglichkeiten eröffnen. Ob es darum geht, Kundenverhalten vorherzusagen, Produktionsausfälle zu vermeiden oder den besten Preis für dein Produkt zu ermitteln – ML kann in nahezu jedem Bereich deines Unternehmens einen Unterschied machen.

Stell dir vor, du könntest die Nachfrage nach deinen Produkten genau vorhersagen und so deine Lagerbestände optimieren. Oder denk an die Möglichkeit, Wartungsarbeiten an Maschinen vorherzusehen und Ausfälle zu vermeiden, bevor sie überhaupt passieren.

Klingt das nicht wie ein Traum? Tatsächlich ist es die Realität, die ML für Unternehmen schafft. Später im Buch werden wir dir auch einige konkrete Tools und Produkte vorstellen, die du direkt einsetzen kannst, um von diesen Vorteilen zu profitieren.

Vor allem, wenn wir die Kosten für traditionelle Methoden in Betracht ziehen, erweist sich ML als äußerst kosteneffizient. Es spart nicht nur Ressourcen und Zeit, sondern eröffnet auch Möglichkeiten, von denen wir früher nur träumen konnten. Wer hätte gedacht, dass ein Algorithmus dir helfen könnte, die Zukunft deines Unternehmens vorherzusagen, indem er vergangene Daten analysiert? Ein bisschen wie eine Kristallkugel, nur viel zuverlässiger. Das ist die Magie der Mathematik und der Datenwissenschaft.

Aber ML ist nicht nur für die großen technologischen Revolutionen gedacht. Es kann auch im Kleinen, im Alltäglichen, einen echten Unterschied machen. Stell dir vor, du könntest die Effizienz deiner Lieferkette optimieren, indem du genau vorhersagst, wann und wo Engpässe auftreten könnten. Oder du könntest personalisierte Marketingkampagnen entwickeln, die genau auf die Bedürfnisse und Vorlieben deiner Kunden abgestimmt sind. Die Möglichkeiten sind nahezu unbegrenzt und die Ergebnisse oft verblüffend. Es ist, als hättest du ein Schweizer Taschenmesser für dein Unternehmen, nur dass dieses Werkzeug ständig dazu lernt und sich anpasst.

Um das volle Potenzial von ML auszuschöpfen, brauchen wir jedoch eine wesentliche Zutat: Daten. Daten sind das Herzstück jeder ML-Anwendung. Ohne sie bleiben die intelligentesten Algorithmen nur leere Hüllen. Also, je mehr Daten du sammelst und je besser du sie nutzt, desto kraftvoller wird dein ML-Tool.

Daten: Die Währung für Innovation in der KI-Welt

4

Daten sind das Herzstück der Innovation in der Künstlichen Intelligenz. In der modernen Geschäftswelt sind Daten nicht weniger als Gold wert – oder, um es in unserer Sprache zu sagen, sie sind die Währung der Innovation. Warum? Ohne Daten kann keine KI funktionieren, und ohne gute Daten kann keine KI gut funktionieren. Schauen wir uns die Bedeutung von Daten im Detail an.

Angenommen, du bist CEO eines Unternehmens und erhältst einen Geschäftsbericht, der voller unleserlicher Zahlen und inkonsistenter Informationen – da kannst du noch so erfahren sein, das Ergebnis wird bestenfalls ein fragwürdiger Geschäftsplan. Ähnlich verhält es sich mit Daten und KI. Ohne eine solide Datenbasis wird dein KI-Projekt ins Stocken geraten und nicht die gewünschten Ergebnisse liefern. Also, schnall dich an und mach dich bereit für den Weg zur optimalen Datenqualität! Wir zeigen dir, wie du dein Datenmanagement in eine gut geölte Maschine verwandelst, die dir zuverlässige und präzise Erkenntnisse liefert, und dir somit hilft, strategische Entscheidungen zu treffen, die dein Unternehmen voranbringen.

Aber keine Sorge, wir wollen aus dir keinen Data Scientist machen. Unser Ziel ist es, ein Bewusstsein dafür zu schaffen, warum Daten so wichtig sind, wenn wir über KI-Projekte sprechen. Diese Bedeutung beginnt bereits beim ersten Prototypen. Wenn du von Anfang an die richtigen Daten verwendest und sie gut vorbereitest, kannst du zahlreiche Revisionen und hohe Entwicklungskosten sparen.

Warum sind Daten so wichtig?

Daten sind das Herzstück jeder KI-Anwendung. Sie sind der Treibstoff, der die Motoren der maschinellen Intelligenz antreibt. Ohne sie wäre jede KI, egal wie durchdacht, komplett nutzlos. Hier sind einige Gründe, warum Daten so essentiell sind:

- **Training von Modellen:** Maschinelles Lernen (ML) und Deep Learning (DL) basieren auf der Fähigkeit, Muster in großen Mengen von Daten zu erkennen. Je mehr hochwertige Daten zur Verfügung stehen, desto besser kann ein Modell trainiert werden, um genaue Vorhersagen oder Entscheidungen zu treffen.
- **Kontinuierliche Verbesserung:** KI-Systeme lernen kontinuierlich aus neuen Daten. Dieser ständige Fluss von Informationen ermöglicht es der KI, sich anzupassen und zu verbessern. Ohne aktuelle und relevante Daten bleibt die KI statisch und verliert an Effizienz.
- **Anpassungsfähigkeit:** Daten ermöglichen es KI-Systemen, sich an veränderte Umstände anzupassen. Ob sich die Marktbedingungen ändern oder neue Trends auftauchen – mit den richtigen Daten kann die KI schnell darauf reagieren.

Daten sind (leider) nicht gleich Daten

Wir haben gelernt, dass Daten das Herzstück jeder KI-Anwendung sind. Aber nicht alle Daten sind gleich. Es gibt viele verschiedene Arten von Daten, und die Qualität und Relevanz dieser Daten sind entscheidend für den Erfolg einer KI-Anwendung.

Qualität der Daten

Es reicht nicht aus, einfach nur viele Daten zu haben. Die Qualität der Daten ist mindestens genauso wichtig. Hochwertige Daten sind vollständig, akkurat, konsistent und aktuell. Daten mit vielen Fehlern, Lücken oder Inkonsistenzen führen zu ungenauen oder sogar irreführenden Ergebnissen. Hier sind einige Schlüsselmerkmale qualitativ hochwertiger Daten:

- **Vollständigkeit:** Alle notwendigen Informationen sind vorhanden.
- **Korrektheit:** Die Daten sind frei von Fehlern.
- **Konsistenz:** Die Daten sind über verschiedene Quellen und Zeiträume hinweg einheitlich.
- **Aktualität:** Die Daten sind auf dem neuesten Stand.

Relevanz der Daten

Die Relevanz der Daten hängt davon ab, wie gut sie die Fragestellung oder das Problem abbilden, das gelöst werden soll. Daten können qualitativ hochwertig sein, aber wenn sie nicht relevant sind, werden sie keinen Mehrwert bringen. Ein gutes Beispiel ist das Training eines Modells zur Vorhersage von Kundenverhalten in einem Fitnessstudio. Daten über die Essgewohnheiten der Mitglieder könnten korrekt und konsistent sein, aber wenn sie nicht zeigen, wie oft jemand tatsächlich ins Fitnessstudio geht, sind sie nicht besonders nützlich.

Stattdessen wären Daten über die Häufigkeit der Besuche, die genutzten Geräte und die besuchten Kurse viel relevanter. Diese Informationen helfen dabei, Muster zu erkennen und Vorhersagen zu treffen, wie oft ein Kunde das Fitnessstudio besuchen wird und welche Angebote ihn am meisten interessieren könnten. Die richtigen Daten können also den Unterschied zwischen einem nutzlosen Algorithmus und einem wertvollen, geschäftsrelevanten Tool ausmachen.

Ein weiteres Beispiel: Angenommen, du möchtest die Zufriedenheit deiner Kunden mit deinem Service vorhersagen. Dabei wäre es sinnvoller, Feedback-Daten, Beschwerdehistorien und Interaktionszeiten mit deinem Support-Team zu verwenden, anstatt allgemeine demografische Daten. Selbst die besten Algorithmen können nicht zaubern – sie benötigen relevante und spezifische Daten, um wirklich nützliche Einsichten zu liefern.

Es ist auch wichtig zu bedenken, dass die Relevanz der Daten sich im Laufe der Zeit ändern kann. Was heute wichtig ist, könnte morgen irrelevant sein, wenn sich die Marktbedingungen oder das Kundenverhalten ändern. Daher ist es entscheidend, kontinuierlich zu überprüfen und sicherzustellen, dass die Daten, die du sammelst und verwendest, immer noch die aktuellen Fragestellungen und Probleme deines Unternehmens abbilden.

Strukturierte vs. Unstrukturierte Daten

Daten können in strukturierter oder unstrukturierter Form vorliegen. Strukturierte Daten sind ordentlich in Tabellen und Datenbanken organisiert, mit klar definierten Feldern und Werten. Ein klassisches Beispiel sind Excel-Tabellen oder SQL-Datenbanken, in denen jede Zeile und Spalte genau festlegt, welche Art von Information wo zu finden ist. Diese Daten sind leicht durchsuchbar und lassen sich effizient analysieren, was sie ideal für viele traditionelle Geschäftsanalysen macht.

Unstrukturierte Daten hingegen sind das genaue Gegenteil – sie sind nicht in einem vorgegebenen Format organisiert und umfassen alles von E-Mails über Social-Media-Beiträge bis hin zu Video- und Audiodateien. Diese Datenart enthält oft wertvolle Informationen, ist aber schwerer zu durchsuchen und zu analysieren. Stell dir vor, du

hast eine riesige Kiste voller ungeordneter Dokumente, Fotos und handschriftlicher Notizen – irgendwo darin könnten entscheidende Informationen stecken, aber sie zu finden,
ist eine echte Herausforderung.

Für Unternehmen bedeutet dies, dass sie sowohl strukturierte als auch unstrukturierte
Daten nutzen müssen, um ein vollständiges Bild zu erhalten. Während strukturierte Daten
schnelle und klare Einblicke bieten, können unstrukturierte Daten tiefere, oft unent-
deckte Erkenntnisse liefern, die in Texten, Bildern oder Videos verborgen sind. Moderne
Analysetools und Algorithmen für maschinelles Lernen sind mittlerweile in der Lage,
unstrukturierte Daten zu verarbeiten und daraus wertvolle Muster und Trends zu extrahieren. So kannst du beispielsweise Kundenbewertungen analysieren, um die Stimmung zu
erfassen, oder Social-Media-Daten nutzen, um aufkommende Trends frühzeitig zu erkennen. Kurz gesagt, die Fähigkeit, beide Datentypen zu integrieren und zu analysieren, kann
deinem Unternehmen einen bedeutenden Wettbewerbsvorteil verschaffen.

- **Strukturierte Daten:** Diese sind organisiert und leicht durchsuchbar, wie z. B.
  Daten in Tabellen oder Datenbanken (z. B. Kundendaten mit Namen, Adressen und
  Kaufhistorie). Sie sind für Maschinen leicht zu verarbeiten und zu analysieren.
- **Unstrukturierte Daten:** Diese umfassen Texte, Bilder, Videos und andere Formate, die
  nicht in ein traditionelles Datenbankformat passen. Unstrukturierte Daten machen den
  Großteil der weltweit verfügbaren Daten aus und erfordern fortschrittliche Techniken
  wie Natural Language Processing (NLP) oder Computer Vision, um sie nutzbar zu
  machen.

 Tipp
Lass deine Daten intern sorgfältig aufbereiten, bevor du mit deinem KI-Projekt
durchstartest. So legst du den Grundstein für den Erfolg und sicherst dir einen
reibungslosen und effizienten Entwicklungsprozess. Je sauberer und strukturierter
deine Ausgangsdaten sind, desto effektiver und präziser werden die Ergebnisse
deiner KI-Anwendungen sein.

Ethische und Datenschutzaspekte

Nicht zuletzt müssen ethische Überlegungen und Datenschutzrichtlinien beachtet werden.
Die Sammlung und Nutzung von Daten unterliegt strengen gesetzlichen Vorschriften, wie
der Datenschutz-Grundverordnung (DSGVO) in der EU. Unternehmen müssen sicherstellen, dass sie die Daten ihrer Kunden verantwortungsvoll und transparent behandeln. Dazu
gehören:

- **Einwilligung:** Kunden müssen wissen und zustimmen, welche Daten gesammelt werden und wofür sie verwendet werden.
- **Sicherheit:** Die Daten müssen vor unbefugtem Zugriff geschützt werden.
- **Anonymisierung:** Wo möglich, sollten persönliche Daten anonymisiert werden, um die Privatsphäre zu schützen.

Es ist wichtig, entsprechende rechtliche Berater und Datenschutzexperten hinzuzuziehen. Diese Fachleute können sicherstellen, dass dein Unternehmen alle gesetzlichen Anforderungen erfüllt und ethische Standards einhält. In größeren Unternehmen sollte frühzeitig die Governance-Abteilung oder die Data Protection-Abteilung in das Projekt eingebunden werden. Diese Teams können dabei helfen, Richtlinien und Prozesse zu implementieren, die den sicheren und verantwortungsvollen Umgang mit Daten gewährleisten.

Die Einhaltung von Datenschutzgesetzen ist nicht nur eine gesetzliche Verpflichtung, sondern auch ein entscheidender Faktor für das Vertrauen deiner Kunden. Wenn Kunden wissen, dass ihre Daten sicher und verantwortungsvoll behandelt werden, sind sie eher bereit, ihre Informationen zu teilen, was wiederum die Qualität und die Menge der verfügbaren Daten für deine KI-Projekte verbessert.

Die sorgfältige Aufbereitung deiner Daten und die Berücksichtigung ethischer und rechtlicher Aspekte sind der Schlüssel, um das volle Potenzial von ML zu nutzen und gleichzeitig das Vertrauen deiner Kunden zu wahren. Bereit, dein Unternehmen in die Zukunft zu katapultieren? Dann lass uns loslegen – mit klaren Daten und einem klaren Gewissen.

☑ **Checkliste: 5 entscheidende Schritte für eine robuste Datenpipeline**

- **Konsistenz sicherstellen:** Standardisiere Labels und Formate deiner Daten. Uneinheitliche Daten führen zu unzuverlässigen Ergebnissen. Beispiel: Unterschiedliche Filialen verwenden unterschiedliche Produktbezeichnungen. Durch Standardisierung erreichst du präzisere Verkaufsanalysen.
- **Datenreichhaltigkeit bewerten:** Stelle sicher, dass deine Daten reich an relevanten Merkmalen sind. Umfangreiche Daten führen zu präziseren Modellen. Beispiel: Ein Modeunternehmen nutzt neben Verkaufsdaten auch Wetter- und Feiertagsinformationen für bessere Verkaufsprognosen.
- **Fehlende Daten behandeln:** Identifiziere und schließe Datenlücken. Ergänze fehlende Daten manuell, statistisch oder fokussiere dich auf vollständige Merkmale. Beispiel: Ein Versicherer nutzt statistische Methoden, um unvollständige Kundendaten zu vervollständigen und Risikomodelle zu verbessern.
- **Biases bewerten:** Überprüfe deinen Datensatz auf Verzerrungen, um faire Ergebnisse zu gewährleisten. Beispiel: Nehmen wir an, du bist ein HR-Manager und

möchtest ein KI-Modell zur Unterstützung bei der Bewerberauswahl trainieren. In diesem Fall musst du prüfen, ob ethnische oder geschlechtsspezifische
Vorurteile deiner Vorgänger den Datensatz zu einem schlechten Prädiktor für
zukünftige Einstellungsentscheidungen machen.

- **Ausreichende Datengröße sicherstellen:** Sorge für eine ausreichend große
  Datenbasis. Unternehmen mit mehreren Standorten, die ähnliche Tätigkeiten
  ausführen, versäumen oft die Zentralisierung der Datenerfassung. Zentralisiere
  und standardisiere daher deine Datenerfassung. Beispiel: Ein Handelsunterneh-
  men zentralisiert regionale Daten für umfassende Marktanalysen und bessere
  KI-Ergebnisse.

Mit dieser Checkliste stellst du sicher, dass deine Datenbasis robust und verlässlich
ist – das perfekte Fundament für dein erfolgreiches KI-Projekt!

Jetzt, wo wir die Grundlagen des maschinellen Lernens und die Bedeutung von sauberen,
relevanten Daten gemeistert haben, bist du bereit für den nächsten Schritt: Vektordatenbanken. Ja, ich weiß, „Vektordatenbanken" klingt vielleicht erstmal so spannend wie eine
Steuererklärung, aber vertrau uns, es wird interessant!

Vektordatenbanken – Die unsichtbaren Helden hinter smarten Entscheidungen

Stell dir vor, du stehst vor einem riesigen Bücherregal. Jedes Buch repräsentiert ein Daten-
stück, sei es ein Text, ein Bild oder ein Video. In einer traditionellen Datenbank wäre jedes
Buch in einer festen Reihenfolge sortiert. Um ein bestimmtes Buch zu finden, müsstest
du genau wissen, wo es steht. Klingt mühsam, oder? Genau hier kommt die Magie der
Vektordatenbanken ins Spiel.

Die royale Affäre der Daten: King und Queen im Vektorraum

Nehmen wir die Wörter „King", „Queen" und „Man". In einer normalen Datenbank würden sie einfach alphabetisch einsortiert. In einer Vektordatenbank hingegen, werden diese
Wörter als Punkte in einem Vektorraum angeordnet, basierend auf ihrer Bedeutung und
den Ähnlichkeiten zu anderen Wörtern. Stell dir den Vektorraum wie ein riesiges Sternbild
vor, in dem die Positionen der Sterne (oder Wörter) durch ihre Beziehungen zueinander
bestimmt werden.

Hier wird es interessant: Die Beziehung zwischen „King" und „Queen" ist ähnlich
wie die zwischen „Man" und „Woman". Wenn wir den Vektor von „Man" zu „Woman"

nehmen und ihn auf „King" anwenden, landen wir bei „Queen". Das zeigt, wie Vektordatenbanken semantische Beziehungen verstehen und nutzen können, um verwandte Informationen zu finden. Fast wie Zauberei, oder?

Vergleich zu herkömmlichen Datenbanken

Jetzt mal ehrlich, traditionelle Datenbanken sind wie diese altmodischen Karteikartenkataloge in Bibliotheken – alles hat seinen festen Platz, und wehe, jemand stellt ein Buch falsch zurück! Vektordatenbanken hingegen sind wie ein magisches Bücherregal, das automatisch erkennt, welches Buch du suchst, basierend auf den anderen Büchern, die du bereits gelesen hast. Keine mühsame Sucherei mehr – das Regal weiß einfach, was du brauchst.

Spannender Fakt: Vektordatenbanken können sogar Muster erkennen, die wir Menschen vielleicht übersehen würden. Stell dir vor, du bist in einem Supermarkt und weißt nicht, wo die geheimen Schokoladen-Vorräte versteckt sind. Eine Vektordatenbank würde sofort die Verbindung herstellen und dir den Weg weisen, basierend auf deinem bisherigen Kaufverhalten und den Lieblingsprodukten anderer Schokoladenliebhaber. Genial, oder?

Im Vergleich zu herkömmlichen Datenbanken, die steif und unflexibel sind, sind Vektordatenbanken wie die coolen Kids auf dem Schulhof – sie verstehen Zusammenhänge, die den anderen einfach entgehen. Während eine herkömmliche Datenbank dir trocken mitteilt, dass es irgendwo eine „Queen" gibt, erklärt dir die Vektordatenbank, dass diese „Queen" vermutlich in einer Beziehung zu einem „King" steht und sich im gleichen königlichen Kontext bewegt (Abb. 4.1).

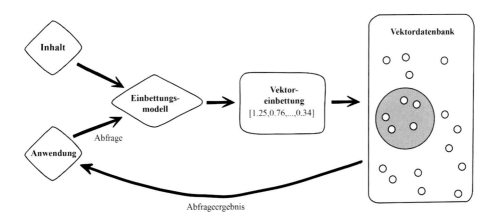

Abb. 4.1 Logik einer Vektordatenbank

💡 **Warum Vektordatenbanken nützlich sind**

1. **Ähnlichkeitssuche:** Eine Vektordatenbank kann schnell ähnliche Einträge finden, basierend auf ihrer semantischen Bedeutung. Beispielsweise könnte sie bei einer Bildsuche ähnliche Bilder identifizieren, indem sie die Vektorrepräsentationen vergleicht.
2. **Effizienz:** Durch die Verwendung von Vektoren und speziellen Algorithmen kann die Datenbank sehr schnell ähnliche Einträge in riesigen Datenmengen finden, was bei traditionellen Methoden viel länger dauern würde.
3. **Anwendungen in KI:** Viele KI-Anwendungen, wie Sprachverarbeitung und Bildanalyse, profitieren enorm von Vektordatenbanken, da sie komplexe Daten effektiv handhaben und analysieren können.
4. **Intelligente Suche:** Im Vergleich zu herkömmlichen Schlüsselwortsuchen kann eine Vektordatenbank kontextbasierte und semantische Suchen durchführen, die relevantere und präzisere Ergebnisse liefern.

Anwendungsbeispiele im Mittelstand

- **Produktentwicklung und Innovation:** In der Produktentwicklung geht es oft darum, die Bedürfnisse und Wünsche der Kunden zu verstehen. Vektordatenbanken ermöglichen es, Kundenfeedback und Markttrends in Echtzeit zu analysieren. Dadurch können Unternehmen schneller auf Veränderungen im Markt reagieren und innovative Produkte entwickeln, die genau den Anforderungen ihrer Kunden entsprechen.
- **Marketing und Vertrieb:** Eine Vektordatenbank kann auch im Marketing und Vertrieb Wunder wirken. Durch die Analyse von Kundendaten und Verhaltensmustern können personalisierte Marketingkampagnen erstellt werden, die genau auf die Interessen und Bedürfnisse der Zielgruppe abgestimmt sind. Dies führt nicht nur zu höheren Konversionsraten, sondern auch zu einer stärkeren Kundenbindung.

Die Zukunft der Vektordatenbanken im Mittelstand

Vektordatenbanken revolutionieren die Art und Weise, wie wir große und komplexe Datenmengen speichern und durchsuchen. Sie ermöglichen es, die Bedeutung und Ähnlichkeit von Daten effizient zu erfassen und zu nutzen. Während herkömmliche Datenbanken mühsam und zeitaufwendig sein können, liefern Vektordatenbanken blitzschnell Ergebnisse, indem sie komplexe Beziehungen und Muster erkennen. Dies macht sie besonders wertvoll für Anwendungen in der Künstlichen Intelligenz und Datenanalyse. Für mittelständische Unternehmen bieten sie die Chance, sich im Wettbewerb zu behaupten, indem sie schneller und präziser auf Marktveränderungen reagieren können.

Stell dir vor, du könntest nicht nur die richtigen Informationen zur richtigen Zeit finden, sondern auch neue Geschäftsmöglichkeiten entdecken, bevor deine Konkurrenz es tut. Genau das ermöglichen Vektordatenbanken. Sie sind die unsichtbaren Helden, die im Hintergrund arbeiten, um deinem Unternehmen den entscheidenden Vorteil zu verschaffen.

In einer Welt, in der Daten zur neuen Währung geworden sind, ist es unerlässlich, die richtigen Werkzeuge zu haben, um diese Daten effektiv zu nutzen. Vektordatenbanken sind nicht nur ein weiteres Buzzword, sondern ein mächtiges Werkzeug, das dein Unternehmen in die Zukunft katapultieren kann. Bereit, die Vorteile dieser Technologie zu nutzen? Dann ist es Zeit, die Ärmel hochzukrempeln und loszulegen!

RAG – Die smarte Wahl für den Mittelstand 5

Du hast also gehört, dass KI das nächste große Ding ist und möchtest unbedingt auf diesen Zug aufspringen. Sobald man an KI denkt und daran, KI ins eigene Unternehmen zu holen, denken viele an ihre "eigene KI" bzw. ihr eigenes Modell. Dabei wird oft vergessen, wie aufwendig und kostenintensiv das Trainieren eines eigenen Modells eigentlich ist. Nehmen wir zum Vergleich OpenAI.

Auch wenn OpenAI die genauen Kosten nicht veröffentlicht hat, munkelt man, dass das Training von GPT-3 etwa 4–10 Mio. US$ verschlungen hat. Für GPT-4 lagen die geschätzten Kosten sogar bei rund 100 Mio. US$. Ja, du hast richtig gelesen, wir sprechen hier über die Kosten für die Rechenleistung allein. Im Vergleich dazu sind sogar Änderungen an deinem SAP-System ein Schnäppchen.

Das Trainieren eines eigenen KI-Modells ist ungefähr so, als ob du versuchst, dein eigenes internationales Unternehmensnetzwerk von Grund auf aufzubauen – ganz alleine. Ja, es klingt beeindruckend, aber es ist auch extrem zeitaufwendig und kostspielig. Du benötigst riesige Mengen an Daten, enorme Rechenleistung und ein Team von hochspezialisierten Data Scientists. Mal ehrlich, wer hat die Ressourcen und die Zeit dafür?

Und genau hier kommen die RAGs ins Spiel – Retrieval-Augmented Generation. RAGs sind wie die smarten, fleißigen Helferlein, die dir all die harte Arbeit abnehmen und dir dennoch die Vorteile der KI bieten. Sie kombinieren vortrainierte Sprachmodelle mit einer Datenbankabfrage. Das bedeutet, sie nutzen bereits existierende, hochqualifizierte KI-Modelle und ergänzen sie durch spezifische Daten, die sie in Echtzeit abrufen können. Das Beste daran? Du musst nicht Millionen in die Entwicklung und das Training eines neuen Modells investieren.

© Der/die Autor(en), exklusiv lizenziert an Springer Fachmedien Wiesbaden GmbH, ein Teil von Springer Nature 2025
D. Renner et al., *KI im Mittelstand: Chancen, Optimierungen und Neugeschäft*,
https://doi.org/10.1007/978-3-658-46077-8_5

💡Warum sind RAGs die Mittel der Wahl für KMUs?

- **Kostenersparnis:** Anstatt riesige Summen in das Training eigener Modelle zu investieren, nutzt du bereits existierende Modelle und sparst so erhebliche Kosten.
- **Zeiteffizienz:** RAGs bieten schnelle und präzise Antworten, ohne dass du Monate oder Jahre in die Entwicklung eines eigenen Modells stecken musst.
- **Ressourcenschonung:** Du benötigst keine riesigen Rechenzentren oder ein Team von Data Scientists. RAGs arbeiten mit den Ressourcen, die du bereits hast.
- **Flexibilität:** RAGs können in verschiedenen Bereichen deines Unternehmens eingesetzt werden, von Kundenservice über Marketing bis hin zur Produktentwicklung.

Was ist ein RAG und wie funktioniert es?

Um zu erklären, wie ein RAG (Retrieval-Augmented Generation) funktioniert, nutzen wir gerne das Beispiel einer Bibliothek und eines Bibliothekars – und ja, auch wir verbringen seit unserem Studium nicht mehr allzu viel Zeit in Bibliotheken, aber das Beispiel passt einfach trotzdem gut, unserer Meinung nach.

Stell dir vor, du betrittst eine riesige Bibliothek und triffst auf den allwissenden Bibliothekar Bernd. Bernd hat bereits jede Menge Wissen angehäuft (das vortrainierte Modell). Aber das reicht nicht immer aus. Manchmal braucht er spezifische Informationen, um die bestmögliche Entscheidung zu treffen. Also fragt er schnell in der Unternehmensdatenbank nach (die Retrieval-Komponente). Das Ergebnis ist eine präzise, fundierte Antwort, die dir hilft, strategische Entscheidungen zu treffen – schnell und effizient.

Der Bibliothekar – Das vortrainierte Modell

Bibliothekar Bernd ist dein vortrainiertes Sprachmodell. Bernd hat unzählige Bücher, Artikel und wissenschaftliche Arbeiten gelesen und gespeichert. Er ist ein wandelndes Lexikon und kann dir viele Fragen beantworten – zumindest die, die in seinen Büchern stehen. Aber manchmal braucht Bernd spezifische Informationen, die nicht in seinem Regal stehen.

- **Die Anfrage – Der Input**
  Heute kommst du mit einer speziellen Frage zu Bernd: „Bernd, wie steht unser Unternehmensumsatz im Vergleich zum Markt?" Bernd hat schon viel über Markttrends und Unternehmenskennzahlen gelesen, aber er weiß, dass die aktuellsten Informationen möglicherweise nicht in seinen alten Büchern stehen.
- **Die Vektordatenbank – Das Turbo-Gedächtnis**
  Hier kommt Bernds geheimes Superkraftwerk ins Spiel – die Vektordatenbank. Diese Datenbank funktioniert wie ein riesiges digitales Gehirn, das Informationen in Form von Vektoren speichert. Vektoren sind mathematische Repräsentationen, die Inhalte basierend auf ihrer Bedeutung und ihren Zusammenhängen beschreiben. Denk einfach an sie als Bernds hyperintelligentes Gedächtnis, das Informationen blitzschnell abrufen kann.
- **Die Abfrage – Der Abruf spezifischer Informationen**
  Bernd nimmt deine Frage und wandelt sie in einen Vektor um. Er durchsucht die Vektordatenbank, die alles über die neuesten Markttrends und Unternehmenskennzahlen enthält. Durch diese smarte Technik findet er genau die Informationen, die er braucht, ohne sich durch endlose Bücherstapel wühlen zu müssen.
- **Die Kombination – Zusammenführung der Informationen**
  Bernd kombiniert nun sein umfangreiches Wissen aus seinem eigenen Kopf (dem vortrainierten Modell) mit den superaktuellen Daten aus der Vektordatenbank. Das Ergebnis? Eine präzise und fundierte Antwort, die dir genau das liefert, was du wissen wolltest – und das in Rekordzeit.

💡 Ein Beispiel für die Praxis

Du fragst Bernd: „Wie entwickelt sich unser Unternehmensumsatz im Vergleich zum Gesamtmarkt für umweltfreundliche Verpackungen?" Bernd weiß bereits, dass der Gesamtmarkt für umweltfreundliche Verpackungen einen Umsatzanstieg verzeichnet hat. Mithilfe der Vektordatenbank holt er sich aktuelle Zahlen zu deinem Unternehmensumsatz.

- **Aktuelles Wissen:** Bernd weiß, dass der Gesamtmarkt für umweltfreundliche Verpackungen einen Umsatzanstieg von 15 % im letzten Quartal verzeichnet hat.
- **Abgerufene Daten:** Die Vektordatenbank liefert ihm Informationen, dass euer Unternehmen für umweltfreundliche Verpackungen im gleichen Zeitraum um 20 % gewachsen ist.

Bernd kombiniert diese Daten und antwortet: „Unser Unternehmensumsatz ist im letzten Quartal um 20 % gestiegen, während der Gesamtmarkt für umweltfreundliche Verpackungen um 15 % gewachsen ist. Wir liegen damit 5% über dem Marktdurchschnitt."

Vorteile gegenüber herkömmlichen Datenbanken

- **Direkte und kontextbezogene Antworten:** Anders als herkömmliche Datenbanken, die einfach nur Daten ablegen und abrufen, generiert ein RAG-System Antworten, die auf spezifische Fragen zugeschnitten sind. Herkömmliche Datenbanken geben oft einfach eine Liste von Treffern zurück, die der Benutzer dann selbst interpretieren muss.
- **Echtzeit-Datenintegration:** RAG-Systeme können in Echtzeit auf die neuesten Daten zugreifen und diese bei der Antwortgenerierung berücksichtigen. Herkömmliche Datenbanken benötigen oft manuelle Aktualisierungen und Abfragen, um die neuesten Informationen bereitzustellen.
- **Kombination von strukturierten und unstrukturierten Daten:** RAG kann sowohl strukturierte Daten (z. B. Tabellen) als auch unstrukturierte Daten (z. B. Textdokumente) verarbeiten und kombinieren. Traditionelle Datenbanken sind oft auf strukturierte Daten beschränkt.
- **Skalierbarkeit:** Ein RAG-System kann mit zunehmenden Datenmengen skalieren, ohne dass die Performance leidet. Herkömmliche Datenbanken erfordern oft erhebliche Anpassungen und Optimierungen, um mit großen Datenmengen effizient umzugehen.
- **Nutzerfreundlichkeit:** Durch natürliche Sprachverarbeitung kann ein RAG-System Anfragen in natürlicher Sprache verstehen und beantworten. Herkömmliche Datenbanken erfordern oft spezifische Abfragesprachen wie SQL, was technisches Know-how erfordert (Abb. 5.1).

Die technischen Details hinter RAG

Nun, da wir die grundlegenden Funktionsweisen eines RAG-Systems besprochen haben, tauchen wir tiefer in die technischen Details ein. Keine Sorge, wir halten es verständlich, aber auch detailliert genug, damit du die beeindruckende Technik hinter RAG voll erfassen kannst.

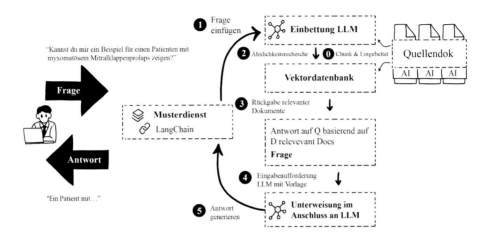

Abb. 5.1 Praktisches Beispiel eines RAG

1. Retrieval-Modell: Der Informationsjäger

Das Retrieval-Modell ist der erste Schritt im RAG-Prozess. Es basiert meist auf fortgeschrittenen Suchalgorithmen und Natural Language Processing (NLP)-Techniken. Hier sind einige der wichtigsten Komponenten:

- **Vektorbasierte Suche:** Anstatt einfache Schlüsselwörter zu verwenden, übersetzt die vektorbasierte Suche Wörter und Dokumente in numerische Vektoren. Dies ermöglicht es, semantische Ähnlichkeiten zwischen verschiedenen Texten zu erkennen, selbst wenn sie unterschiedliche Wörter verwenden.
- **TF-IDF und BM25:** Diese klassischen Algorithmen helfen, relevante Dokumente basierend auf der Häufigkeit und Bedeutung von Begriffen im Kontext zu finden. Sie sind einfach, aber effektiv und oft Teil des ersten Filterprozesses.
- **Neural Retrieval Models:** Moderne Retrieval-Modelle wie BERT (Bidirectional Encoder Representations from Transformers) nutzen tiefe neuronale Netze, um den Kontext und die Bedeutung von Wörtern in einem Text besser zu verstehen. Sie bieten eine präzisere und kontextsensitivere Suche.

2. Generationsmodell: Der kreative Kopf

Sobald relevante Informationen abgerufen wurden, übernimmt das Generationsmodell. Dieses Modell nutzt die abgerufenen Daten, um eine kohärente und informative Antwort zu erstellen. Hier sind die Schlüsseltechnologien:

- **Transformers:** Diese Modelle, wie GPT-4 und seine Nachfolger, sind bekannt für ihre Fähigkeit, menschlich klingende Texte zu generieren. Sie verwenden Selbstaufmerksamkeit, um den Kontext von Wörtern in großen Textmengen zu verstehen und relevante Antworten zu generieren.
- **Fine-Tuning:** Das Generationsmodell wird oft auf spezifische Datensätze feinabgestimmt, die für das jeweilige Unternehmen relevant sind. Dies verbessert die Genauigkeit und Relevanz der generierten Antworten.

3. Integration und Optimierung: Der Feinschlif

Nach der Generierung der Inhalte folgt die Integrations- und Optimierungsphase. Diese Phase stellt sicher, dass die erzeugten Texte nicht nur korrekt, sondern auch sinnvoll und nutzbar sind.

- **Post-Processing:** Hier werden die generierten Texte überprüft und gegebenenfalls angepasst. Dies kann eine menschliche Überprüfung umfassen, um sicherzustellen, dass die Antworten präzise und vollständig sind.
- **Feedback-Schleifen:** Durch kontinuierliches Feedback von Nutzern kann das System lernen und sich verbessern. Das bedeutet, dass das RAG-System mit der Zeit immer besser wird, je mehr es genutzt wird.

Anwendungsbeispiele und Erfolgsgeschichten

1. **Kundenservice-Optimierung:**
   Ein mittelständisches Unternehmen im Bereich E-Commerce implementierte ein RAG-System, um den Kundenservice zu verbessern. Vor der Implementierung mussten Mitarbeiter oft manuell nach Antworten suchen, was zeitaufwendig und ineffizient war. Mit dem RAG-System können Kundenanfragen jetzt innerhalb von Sekunden beantwortet werden, indem relevante Informationen aus der Datenbank abgerufen und kombiniert werden. Das Ergebnis: eine deutliche Reduzierung der Bearbeitungszeit und eine höhere Kundenzufriedenheit.
2. **Wissensmanagement in der Produktion**
   Ein Hersteller von Präzisionsmaschinen nutzte ein RAG-System, um das interne Wissensmanagement zu optimieren. Ingenieure und Techniker können jetzt schnell auf technische Dokumentationen, Wartungsprotokolle und frühere Problemlösungen zugreifen. Dies spart nicht nur Zeit, sondern verbessert auch die Effizienz und Genauigkeit bei der Fehlerdiagnose und -behebung.
3. **Marktforschung und Trendanalyse**
   Ein mittelständisches Marketingunternehmen setzte ein RAG-System ein, um Markt-trends und Kundenpräferenzen besser zu verstehen. Das System durchsucht riesige Mengen an Online-Daten, um relevante Trends und Muster zu identifizieren. Diese

Informationen werden dann genutzt, um maßgeschneiderte Marketingstrategien zu entwickeln, die genau auf die Zielgruppe abgestimmt sind.

Warum ist RAG wichtig für den Mittelstand?

Lass uns mal ehrlich sein: Wer hat schon die Zeit, Millionen Euro und ein paar Jahre seines Lebens damit zu verbringen, ein eigenes KI-Modell zu trainieren? Genau, niemand im Mittelstand. Hier kommt RAG (Retrieval-Augmented Generation) ins Spiel – die intelligente und kosteneffiziente Alternative. Aber warum genau?

RAG nutzt bereits vortrainierte Sprachmodelle und kombiniert diese mit deinen spezifischen Daten. Das bedeutet, dass du die Vorteile eines hochintelligenten Experten bekommst, der nicht nur ein wandelndes Lexikon ist, sondern auch stets Zugang zu den aktuellsten und relevantesten Informationen hat. Für kleine und mittlere Unternehmen (KMUs) heißt das, dass du nicht nur auf allgemeines Wissen zurückgreifst, sondern jederzeit präzise und spezifische Informationen erhältst, ohne in teure und aufwendige KI-Trainingsprozesse investieren zu müssen.

Ein RAG ist wie ein superschneller Bibliothekar mit einem phänomenalen Gedächtnis. Er liefert dir in Sekundenschnelle präzise Antworten, sodass du dir die Mühe und Kosten eines eigenen KI-Modells sparen kannst, ohne auf qualitativ hochwertige Informationen verzichten zu müssen. Es ist, als hättest du einen persönlichen Berater, der dir die bestmöglichen Informationen bereitstellt, ohne dass du stundenlang in verstaubten Bibliotheken recherchieren musst.

Investiere in RAG und profitiere von einer smarten, zukunftssicheren Lösung, die deinem Unternehmen hilft, datengetriebene Entscheidungen zu treffen und im zunehmend wettbewerbsorientierten Markt erfolgreich zu bestehen. Willkommen in der Zukunft der Informationsbeschaffung!

Teil II

KI trifft Geschäft – Ein Dreamteam wird geboren

Als Pionier des Mittelstands bist du auf dem Weg der Innovation bereits ein gutes Stück vorangekommen. Nachdem wir uns durch die spannende Geschichte der Künstlichen Intelligenz gearbeitet und die grundlegenden Bausteine dieser Technologie kennengelernt haben, kommen wir nun zu einem zentralen Punkt unserer Erkundung: Wie genau Künstliche Intelligenz und mittelständische Unternehmen zu einem unschlagbaren Team werden können, das bereit ist, die Geschäftswelt zu revolutionieren.

Stell dir vor, Künstliche Intelligenz ist der strategische Vorteil, der dein Unternehmen auf die nächste Stufe hebt. Früher war diese Technologie den Großkonzernen und Spitzenforschungsinstituten vorbehalten. Doch jetzt ist der Durchbruch da: Mit den neuesten Entwicklungen in der generativen KI können auch mittelständische Unternehmen von dieser Innovation profitieren – ohne komplizierte Voraussetzungen oder teure Investitionen. Das ist deine Chance, effizienter zu arbeiten und wettbewerbsfähiger zu werden.

Im DACH-Raum, bekannt für seine wirtschaftliche Stärke und Innovationskraft, hat sich Künstliche Intelligenz zu einer unverzichtbaren Technologie in der Produktion entwickelt. Roboter agieren mit höchster Präzision, Automatisierungsprozesse steigern die Effizienz erheblich, und datengesteuerte Analysen liefern äußerst genaue Ergebnisse. Diese technologischen Fortschritte sind zu einem integralen Bestandteil moderner Produktionsumgebungen geworden und treiben die Wettbewerbsfähigkeit voran – das ist die neue Realität. Eine Studie von Fraunhofer Austria[1] aus dem Jahr 2022 zeigt, dass in bereits jedem zehnten Unternehmen KI-Anwendungen aktiv zum Einsatz kommen. Die Studie offenbart jedoch auch eine Lücke zwischen agilen Mittelständlern und den großen Playern, insbesondere wenn es darum geht, KI-Projekte erfolgreich umzusetzen und zu etablieren.

Das bedeutet für dich: Es ist Zeit, die Ärmel hochzukrempeln und sich dem Thema KI zu widmen! Du musst eine intelligente KI-Strategie entwickeln und deine Fähigkeiten Schritt für Schritt erweitern. Trotz der Hürden – wie dem Fachkräftemangel, Problemen mit der Datenqualität und der Skepsis gegenüber der Digitalisierung – musst du nicht nur ein Beobachter bleiben. Du kannst aktiv die Bühne des digitalen Wandels betreten. Interessanterweise haben laut dieser Studie[2] 55 % der Unternehmen haben noch keine

---

[1] https://www.fraunhofer.at/content/dam/austria/documents/studien/Studie%20zum%20Roboterein satz%20in%20der%20%C3%B6sterreichischen%20Industrie_Fraunhofer%20Austria.pdf

[2] https://www.fraunhofer.at/de/publikationen/studien/download-ki-studie.html

konkrete Strategie für den Einsatz von KI entwickelt. Hier liegt also eine riesige Chance für dich. In den nächsten Abschnitten werden wir gemeinsam mit dir einige Anwendungsgebiete erarbeiten, sodass KI kein abstraktes Konzept mehr für dich ist, sondern ein fester Bestandteil deiner Unternehmensstrategie wird.

Mensch und Maschine – Das Dreamteam in Aktion

Im Zentrum der digitalen Revolution, wo Künstliche Intelligenz sich von einem Trendbegriff zu einem echten Wendepunkt entwickelt hat, erleben wir die Entstehung eines außergewöhnlichen Teams: Mensch und Maschine. In diesem Teil des Buches räumen wir mit dem Mythos auf, dass KI massenhaft Arbeitsplätze vernichtet. Tatsächlich unterstützt KI die menschliche Arbeit, indem sie Supportprozesse automatisiert und Fachkräften ermöglicht, sich auf ihre Hauptaufgaben zu konzentrieren.

Diese Partnerschaft, weit entfernt von den düsteren Visionen, die häufig beschworen werden, zeichnet sich durch eine synergetische Zusammenarbeit aus, die unsere menschlichen Fähigkeiten erweitert, statt sie zu ersetzen. Eine Untersuchung der Europäischen Zentralbank[1], die bis ins Jahr 2019 reicht, beleuchtet das Zusammenspiel zwischen KI und dem Arbeitsmarkt. Diese Studie zeigt, dass KI nicht der gefürchtete Jobvernichter ist, sondern ein wertvoller Partner, der die berufliche Leistung steigert. Besonders bemerkenswert ist der Anstieg der Beschäftigungsquote durch den Einsatz von KI, selbst in Branchen, die als anfällig für Automatisierung galten. Junge, qualifizierte Arbeitskräfte nutzen KI, um ihre Talente und Fähigkeiten optimal einzusetzen. Doch der Fortschritt hat auch seine Schattenseiten: In einigen Sektoren wurde ein Rückgang im Lohnwachstum festgestellt, was uns daran erinnert, dass technologische Entwicklungen oft ambivalent sind.

Wir dürfen uns von diesen Herausforderungen nicht einschüchtern lassen – im Gegenteil, wir sollten sie als Chance sehen, unsere Arbeitsweisen zu überdenken und neu zu gestalten. KI eröffnet uns zwei fantastische Spielwiesen: Prozessoptimierung und Innovation. Im Bereich der Prozessoptimierung ist KI wie der perfekte Mitarbeiter, der nie

---

[1] https://science.apa.at/power-search/1531838073253727811

D. Renner et al., *KI im Mittelstand: Chancen, Optimierungen und Neugeschäft*, https://doi.org/10.1007/978-3-658-46077-8_6

schläft, nie jammert und immer auf Zack ist. Sie übernimmt die langweiligen, repetiti-ven Aufgaben und schenkt uns das wertvollste Gut überhaupt: Zeit. Zeit, die wir endlich in kreative Ideen, den Aufbau von Kundenbeziehungen und die Entwicklung strategischer Visionen investieren können. Hier sind ein paar praktische Anwendungsfälle, die du sofort ausprobieren solltest, um das Potenzial von KI in deinem Unternehmen zu entdecken:

1. Öffne ChatGPT, gerne auch in der kostenlosen Version, wenn du die bezahlte noch nicht hast
2. Probiere zwei dieser Anwendungsfälle gleich aus:

a. **Automatisierte Generierung von Marketing-Texten**

Stell dir vor, du arbeitest im Marketing und musst regelmäßig ansprechende Texte für verschiedene Kanäle wie soziale Medien, E-Mail-Newsletter und Werbeanzeigen erstellen. Mit ChatGPT kannst du diese Aufgabe effizienter gestalten, indem du die KI nutzt, um kreative und zielgerichtete Texte zu generieren. Hierfür kannst du gerne diesen Prompt verwenden:

„Erstelle einen überzeugenden Marketing-Text für [Produktname]“, der für eine Social-Media-Kampagne verwendet werden kann. Der Text sollte die wichtigsten Vorteile des Produkts hervorheben, einen klaren Call-to-Action enthalten und auf die Zielgruppe [Zielgruppe beschreiben] zugeschnitten sein. Beachte dabei folgende Punkte:

- *Einleitung: Beginne mit einer aufmerksamkeitsstarken Aussage oder Frage, die das Interesse der Zielgruppe weckt.*
- *Hauptteil: Beschreibe die wichtigsten Eigenschaften und Vorteile des Produkts. Nutze konkrete Beispiele oder Szenarien, um die Vorteile anschaulich darzustellen.*
- *Call-to-Action: Füge eine klare Handlungsaufforderung hinzu, die die Leser dazu ermutigt, mehr über das Produkt zu erfahren oder es zu kaufen.*
- *Stil: Halte den Tonfall freundlich, ansprechend und passend zur Markenstimme von [Markenname]."*

der Marketing-Kampagnen und trägt wesentlichDie Nutzung von ChatGPT zur auto-matisierten Generierung von Marketing-Texten kann den Arbeitsalltag im Marketing erheblich erleichtern. Mit präzise formulierten Prompts können ansprechende und ziel-gerichtete Texte für verschiedene Kanäle effizient erstellt werden. Dies spart nicht nur Zeit, sondern fördert auch die kreative Vielfalt und Konsistenz der Markenbotschaften. Die Möglichkeit, gezielt auf die Bedürfnisse der Zielgruppe einzugehen und dabei einen klaren Call-to-Action zu integrieren, erhöht die Wirksamkeit der Marketing-Kampagnen und trägt wesentlich zum Erfolg der Marketingstrategie bei.

b. Ersten Überblick über große Dokumente erhalten

Hast du es auch satt, jeden Tag größere Berichte von vorne bis hinten durchzulesen und Stunden damit zu verbringen, dir einen Überblick zu verschaffen? Dann wird es Zeit, dass du KI als dein neues Werkzeug in Betracht ziehst. Stell dir vor, wie viel effizienter du sein könntest, wenn dir die zeitaufwendige Datenanalyse abgenommen wird. Lade einen Geschäftsbericht, ein längeres Meetingprotokoll oder eine vollumfängliche Projektbeschreibung in Chat GPT hoch und verwende diesen Prompt:

„Erstelle eine kurze und prägnante Zusammenfassung dieses mehrseitigen Dokuments. Ziel ist es, die zentralen Themen, Hauptargumente, wesentlichen Erkenntnisse und Schlussfolgerungen zu erfassen, damit Leserinnen und Leser einen umfassenden Überblick über den Inhalt erhalten, ohne das gesamte Dokument lesen zu müssen". Beachte dabei folgende Punkte:

- *Kernthemen: Identifiziere die Hauptthemen des Dokuments und beschreibe sie kurz.*
- *Hauptargumente: Fasse die wichtigsten Argumente zusammen, die zur Unterstützung der Kernthemen vorgebracht werden.*
- *Wesentliche Erkenntnisse: Hebe signifikante Daten, Studienergebnisse oder Erkenntnisse hervor, die im Dokument präsentiert werden.*
- *Schlussfolgerungen: Gib einen Überblick über die Schlussfolgerungen oder Empfehlungen, die aus den Argumenten und Erkenntnissen gezogen werden.*
- *Zusätzliche wichtige Punkte: Falls zutreffend, erwähne zusätzliche Aspekte, die für das Verständnis des Dokuments wichtig sind, wie methodologische Ansätze, theoretische Rahmenbedingungen oder Limitationen der Analyse.*

„Die Zusammenfassung sollte klar und zugänglich formuliert sein, um sicherzustellen, dass sie auch für Personen verständlich ist, die möglicherweise nicht mit dem Fachgebiet vertraut sind. Versuche, den Umfang auf das Wesentliche zu beschränken und vermeide technischen Jargon, wo immer es möglich ist, um die Lesbarkeit zu maximieren."

Das ist ein sehr allgemein gehaltener Prompt. Je spezifischer der Prompt mit Zielen versehen wird, desto besser werden auch die Ergebnisse sein. Daher haben wir hier für dich einen spezifischen Prompt für eine Zusammenfassung einer Projektbeschreibung erstellt:

„Analysiere das 50-seitige Projektbeschreibungsdokument, das ich hochgeladen habe, um eine prägnante 1–2 seitige Zusammenfassung zu erstellen. Konzentriere dich dabei auf die Kernpunkte, die für das Verständnis des Projekts, seiner Ziele, des geplanten Vorgehens, der beteiligten Teams und Ressourcen sowie der erwarteten Ergebnisse und Herausforderungen essentiell sind". Bitte berücksichtige folgende Aspekte in der Zusammenfassung:

- *Projektziel: Beschreibe das Hauptziel des Projekts und die zu lösenden Probleme.*
- *Umfang und Abgrenzung: Erkläre kurz den Umfang des Projekts und was es nicht abdecken wird.*

- *Schlüsselphasen und Zeitplan: Fasse die wichtigsten Phasen des Projekts zusammen und gib einen Überblick über den geplanten Zeitplan.*
- *Beteiligte Teams und Stakeholder: Nenne die Hauptakteure, ihre Rollen und Verantwortlichkeiten.*
- *Ressourcen: Skizziere die benötigten Ressourcen, einschließlich Budget, Personal und Technologien.*
- *Erwartete Ergebnisse: Beschreibe, was das Projekt erreichen soll, einschließlich quantifizierbarer Ziele.*
- *Risiken und Herausforderungen: Identifiziere potenzielle Risiken und Herausforderungen und wie sie angegangen werden könnten.*
- *Erfolgskriterien: Definiere, wie der Erfolg des Projekts gemessen und bewertet wird.*

Stelle sicher, dass die Zusammenfassung klar, präzise und frei von Fachjargon ist, um die Lesbarkeit für alle Projektbeteiligten, einschließlich nicht-technischem Personal, zu gewährleisten. Die Zusammenfassung sollte die Essenz des Projekts einfangen und es dem Leser ermöglichen, ein umfassendes Verständnis des geplanten Vorhabens zu erlangen, ohne das gesamte Dokument lesen zu müssen."

c. **Terminvorbereitung und Briefing über ein Unternehmen**

Kennst du diese Momente, in denen du dich vor Business-Meetings mühsam durch Internetrecherchen kämpfen musst, um dich auf neue und potenzielle Kunden vorzubereiten? Wir haben eine Lösung für dich! Hier ist ein konkreter Prompt für ChatGPT, der dir ein erstes Briefing über eine unbekannte Firma liefert. Mit diesem Prompt kannst du gezielt Informationen für deine Anwendungsgebiete abrufen und dich effizienter auf deine Meetings vorbereiten:

„Bereite eine detaillierte Übersicht über Essentio Consulting GmbH vor, die folgende Schlüsselinformationen beinhaltet: die aktuellen Vorstände und C-Level-Executives, eine Beschreibung der Haupttätigkeitsfelder des Unternehmens, eine Liste der Standorte weltweit, Informationen zu wichtigen Partnern und einen Überblick über die Produktpalette". Bitte achte darauf, die Informationen so zu strukturieren:

- *Führungsteam: Liste die aktuellen Mitglieder des Vorstands wenn vorhanden, ansonsten die C-Level-Executives auf, inklusive kurzer Biografien und ihrer spezifischen Verantwortungsbereiche im Unternehmen.*
- *Unternehmensbeschreibung: Gib einen Überblick über die Geschichte des Unternehmens, die Haupttätigkeitsfelder und die Branchen, in denen es tätig ist. Erwähne spezielle Kompetenzen oder Technologien, für die Essentio Consulting GmbH bekannt ist.*
- *Standorte: Führe die wichtigsten Standorte des Unternehmens weltweit auf, einschließlich der Hauptsitze, Produktionsstätten und Forschungs- und Entwicklungszentren.*

Erwähne, wenn möglich, die Bedeutung einzelner Standorte für die Gesamtstrategie des Unternehmens.

- *Partnerschaften: Beschreibe wichtige Partnerschaften, Kooperationen mit anderen Unternehmen oder Beteiligungen an Start-ups, die für die strategische Ausrichtung von Essentio Consulting GmbH relevant sind.*
- *Produkte: Gib einen Überblick über die Kernprodukte und -dienstleistungen, die Essentio Consulting GmbH anbietet. Schließe Informationen über neue oder zukünftige Produktinnovationen ein, falls verfügbar.*

„Ziel dieser Übersicht ist es, ein tiefgehendes Verständnis für Essentio Consulting GmbH zu erlangen, um das bevorstehende Meeting mit fundiertem Wissen über das Unternehmen zu führen. Die Informationen sollten aktuell, präzise und umfassend sein, um einen vollständigen Überblick über Essentio Consulting GmbH zu gewährleisten."

Ändere einfach den Firmennamen ab und probiere es gleich aus!

d. Auslesen eines Bilanz- oder Finanzberichts

Verbringst du oft Stunden damit, dich durch Bilanz- oder Finanzberichte zu wühlen? Fühlst du dich manchmal überwältigt von den hunderten Seiten voller Zahlen und Analysen? Wenn du im C-Level, der Finanz- oder Controllingabteilung arbeitest, haben wir die perfekte Lösung für dich: einen echten Gamechanger! Mit der richtigen KI-Unterstützung wird das Durchforsten und Analysieren von Berichten zum Kinderspiel. Effizienz und Präzision werden neu definiert – und das alles, ohne dass du nächtelang arbeiten musst. Stell dir vor, wie viel produktiver du sein könntest! Lade einen Bilanz- oder Finanzbericht in Chat GPT hoch, und verwende diesen Prompt:

„Analysiere die beigefügte Jahresbilanz und erstelle eine Zusammenfassung der wichtigsten finanziellen Kennzahlen". Konzentriere dich dabei auf folgende Aspekte:

- *Umsatzerlöse: Gesamtumsatz des Unternehmens innerhalb des Geschäftsjahres.*
- *Betriebsergebnis (EBIT): Gewinn vor Zinsen und Steuern.*
- *Nettogewinn/-verlust: Reingewinn oder -verlust nach Steuern.*
- *Eigenkapitalquote: Verhältnis des Eigenkapitals zur Bilanzsumme, als Indikator für die finanzielle Stabilität.*
- *Liquiditätsgrade: Erste und zweite Liquidität, um die kurzfristige Zahlungsfähigkeit zu beurteilen.*
- *Verschuldungsgrad: Verhältnis von Fremdkapital zu Eigenkapital, als Maß für die Verschuldung.*
- *Anlageintensität: Anteil des Anlagevermögens an der Gesamtbilanz, als Hinweis auf die Kapitalbindung.*
- *Umsatzrentabilität: Verhältnis von Gewinn zu Umsatzerlösen, als Maß für die Effizienz.*

Fasse die Ergebnisse in einer übersichtlichen und verständlichen Form zusammen, inklusive einer kurzen Erläuterung zu jeder Kennzahl, warum sie wichtig ist und was ihre Werte über die finanzielle Gesundheit und Leistungsfähigkeit des Unternehmens aussagen."

Du wirst sehen, dass diese ersten, einfachen und greifbaren Beispiele dein tägliches Arbeiten massiv verändern können. Keine Sorge, wir wollen dir nicht einfach nur eine Liste von ChatGPT-Prompts mitgeben. Diese Beispiele sollen dir zeigen, was mit KI alles möglich ist und dir die Augen öffnen für die kleinen Erleichterungen und Zeitersparnisse, die du sofort in deinen Arbeitsalltag einbauen kannst. Wie ist es dir beim Ausprobieren dieser Anwendungsbeispiele ergangen? Hast du schon gemerkt, wie viel effizienter und entspannter dein Arbeitstag sein kann? Lass uns gemeinsam weitermachen und noch mehr Potenziale entdecken!

Anwendungsfall	Hilfreich J/N?	Notizen
Automatisierte Generierung von Marketing-Texten		
Ersten Überblick über große Dokumente erhalten		
Terminvorbereitung und Briefing über ein Unternehmen		
Auslesen eines Bilanz- oder Finanzberichts		

Ein weiteres praktisches Beispiel für einen Einstieg nach den zuvor erwähnten Chat GPT Anwendungsfällen bietet das Tool Zapier – ein wahrer KI-Kompass für Einsteiger. Stell dir vor, Zapier wäre wie ein fleißiger Helfer, der Aufgaben zwischen verschiedenen Anwendungen jongliert. Protokolle, die sich in Dropbox stapeln, verwandeln sich automatisch in prägnante Zusammenfassungen in einer Slack-Nachricht. Diese und ähnliche Funktionen sind nur ein Vorgeschmack darauf, was mit KI-Tools möglich ist, selbst wenn du dich im technischen Bereich unsicher fühlst.

Auch auf dem Feld der Innovation entfacht KI den Funken neuer Ideen und motiviert uns, über den Tellerrand hinauszublicken. Sie ermöglicht es uns, Muster und Chancen in Daten zu erkennen, die für das menschliche Auge so unsichtbar sind wie die berühmte Nadel im Heuhaufen. Und ja, du wirst dich immer wieder mit der klassischen „make vs. buy"-Entscheidung auseinandersetzen müssen. In den folgenden Kapiteln werden wir darauf eingehen, ob du besser ein bestehendes Standardtool verwenden oder ein spezifisches KI-Tool maßschneidern solltest.

Wichtig ist auch, dass du die Stakeholder in deinem Unternehmen frühzeitig in den Prozess der Auswahl und Verwendung von KI-Tools einbeziehst. So stellst du sicher, dass du den nötigen Support im Unternehmen hast und die Tools nicht von vornherein zum Scheitern verurteilt sind, weil sie keiner benutzen will.

Wenn du mit Stakeholdern sprichst oder als KI-Befürworter auftrittst, wirst du zwangsläufig früher oder später mit Kritik, Ablehnung oder auch Ängsten deiner Kollegen und Mitarbeiter konfrontiert werden. Lass uns daher einige der Argumente und Mythen, die wir selbst oft hören, entkräften, um dir ein besseres Argumentations-Handwerkszeug mitzugeben.

Mythos 1: KI ist fehlerfrei und objektiv

Es ist ein weitverbreiteter Mythos, dass Künstliche Intelligenz die unfehlbare, objektive Superkraft der modernen Technik ist. Aber, mal ehrlich, auch KI hat ihre Macken. Genau wie jedes andere von Menschenhand geschaffene Werkzeug hat auch die KI ihre Grenzen. Sie lernt nämlich aus den Daten, die wir ihr geben – und diese Daten können durchaus von unseren menschlichen Vorurteilen durchzogen sein. Deshalb ist es entscheidend, dass wir unsere KI-Systeme mit einer bunten Mischung an Daten füttern und sie regelmäßig auf Herz und Nieren prüfen. Nur so können wir sicherstellen, dass sie nicht in alte Muster verfallen und immer auf dem neuesten Stand bleiben.

Mythos 2: KI wird den Menschen bald überflüssig machen

Ein weitverbreiteter Mythos besagt, dass KI in naher Zukunft die meisten Arbeitsplätze überflüssig machen wird. Diese Vorstellung wird oft durch drastische Beispiele von Automatisierung und fortschrittlichen Robotern befeuert, die scheinbar mühelos komplexe Aufgaben übernehmen können. Unternehmen, die in der Vergangenheit stark auf menschliche Arbeitskraft gesetzt haben, beginnen nun, diese durch Maschinen zu ersetzen. Beispiele hierfür sind die Automobil- und Fertigungsindustrie, wo Roboter zunehmend Fertigungsstraßen dominieren und menschliche Arbeiter verdrängen.

Trotz der weitverbreiteten Ängste zeigt die Realität, dass KI und Menschen oft besser zusammenarbeiten, als dass sie in direkter Konkurrenz stehen. Viele Aufgaben, die KI heute übernimmt, sind repetitiv und wenig anspruchsvoll. Indem diese Aufgaben automatisiert werden, können sich menschliche Mitarbeiter auf kreativere und komplexere Tätigkeiten konzentrieren. Beispielsweise können KI-Systeme in der Fertigung dabei helfen, Fehler zu minimieren und die Effizienz zu steigern, während die menschlichen Arbeiter ihre Aufmerksamkeit auf die Feinabstimmung und Innovation von Produkten richten.[2]

Natürlich wird es auch Veränderungen geben. Manche Jobs, wie wir sie heute kennen, werden in Zukunft nicht mehr notwendig sein. Aber das ist kein Grund zur Sorge – im Gegenteil! Es werden viele neue Jobs entstehen, die wir uns heute vielleicht noch gar nicht vorstellen können. Deshalb ist es umso wichtiger, in Weiterbildung und Umschulung zu investieren. Beispielsweise brauchen wir mehr Datenanalysten, KI-Spezialisten und Cybersecurity-Experten. Unternehmen, die frühzeitig in die Weiterqualifizierung ihrer Mitarbeiter investieren, werden besser auf die Veränderungen vorbereitet sein und davon profitieren. Es geht darum, flexibel zu bleiben und die neuen Chancen, die KI bietet, aktiv zu nutzen.

Die wahre Herausforderung und zugleich die größte Chance in der Ära der KI liegt in der Weiterbildung der Belegschaft. „Upskilling" – die Weiterentwicklung bestehender

---

[2] https://ide.mit.edu/insights/neil-thompson-research-may-calm-some-of-the-ai-job-loss-clamor/

Fähigkeiten und das Erlernen neuer Kompetenzen – ist entscheidend, um mit den technologischen Fortschritten Schritt zu halten und die Zusammenarbeit zwischen Mensch und
Maschine zu optimieren.

Unternehmen müssen ihre Mitarbeiter aktiv in die Nutzung neuer Technologien
einbeziehen und ihnen die Möglichkeit geben, sich weiterzubilden. Dies kann durch regelmäßige Schulungen, Workshops und den Zugang zu neuen Lernressourcen geschehen.
Ein Arbeitsumfeld, das Innovation und Experimentierfreude fördert, ist entscheidend, um
die volle Kraft der KI zu entfesseln und gleichzeitig die menschliche Kreativität und
Problemlösungskompetenz zu bewahren.

Mythos 3: KI-Entwicklung ist nur etwas für Experten

Es wird oft behauptet, dass die Entwicklung von Künstlicher Intelligenz (KI) nur etwas
für Experten ist. Doch stimmt das wirklich? Dank der Zugänglichkeit durch Cloud-
Plattformen und benutzerfreundliche Tools wird die KI-Entwicklung zunehmend für alle
möglich.

Cloud-Dienste wie Google Cloud AI, Microsoft Azure AI und Amazon Web Services
(AWS) bieten benutzerfreundliche KI-Tools und -Plattformen, die auch von Nicht-
Experten genutzt werden können. Diese Plattformen stellen vorgefertigte Modelle und
APIs bereit, die es ermöglichen, KI-Anwendungen schnell und ohne tiefgehende tech-
nische Kenntnisse zu implementieren. So kann jeder, vom kleinen Startup bis zum
mittelständischen Unternehmen, von den Vorteilen der KI profitieren.

Zusätzlich gibt es No-Code und Low-Code Plattformen wie Google AutoML, Microsoft's Power Platform und AppSheet. Diese Tools ermöglichen es Nutzern, KI-Lösungen
zu entwickeln, ohne eine einzige Zeile Code zu schreiben. Dank visueller Schnittstellen, Drag-and-Drop-Funktionen und intuitiver Bedienung wird der Entwicklungsprozess
vereinfacht und für alle zugänglich gemacht.

Die wachsende Anzahl von Communitys und Ressourcen trägt ebenfalls dazu bei, die
Hürden bei der KI-Entwicklung zu senken. Online-Lernplattformen wie Coursera, Udacity
und edX bieten zahlreiche Kurse an, die speziell darauf ausgerichtet sind, Nicht-Experten
in die Welt der KI einzuführen. Foren und Communitys wie Stack Overflow, GitHub und
AI-Hubs bieten Unterstützung und teilen Wissen, was den Zugang zur KI-Entwicklung
weiter erleichtert.

Praxisbeispiele aus der Industrie zeigen, wie weitreichend und zugänglich KI heute
bereits ist. In der Landwirtschaft wird KI genutzt, um Ernteerträge vorherzusagen und
Schädlingsbefall frühzeitig zu erkennen. Landwirte können über einfache Apps und
Geräte auf diese Technologien zugreifen, ohne dass sie selbst KI-Experten sein müssen.

Mit diesen Entwicklungen wird deutlich, dass KI-Entwicklung nicht nur für Experten ist. Jeder kann von den Vorteilen der KI profitieren und diese Technologie nutzen,

um Innovationen voranzutreiben und Prozesse zu optimieren. Die Möglichkeiten sind vielfältig und zugänglicher als je zuvor.

Mythos 4: KI kann menschliche Emotionen verstehen und interpretieren

Es gibt ein weit verbreitetes Missverständnis, dass Künstliche Intelligenz in der Lage ist, menschliche Emotionen zu verstehen und zu interpretieren. Doch so faszinierend die Vorstellung auch sein mag, die Realität sieht etwas anders aus.

Künstliche Intelligenz kann zwar bestimmte Muster und Signale erkennen, die mit menschlichen Emotionen verbunden sind, aber sie versteht diese nicht auf die gleiche Weise wie ein Mensch. KI-Systeme sind hervorragend darin, Textanalysen durchzuführen und Sentiments zu erkennen, z. B. ob eine Nachricht positiv oder negativ ist. Das bedeutet jedoch nicht, dass sie die dahinterliegenden Gefühle oder die menschliche Psyche wirklich nachvollziehen können.

Ein anschauliches Beispiel sind Chatbots und virtuelle Assistenten, die oft so programmiert sind, dass sie auf bestimmte emotionale Ausdrücke reagieren. Wenn du in einer Nachricht schreibst: „Ich bin heute sehr glücklich", kann der Chatbot mit einer entsprechenden Antwort reagieren wie „Das freut mich zu hören!" Diese Reaktion basiert jedoch nur auf der Analyse des Textes und nicht auf einem echten Verständnis der Emotion.

Ein weiteres Beispiel findet sich im Bereich der Kundenservice-Tools, die mit KI arbeiten. Diese Systeme können Tonfall-Analysen durchführen und erkennen, ob ein Kunde verärgert oder zufrieden ist. Dennoch interpretieren sie nur die Datenmuster und reagieren darauf mit vorprogrammierten Antworten. Ein tiefes, empathisches Verständnis, wie es ein menschlicher Mitarbeiter hätte, ist dabei nicht gegeben.

Es ist wichtig zu verstehen, dass KI-Systeme auf Algorithmen und Daten basieren. Sie können Muster in großen Datenmengen erkennen und daraus Vorhersagen treffen, aber sie haben kein Bewusstsein und keine Empathie. Emotionen sind komplexe, subjektive Erfahrungen, die von vielen Faktoren beeinflusst werden, einschließlich persönlicher Geschichte, Kontext und kulturellen Unterschieden. Diese Vielschichtigkeit kann eine KI nicht erfassen.

Das bedeutet nicht, dass KI in emotionalen Kontexten nutzlos ist. Sie kann uns durchaus dabei unterstützen, menschliche Emotionen besser zu erkennen und darauf zu reagieren. Ein Beispiel ist die Nutzung von KI in der psychischen Gesundheitsversorgung, wo Systeme dabei helfen können, Frühwarnzeichen von Depressionen zu erkennen, indem sie sprachliche Muster analysieren. Dies kann als ergänzendes Tool für Therapeuten dienen, ersetzt aber nicht die menschliche Interaktion und das tiefere Verständnis, das ein Therapeut bietet.

Mythos 5: KI führt zu einer Überwachungsgesellschaft

Ein weitverbreiteter Mythos besagt, dass der Einsatz von Künstlicher Intelligenz zwangsläufig zu einer Überwachungsgesellschaft führt. Während es sicherlich Bedenken und
Herausforderungen gibt, ist die Realität differenzierter und weniger düster, als oft
dargestellt wird.

Es stimmt, dass KI-Technologien in der Lage sind, große Mengen an Daten zu sammeln und zu analysieren. Diese Fähigkeit kann genutzt werden, um Verhaltensmuster
zu erkennen, Vorhersagen zu treffen und Entscheidungen zu automatisieren. Doch das
bedeutet nicht zwangsläufig, dass wir in eine allgegenwärtige Überwachungsgesellschaft
abrutschen.

Ein Beispiel für den positiven Einsatz von KI ist die Verbesserung der öffentlichen
Sicherheit. Städte wie Singapur und Barcelona setzen KI ein, um Verkehrsflüsse zu
optimieren und Straftaten zu verhindern. Durch den Einsatz von intelligenten Überwa-
chungskameras und Analysesystemen können Behörden schnell auf Unregelmäßigkeiten
reagieren, was die Sicherheit der Bürger erhöht. Diese Systeme sind jedoch auf Transparenz und Datenschutz ausgelegt, um Missbrauch zu verhindern.

Ein weiteres Beispiel ist die Gesundheitsüberwachung. Wearables und Fitness-Tracker
nutzen KI, um persönliche Gesundheitsdaten zu analysieren und Empfehlungen für einen
gesünderen Lebensstil zu geben. Diese Technologien ermöglichen es Menschen, ihre
Gesundheit proaktiv zu managen und frühzeitig auf potenzielle Gesundheitsprobleme zu
reagieren. Auch hier ist der Datenschutz von zentraler Bedeutung, und die Nutzer haben
die Kontrolle über ihre Daten.

Natürlich gibt es auch berechtigte Bedenken, insbesondere wenn es um die Sammlung
und Nutzung personenbezogener Daten geht. Fälle wie der Missbrauch von Daten durch
soziale Medienplattformen haben gezeigt, dass es notwendig ist, strenge Datenschutzrichtlinien und -gesetze zu implementieren. Die Europäische Datenschutz-Grundverordnung
(DSGVO) ist ein Beispiel für eine Regulierung, die darauf abzielt, den Datenschutz zu
stärken und den Missbrauch von Daten zu verhindern.

Darüber hinaus gibt es ethische Richtlinien und Standards, die von Unternehmen und
Regierungen entwickelt werden, um sicherzustellen, dass KI verantwortungsbewusst eingesetzt wird. Initiativen wie das "Ethical AI" Framework zielen darauf ab, die Transparenz
zu erhöhen, den Datenschutz zu gewährleisten und sicherzustellen, dass KI-Systeme fair
und gerecht handeln.

Zusammengefasst: Ja, KI hat das Potenzial, Überwachung zu ermöglichen, aber sie
hat ebenso das Potenzial, viele Bereiche unseres Lebens zu verbessern. Die Herausforderung besteht darin, die richtigen Rahmenbedingungen und Regulierungen zu schaffen,
um den Missbrauch zu verhindern und die Vorteile zu maximieren. Es liegt an uns, die
Technologie verantwortungsvoll zu nutzen und sicherzustellen, dass sie zum Wohle der

Gesellschaft eingesetzt wird. Der Mythos, dass KI zwangsläufig zu einer Überwachungs-gesellschaft führt, verkennt die vielen positiven Anwendungen und die Möglichkeiten, die wir haben, um Missbrauch zu verhindern.

Mythos 6: KI-Technologie ist eine kürzlich entwickelte Innovation

Viele denken, dass Künstliche Intelligenz eine brandneue Erfindung ist, die erst vor kur-zem das Licht der Welt erblickt hat. Überraschung! KI hat tatsächlich eine lange und faszinierende Geschichte, die wir uns im ersten Teil des Buches schon kurz angesehen haben.

Seitdem hat sich viel getan. KI hat sich stetig weiterentwickelt und ist in unser tägliches Leben eingezogen – oft ohne dass wir es bemerken. KI ist nicht gleich Chat GPT. Denken wir nur an Sprachassistenten wie Siri oder Alexa, die uns beim Wetterbericht oder bei der Musikauswahl helfen. Oder an die Empfehlungssysteme von Netflix und Amazon, die auf Basis unserer bisherigen Auswahl neue Filme oder Produkte vorschlagen. Diese Anwen-dungen sind das Ergebnis jahrzehntelanger Forschung und Entwicklung. Also, wenn dir das nächste Mal jemand erzählt, KI sei eine völlig neue Technologie, kannst du ihm mit einem wissenden Lächeln die spannende Geschichte dieser faszinierenden Wissenschaft näherbringen.

Mythos 7: Alle KI-Systeme sind hochintelligent und vielseitig

Es ist ein weit verbreiteter Irrglaube, dass alle KI-Systeme hochintelligent und vielseitig sind, bereit, jede Aufgabe zu meistern, die man ihnen stellt. Die Realität sieht allerdings ganz anders aus. Die meisten KI-Systeme, die wir heute nutzen, sind auf sehr spezifische Aufgaben spezialisiert. Diese sogenannten schwachen oder engen KIs sind Meister in ihren spezifischen Bereichen, aber frag sie nicht, was sie zum Abendessen kochen sollen. Ein Schach-KI mag den Weltmeister besiegen, aber sie wird keine Ahnung haben, wie man einen Einkauf plant oder ein Auto fährt.

Ein anschauliches Beispiel sind Sprachassistenten wie Siri oder Google Assistant. Diese Programme können dir wunderbar dabei helfen, den Wecker zu stellen oder eine Nachricht zu verschicken, aber sie haben keine echte Verständnisfähigkeit. Wenn du ihnen komplexe, mehrstufige Aufgaben gibst, kommen sie schnell an ihre Grenzen. Es ist wichtig, die Fähigkeiten und Grenzen dieser Systeme zu verstehen, um realistische Erwartungen zu haben und sie effektiv zu nutzen.

Tatsächlich befinden wir uns noch in den frühen Phasen der Entwicklung sogenannter starker KI oder künstlicher allgemeiner Intelligenz (AGI), die in der Lage wäre, mensch-liche Intelligenz in all ihren Facetten zu replizieren. Solche Systeme existieren bisher nur in Science-Fiction-Geschichten. Bis wir dort ankommen, werden unsere KI-Systeme weiterhin spezialisierte Werkzeuge bleiben, die uns bei bestimmten Aufgaben unterstützen, aber nicht alle Probleme auf magische Weise lösen können. Es liegt an uns, diese Technologien klug einzusetzen und ihre Stärken zu nutzen, ohne dabei ihre Einschränkungen zu vergessen.

Mythos 8: KI könnte bald eine eigenständige Bewusstseinsform entwickeln

Es gibt viele spannende und manchmal beunruhigende Vorstellungen darüber, dass KI eines Tages eine eigenständige Bewusstseinsform entwickeln könnte, vergleichbar mit den intelligenten Maschinen aus Science-Fiction-Filmen. Doch die Realität ist weit weniger dramatisch.

Aktuelle KI-Systeme, egal wie fortschrittlich sie wirken mögen, basieren auf Algorithmen und statistischen Modellen, die keinerlei Bewusstsein oder Selbstwahrnehmung besitzen. Sie sind Werkzeuge, die Muster in Daten erkennen, Vorhersagen treffen und Aufgaben automatisieren können, aber sie verstehen nicht wirklich, was sie tun. Sie sind nicht in der Lage, eigenständige Gedanken oder Gefühle zu entwickeln.

Selbst die fortschrittlichsten KI-Modelle wie GPT-4o oder AlphaGo funktionieren auf der Grundlage von Datenverarbeitung und mathematischen Berechnungen. Sie simulieren Intelligenz durch komplexe Berechnungen, haben aber kein Bewusstsein. Das heißt, sie wissen nicht, dass sie existieren, und haben keine eigenen Ziele oder Wünsche. Ihre beeindruckenden Leistungen in verschiedenen Aufgabenbereichen sind das Ergebnis sorgfältig gestalteter Algorithmen und umfangreicher Datenmengen, nicht aber einer inneren Selbstwahrnehmung.

Es ist wichtig, diese Mythen zu entkräften, damit wir die tatsächlichen Fähigkeiten und Grenzen der KI-Technologie richtig einschätzen können. Indem wir verstehen, dass KI so schnell kein Bewusstsein entwickeln wird, können wir uns auf ihre praktischen Anwendungen und die realen Vorteile konzentrieren, die sie für unsere Gesellschaft bietet. So können wir die Technologie sinnvoll und verantwortungsvoll einsetzen, um unsere Arbeitswelt zu verbessern.

Mythos 9: KI kann menschliche Entscheidungen vollständig ersetzen

Es gibt die Vorstellung, dass Künstliche Intelligenz bald alle menschlichen Entscheidungen vollständig ersetzen könnte. Doch diese Annahme ist weit von der Realität entfernt. Während KI beeindruckende Fähigkeiten in der Datenanalyse und Entscheidungsfindung hat, gibt es viele Bereiche, in denen menschliches Urteilsvermögen unverzichtbar bleibt.

KI-Systeme sind super darin, große Datenmengen zu analysieren und Muster zu erkennen, die für das menschliche Auge unsichtbar bleiben. Beispielsweise kann KI in der Medizin bei der Analyse von Röntgenbildern helfen[3] und potenzielle Krankheitsherde schneller und genauer identifizieren als ein Mensch. In der Finanzbranche nutzen Algorithmen historische Daten, um Markttrends vorherzusagen und Handelsentscheidungen zu treffen. Diese Anwendungen zeigen, wie mächtig KI sein kann, wenn es darum geht, datenbasierte Entscheidungen zu unterstützen.

Doch trotz dieser beeindruckenden Fähigkeiten hat KI auch ihre Grenzen. Entscheidungen, die ethische, moralische oder kontextuelle Überlegungen erfordern, können nicht allein von Algorithmen getroffen werden.

Ein gutes Beispiel finden wir in der Personalabteilung. KI-gestützte Bewerbungssysteme können Lebensläufe durchforsten und potenzielle Kandidaten basierend auf Schlüsselwörtern und Qualifikationen herausfiltern. Doch die Entscheidung, wer tatsächlich eingestellt wird, erfordert ein menschliches Urteilsvermögen. Ein Bewerber könnte auf dem Papier perfekt erscheinen, aber in einem Vorstellungsgespräch können zwischenmenschliche Fähigkeiten und Soft Skills besser beurteilt werden. Diese feinen Nuancen kann eine KI nicht vollständig erfassen.

KI basiert auf historischen Daten und Mustern, was bedeutet, dass sie in unvorhergesehenen oder neuen Situationen Schwierigkeiten haben kann, die richtigen Schlüsse zu ziehen. Ein weiteres spannendes Beispiel: Während der COVID-19-Pandemie haben viele KI-Modelle Schwierigkeiten gehabt, genaue Vorhersagen zu treffen, da es sich um ein völlig neues Szenario handelte, das in den Trainingsdaten nicht vorhanden war. Ein Beispiel für diese Herausforderung war, dass sich die Kaufgewohnheiten der Menschen drastisch veränderten. Vor der Pandemie wurden häufig Artikel wie Handyhüllen oder Küchenutensilien gekauft. Nach dem Ausbruch der Pandemie stieg die Nachfrage nach Produkten wie Desinfektionsmitteln und Gesichtsmasken erheblich an. Diese plötzliche Verhaltensänderung machte es den bestehenden KI-Modellen schwer, genaue Vorhersagen zu treffen, da ihre Trainingsdaten solche ungewöhnlichen Szenarien nicht enthielten.[4]

Ein weiterer kritischer Aspekt ist das Fehlen von Empathie und sozialem Verständnis bei KI. Entscheidungen, die menschliche Interaktionen und emotionale Intelligenz erfordern, sind für Maschinen nach wie vor eine große Herausforderung. Zum Beispiel können KI-Tools im Kundenservice einfache Anfragen beantworten, aber komplexe oder emotional belastete Probleme erfordern oft noch menschliches Einfühlungsvermögen und Verständnis.

Es ist auch wichtig, den menschlichen Aspekt der Verantwortlichkeit zu berücksichtigen. Wenn eine KI-Entscheidung zu einem negativen Ergebnis führt, stellt sich die Frage, wer die Verantwortung trägt – der Entwickler, der Anwender oder die KI selbst?

---

[3] https://www.theguardian.com/society/2023/aug/02/ai-use-breast-cancer-screening-study-preliminary-results

[4] https://www.unite.ai/de/KI-Modelle-haben-Schwierigkeiten%2C-unregelm%C3%A4%C3%9Figes-Verhalten-von-Menschen-w%C3%A4hrend-der-Covid-19-Pandemie-vorherzusagen/

Dies unterstreicht die Notwendigkeit menschlicher Aufsicht und Entscheidungsfindung in vielen Bereichen.

Zusammengefasst: KI kann menschliche Entscheidungen nicht vollständig ersetzen, sondern vielmehr unterstützen und ergänzen. Die besten Ergebnisse werden erzielt, wenn Menschen und KI zusammenarbeiten, wobei die Stärken beider Seiten genutzt werden. Während KI mächtige Werkzeuge bietet, bleibt menschliches Urteilsvermögen unverzichtbar, um die richtigen Entscheidungen zu treffen und die Technologie verantwortungsvoll zu nutzen.

Mythos 10: Der Einsatz von KI führt unweigerlich zum Verlust der menschlichen Kontrolle

Es wird oft befürchtet, dass der Einsatz von KI unweigerlich zum Verlust der menschlichen Kontrolle führt. Doch das muss nicht so sein. Die Kontrolle über KI und ihre Anwendungen liegt letztendlich bei uns. Durch verantwortungsvolle Entwicklung, ethische Richtlinien und klare gesetzliche Rahmenbedingungen können wir sicherstellen, dass KI unsere Gesellschaft bereichert und unterstützt, anstatt sie zu beherrschen. Die Gestaltung der Zukunft mit KI liegt in den Händen von Menschen, die entscheiden, wie diese leistungsstarke Technologie am besten zum Nutzen aller eingesetzt werden kann.

Mit dem aufgeklärten Verständnis der zehn Mythen rund um künstliche Intelligenz haben wir nun das Fundament gelegt, um die beeindruckenden Möglichkeiten von KI in vollem Umfang zu erkunden, ohne uns von teilweise unbegründeten Befürchtungen zurückhalten zu lassen. KI ist kein Gegner, sondern vielmehr ein wertvolles Instrument, das – weise und verantwortungsbewusst angewendet – uns dabei unterstützt, die vielfältigen Herausforderungen unserer Zeit anzugehen und eine Zukunft zu formen, die in jeder Hinsicht bereichernder, effizienter und menschlicher ist.

Um jedoch das volle Potenzial dieser digitalen Partnerschaft auszuschöpfen, ist es unerlässlich, dass wir lernen, im Einklang mit unseren digitalen Gefährten zu arbeiten. Diese Zusammenarbeit erfordert mehr als nur technisches Geschick, sie verlangt eine gänzlich neue Denkweise. Wir sind dazu aufgerufen, überholte Arbeitsmethoden infrage zu stellen und die Chancen, die KI uns bietet, mit offenen Armen und mutigem Herzen zu ergreifen.

Indem wir KI als das ansehen, was sie wirklich ist – ein Mittel, um unsere Arbeit zu bereichern und nicht zu bedrohen –, legen wir den Grundstein für eine Zukunft, in der Mensch und Maschine Seite an Seite arbeiten. Eine Zukunft, in der unsere intrinsisch menschlichen Qualitäten wie Kreativität, Empathie und strategisches Denken durch die Geschwindigkeit, Genauigkeit und analytische Macht der KI ergänzt und verstärkt werden.

So stehen wir, am Beginn einer neuen Ära der Möglichkeiten – einer Revolution in der Art und Weise, wie wir Geschäfte betreiben, Probleme lösen und Innovationen vorantreiben. Zusammen mit KI haben wir die Chance, eine Welt zu gestalten, die nicht nur reicher und effizienter ist, sondern auch tief menschlich. Lasst uns diesen Weg mit Offenheit, Neugier und dem Mut, Neues zu wagen, gehen. Die Partnerschaft zwischen Mensch und Maschine ist nicht bloß ein Dreamteam in Aktion; sie ist der Schlüssel zu einer Zukunft, die wir uns heute vielleicht noch gar nicht in ihrer Gänze vorstellen können.

Von der Theorie zur Praxis – Prozessoptimierung durch KI

Nachdem wir in den letzten Kapiteln die theoretischen Grundlagen von KI behandelt, ein solides Fundament für das Verständnis der Technik und der zugrunde liegenden Daten gelegt und die letzten hartnäckigen Mythen beseitigt haben, ist es nun an der Zeit, uns den konkreten Anwendungsbereichen von KI im Mittelstand zu widmen.

Kommen wir also zur Praxis, zum wahren Leben, wo die Magie passiert – oder zumindest dort, wo KI nicht nur ein schickes Buzzword ist, sondern tatsächlich den Arbeitsalltag erleichtert. Denn seien wir ehrlich: Wer will schon ewig über Theorien und Daten sprechen, wenn man stattdessen sehen kann, wie KI ganz praktisch Prozesse optimiert und echten Mehrwert schafft?

Die Prozessoptimierung durch KI ist längst keine abstrakte Zukunftsvision mehr, sondern eine greifbare Realität, die bereits heute Unternehmen und Organisationen jeder Größe und Branche revolutioniert. Wir zeigen, wie KI nicht nur Prozesse vereinfacht und beschleunigt, sondern auch ermöglicht, unsere wertvollen Ressourcen – Zeit und menschliche Kreativität – intelligenter und zielgerichteter einzusetzen. Von der Automatisierung monotoner Aufgaben bis hin zu tiefen Einblicken in komplexe Datensätze öffnen KI-Tools die Tür zu einer neuen Ära der Arbeitsgestaltung, in der Effizienz und Menschlichkeit Hand in Hand gehen.

D. Renner et al., *KI im Mittelstand: Chancen, Optimierungen und Neugeschäft*, https://doi.org/10.1007/978-3-658-46077-8_7

Automatisierte Rechnungsbuchung – Die unsichtbare Hand der Buchhaltung

Buchhaltung – das Wort allein reicht aus, um bei vielen ein Gähnen hervorzurufen. Doch was wäre, wenn wir dir sagen könnten, dass diese monotone und fehleranfällige Aufgabe durch KI revolutioniert wird? Willkommen in der Welt der automatisierten Rechnungsbuchung, wo die unsichtbare Hand der Technologie die Effizienz steigert und dir wertvolle Zeit zurückgibt.

- **Painpoint: Die Mühsal der manuellen Rechnungsprüfung**
  Wer sich schon einmal durch einen Stapel Rechnungen gequält hat, weiß, dass dies nicht gerade die spannendste Aufgabe ist. Die manuelle Prüfung und Vorkontierung von Rechnungen sind zeitaufwendig und fehleranfällig. Jeder, der sich mit der Buchhaltung befasst, kennt die Tücken: Ein Zahlendreher hier, eine vergessene Position dort, und schon sind die Daten fehlerhaft. Die Suche nach diesen Fehlern kann Stunden dauern – Stunden, die man lieber mit produktiveren Tätigkeiten verbringen würde. Der traditionelle Prozess der Rechnungsbearbeitung erfordert Geduld und Präzision, doch selbst die sorgfältigsten Buchhalter sind nicht vor menschlichen Fehlern gefeit.
- **Solution: KI übernimmt das Ruder**
  Hier kommt KI ins Spiel. Mit ihrer Fähigkeit, Rechnungen automatisiert zu erkennen und zu analysieren, übernimmt sie die Vorkontierung und beschleunigt den gesamten Workflow. Stell dir vor: Keine händische Eingabe mehr, keine endlosen Überprüfungen. Die KI scannt die Rechnungen, extrahiert die relevanten Informationen und kontiert sie vor. Dank Algorithmen kann die KI Muster und Anomalien erkennen, die einem menschlichen Auge entgehen könnten. Und das Beste daran? Die Fehlerquote wird drastisch reduziert.

Der Prozess ist beeindruckend einfach. Zuerst wird die Rechnung digitalisiert und von der KI analysiert. Relevante Daten wie Rechnungsnummer, Datum, Betrag und Zahlungsempfänger werden extrahiert und automatisch in das Buchhaltungssystem eingetragen. Die KI überprüft die Informationen auf Richtigkeit und Konsistenz, bevor sie die Vorkontierung vornimmt. Dies geschieht in Sekundenbruchteilen und mit einer Genauigkeit, die manuell kaum erreichbar ist.

- **Impact: Effizienz und Genauigkeit auf einem neuen Niveau**
  Die Auswirkungen der KI-gestützten Rechnungsbuchung sind erheblich. Die Bearbeitungszeit wird verkürzt, Fehler werden minimiert und die Betriebskosten gesenkt. Buchhalter können sich nun auf wichtigere Aufgaben konzentrieren, wie die Analyse von Finanzdaten und die strategische Planung. Anstatt Stunden über Rechnungen zu brüten, können sie ihre Fähigkeiten dort einsetzen, wo sie am meisten gebraucht werden.

Durch die Implementierung von KI in der Rechnungsbuchung wird nicht nur der Arbeitsaufwand reduziert, sondern auch die Qualität der Buchhaltung deutlich verbessert. Automatisierte Systeme lernen kontinuierlich und passen sich an, was bedeutet, dass sie mit jeder Rechnung besser werden. Dies führt zu einer konstanten Optimierung des Buchhaltungsprozesses und einer stetigen Steigerung der Effizienz.

Ein Blick in die Praxis

Lass uns ein Beispiel betrachten, das zeigt, wie KI in der Buchhaltung einen echten Unterschied machen kann. Ein globales Unternehmen stand vor der Herausforderung, seine Buchhaltungsprozesse zu optimieren. In einem ersten Schritt wurde die Buchhaltung von Nearshore- zu Offshore-Standorten ausgelagert. Der Knackpunkt: Rechnungen aus verschiedenen Ländern mussten zunächst übersetzt werden, bevor sie bearbeitet werden konnten.

Hier kam die automatische, KI-gestützte Übersetzung ins Spiel. Alle eingehenden Rechnungen wurden zunächst digitalisiert und durch die KI in eine einheitliche Sprache übersetzt. Dies ermöglichte es, die Rechnungsbearbeitung zu zentralisieren und effizienter zu gestalten. Die KI analysierte und extrahierte die relevanten Informationen aus den übersetzten Rechnungen und führte die Vorkontierung durch. Das Ergebnis? Die Buchhaltung lief reibungsloser, die Bearbeitungszeit wurde deutlich verkürzt und die Fehlerquote sank dramatisch.

Automatisierte Talentakquise – Die smarte Revolution der Rekrutierung

Das Einstellen neuer Mitarbeiter – oft verbunden mit stundenlangem Durchsichten von Lebensläufen, endlosen Interviews und der mühseligen Suche nach den besten Kandidaten. Doch stell dir vor, dieser zeitraubende Prozess könnte durch KI komplett verändert werden. Willkommen in der Ära der automatisierten Talentakquise, in der clevere Technologien den Rekrutierungsprozess optimieren, beschleunigen und kostengünstiger gestalten.

- **Painpoint: Der mühsame Rekrutierungsprozess**
  Der Rekrutierungsprozess kann ein Albtraum sein. Unternehmen investieren enorme Ressourcen in die Suche nach den besten Talenten, doch der traditionelle Prozess ist oft langwierig und teuer. Stell dir vor, du müsstest Hunderte von Lebensläufen durchsehen, Interviews koordinieren und ständig zwischen verschiedenen Kandidatenprofilen hin- und herwechseln. Trotz aller Mühen ist die Trefferquote, den idealen Kandidaten zu finden, nicht immer hoch. Der Rekrutierungsprozess kann so frustrierend und ineffektiv sein, dass selbst die engagiertesten Personaler irgendwann den Überblick verlieren.

- **Solution: KI übernimmt die Talentakquise**

  Hier kommt KI ins Spiel. Mit ihrer Fähigkeit, Bewerbungen und Lebensläufe schnell und effizient zu analysieren, übernimmt sie die mühsame Vorselektion der Kandidaten. Stell dir vor: Keine stundenlangen Durchsichten von Lebensläufen mehr, keine unzähligen Bewerbungsgespräche, die zu nichts führen. Die KI scannt die eingehenden Bewerbungen, extrahiert die relevanten Informationen und filtert die am besten geeigneten Kandidaten heraus.

Die KI-gestützten Systeme nutzen Algorithmen, um Lebensläufe zu parsen und die Qualifikationen der Bewerber mit den Anforderungen der offenen Stellen abzugleichen. Fähigkeiten, Erfahrungen und Schlüsselwörter werden analysiert und bewertet, sodass nur die besten Kandidaten auf die nächste Stufe des Auswahlprozesses kommen. Und das Beste daran? Dies geschieht in einem Bruchteil der Zeit, die ein menschlicher Rekrutierer benötigen würde.

- **Impact: Effizienz und Qualität auf einem neuen Niveau**

  Die Auswirkungen der KI-gestützten Talentakquise sind erheblich. Die Rekrutierungszeit wird verkürzt, die Kosten werden gesenkt und die Qualität der Neueinstellungen wird verbessert. Unternehmen können sich darauf verlassen, dass sie die besten Talente schneller und effizienter finden, was die Leistung und Effizienz des Unternehmens insgesamt steigert.

Stell dir vor, wie viel Zeit und Geld du sparen könntest, wenn der gesamte Vorselektion-Prozess automatisiert wäre. Personalabteilungen können sich auf strategischere Aufgaben konzentrieren, wie die Verbesserung der Unternehmenskultur oder die langfristige Mitarbeiterentwicklung. Die KI sorgt dafür, dass die besten Kandidaten im Pool nicht übersehen werden und dass der Rekrutierungsprozess reibungsloser abläuft.

Ein Blick in die Praxis

Ein internationales IT-Unternehmen stand vor der Herausforderung, die besten Entwickler zu finden, um ihre Teams zu erweitern. Der traditionelle Rekrutierungsprozess war langsam und teuer, und viele hochqualifizierte Bewerber wurden übersehen. Das Unternehmen nutzte bereits ein HR-System zur Verwaltung der Kandidaten, um Skill-Mapping und andere relevante Daten zu erfassen. Das Problem? Der Großteil der Arbeit verlief trotzdem händisch, was zeitaufwendig und ineffizient war.

Die Lösung? Eine KI-gestützte Plattform zur Talentakquise und CV-Parsing. Durch die Implementierung einer KI-Schnittstelle konnte das bestehende HR-Tool beibehalten werden. Die KI übernahm das automatische Auslesen der CV-Dateien und füllte die entsprechenden Felder im HR-System selbstständig aus. Dies führte zu einer drastischen Verkürzung der Rekrutierungszeit. Die Personalabteilung konnte sich auf die Kandidaten konzentrieren, die am besten geeignet waren, und die Kosten für die Rekrutierung sanken erheblich. Gleichzeitig verbesserte sich die Qualität der Neueinstellungen, was zu einer höheren Zufriedenheit und Produktivität im Team führte.

Die automatisierte Talentakquise ist nur der Anfang. Die Technologie entwickelt sich rasant weiter, und die Möglichkeiten sind nahezu unbegrenzt. Zukünftige Entwicklungen könnten die Integration von KI in noch komplexere Personalmanagementprozesse umfassen, von der Onboarding-Optimierung bis zur langfristigen Mitarbeiterentwicklung. Unternehmen, die sich frühzeitig auf diese Technologien einlassen, werden einen erheblichen Wettbewerbsvorteil erlangen.

Automatisiertes Travelmanagement – Die smarte Lösung für Reisekostenabrechnungen

Reisekostenabrechnungen sind oft ein leidiges Thema: kompliziert, zeitintensiv und anfällig für Fehler. Jeder, der schon einmal versucht hat, alle erforderlichen Belege zusammenzutragen und die richtigen Richtlinien zu befolgen, weiß, wie frustrierend dieser Prozess sein kann. Doch hier kommt die Künstliche Intelligenz (KI) ins Spiel, um das Travelmanagement zu revolutionieren und den Verwaltungsaufwand erheblich zu reduzieren.

- **Painpoint: Die Mühsal der manuellen Reisekostenabrechnung**
  Das manuelle Management von Reisekostenabrechnungen ist komplex. Es erfordert das Sammeln und Einreichen aller relevanten Belege sowie das Verständnis und die Einhaltung der Unternehmensrichtlinien. Diese Komplexität führt oft zu Verwirrung und Fehlern, was die Bearbeitungszeit verlängert und Mitarbeiter frustriert. Hinzu kommt, dass die Verwaltung erhebliche Ressourcen für die Prüfung und Genehmigung aufwenden muss.
- **Solution: KI übernimmt das Travelmanagement**
  Hier setzt KI an, um das Travelmanagement zu optimieren. Durch die Implementierung einer KI-gestützten Lösung können alle Unternehmensrichtlinien zu Reisekosten und Spesen automatisch abgerufen werden. Mitarbeiter erhalten präzise Antworten auf ihre Fragen zur Reisekostenabrechnung und können ihre Abrechnungen effizienter gestalten. Die KI prüft eingereichte Belege auf Richtigkeit und Vollständigkeit, erkennt Muster und Anomalien und stellt sicher, dass alle Ausgaben den Unternehmensrichtlinien entsprechen.

Ein zentraler Bestandteil dieser Lösung ist der Einsatz von Retrieval-Augmented Generation (RAG – wir erinnern uns an das Beispiel mit unserem Bibliothekar Bernd). Diese Technologie ermöglicht es der KI, auf eine umfangreiche Datenbank im Hintergrund zuzugreifen, um aktuellste und präziseste Informationen abzurufen. RAG kombiniert das Beste aus beiden Welten: es nutzt die Vorteile der maschinellen Lernalgorithmen und die Leistungsfähigkeit großer Informationsdatenbanken. Dadurch kann die KI sowohl auf historische Daten als auch aktuelle Richtlinien zugreifen, um die Eingaben der Mitarbeiter in Echtzeit zu überprüfen und zu validieren.

Technisch gesehen funktioniert der Prozess so: Sobald ein Mitarbeiter eine Reisekostenabrechnung einreicht, scannt die KI die eingereichten Belege und extrahiert relevante Informationen wie Datum, Betrag und Beschreibung der Ausgaben. Diese Daten werden dann automatisch mit den in der RAG-Datenbank gespeicherten Unternehmensrichtlinien abgeglichen. Wenn Unstimmigkeiten oder fehlende Informationen festgestellt werden, kann die KI sofortige Rückmeldungen geben und notwendige Korrekturen anfordern. Bei eindeutigen und korrekten Abrechnungen erfolgt die Genehmigung nahezu in Echtzeit.

- **Impact: Effizienz und Genauigkeit auf einem neuen Niveau**
  Die Auswirkungen der KI-gestützten Reisekostenabrechnung sind signifikant. Die Bearbeitungszeit wird drastisch reduziert, da die KI die meisten Aufgaben automatisiert und nur in Ausnahmefällen menschliches Eingreifen erforderlich ist. Dies führt zu einer schnelleren Erstattung der Reisekosten, was die Mitarbeiterzufriedenheit erhöht. Zudem wird die Genauigkeit der Abrechnungen erheblich gesteigert, da die KI menschliche Fehler minimiert und sicherstellt, dass alle Richtlinien eingehalten werden. Für die Verwaltung bedeutet dies eine erhebliche Entlastung. Die Ressourcen, die bisher für die Prüfung und Genehmigung von Abrechnungen benötigt wurden, können nun für strategischere Aufgaben eingesetzt werden. Die Verwaltung kann sich darauf verlassen, dass die KI alle Abrechnungen nach den höchsten Standards prüft und bearbeitet.

Automatisierte Vertragsprüfung – Die smarte Lösung für rechtliche Sicherheit

Verträge sind das Rückgrat jedes Unternehmens, aber ihre manuelle Prüfung kann eine mühselige und zeitaufwendige Aufgabe sein. Jeder, der sich schon einmal durch endlose Seiten gequält hat, weiß, wie anspruchsvoll und fehleranfällig dieser Prozess sein kann. Doch hier kommt die KI ins Spiel, um die Vertragsprüfung zu revolutionieren und den gesamten Prozess effizienter und sicherer zu gestalten.

- **Painpoint: Die Mühsal der manuellen Vertragsprüfung**
  Manuelle Vertragsprüfung erfordert hohe Konzentration und detaillierte Aufmerksamkeit, um mögliche rechtliche Risiken, unklare Formulierungen oder fehlende Klauseln zu identifizieren. Dieser Prozess ist nicht nur zeitaufwendig, sondern auch anfällig für menschliche Fehler. Ein kleiner Fehler oder eine übersehene Klausel kann erhebliche rechtliche und finanzielle Konsequenzen für das Unternehmen haben. Zudem führt die

langwierige manuelle Prüfung oft zu Verzögerungen, die den gesamten Geschäftsablauf behindern können.

- **Solution: KI übernimmt die Vertragsprüfung**

  Hier setzt KI an, um die Vertragsprüfung zu optimieren. Durch die Implementierung einer KI-gestützten Lösung können Verträge schnell und präzise analysiert werden. Die KI scannt und bewertet Vertragsdokumente, hebt rechtliche Risiken, unklare Formulierungen und fehlende Klauseln hervor und gibt Empfehlungen zur Verbesserung. Diese Technologie nutzt fortschrittliche Algorithmen, um relevante Informationen aus umfangreichen juristischen Datenbanken abzurufen und die Vertragsinhalte in Echtzeit zu überprüfen.

Verträge bestehen oft aus wiederkehrenden Bestandteilen und Klauseln, die immer wieder geprüft werden müssen, wie z. B. der Gerichtsstand, Haftungsausschlüsse oder Zahlungsbedingungen. Besonders in größeren Unternehmen gibt es feste Prüfkriterien, die jeder Vertrag erfüllen muss. Diese festen Kriterien können in der KI durch ein eigenes GPT-Modell (Generative Pre-trained Transformer) implementiert werden, das speziell auf die Anforderungen und Richtlinien des Unternehmens trainiert ist.

Technisch funktioniert der Prozess so: Sobald ein Vertrag in das System hochgeladen wird, beginnt die KI mit der Analyse des Dokuments. Das GPT-Modell, das die spezifischen Prüfkriterien des Unternehmens kennt, extrahiert wichtige Klauseln und Abschnitte und vergleicht diese mit den festgelegten Standards. So wird beispielsweise geprüft, ob der richtige Gerichtsstand angegeben ist, ob alle notwendigen Haftungsausschlüsse vorhanden sind und ob die Zahlungsbedingungen den Unternehmensrichtlinien entsprechen.

Die KI identifiziert potenzielle Risiken und unklare Formulierungen und schlägt notwendige Anpassungen vor. Bei Unstimmigkeiten oder fehlenden Klauseln kann die KI sofortige Rückmeldungen geben und konkrete Handlungsempfehlungen liefern. Durch den Einsatz des GPT-Modells kann die KI nicht nur die Einhaltung der Standards sicherstellen, sondern auch lernen und sich weiterentwickeln, um bei zukünftigen Vertragsprüfungen noch präziser zu arbeiten.

- **Impact: Effizienz und Genauigkeit auf einem neuen Niveau**

  Die Auswirkungen der KI-gestützten Vertragsprüfung sind signifikant. Die Prüfungszeit wird drastisch reduziert, da die KI die meisten Aufgaben automatisiert und nur in Ausnahmefällen menschliches Eingreifen erforderlich ist. Dies führt zu schnelleren Geschäftsabschlüssen und einem reibungslosen Ablauf der Geschäftsprozesse. Zudem wird die Genauigkeit der Vertragsprüfungen erheblich gesteigert, da die KI menschliche Fehler minimiert und sicherstellt, dass alle Verträge rechtlich einwandfrei sind.

Es gibt noch hunderte weitere Beispiele, wie KI unseren Arbeitsalltag revolutionieren kann – vom intelligenten Kundenservice bis hin zur automatisierten Personalverwaltung. Doch bevor wir uns in der Vielfalt dieser Anwendungsfälle verlieren, wollen wir uns auf einige weitere spannende Themen konzentrieren. Abgesehen von diesen spezifischen Usecases gibt es eine Vielzahl von KI-Tools, die dir das Leben leichter machen können, und beinahe täglich kommen hunderte neue dazu. Um dir den Überblick zu erleichtern und die nächste Technologiewelle nicht zu verpassen, stellen wir dir hier einige dieser cleveren Helferlein vor. Mach dich bereit, denn die Zukunft klopft nicht nur an die Tür, sie tritt sie geradezu ein – und bringt jede Menge spannende Gadgets mit!

KI-Tools und ihre Einsatzmöglichkeiten

Es gibt eine beeindruckende Vielfalt an KI-Tools, die entwickelt wurden, um verschiedene Aufgaben zu erleichtern und die Effizienz zu steigern. Diese Tools können grob in zwei Hauptkategorien unterteilt werden: Produktivität und Kreativität. In der Kategorie Produktivität finden sich Tools wie ChatGPT und Copilot, die Grundlagen der KI und Prompting abdecken, sowie Datenanalyse-Tools, die ebenfalls von ChatGPT und Copilot unterstützt werden. Für die Erstellung von Avatar-Videos stehen Synthesia und HeyGen zur Verfügung, während Präsentationstools wie Gamma und Copilot dafür sorgen, dass deine Ideen professionell und ansprechend präsentiert werden.

Auf der kreativen Seite gibt es eine Reihe von Tools, die das Erstellen von Bildern, Videos und Audioinhalten revolutionieren. Canva, MidJourney und Adobe Firefly sind hervorragende Werkzeuge für die Bildbearbeitung, während Runway, CapCut und OpenAI's Sora für die Videobearbeitung eingesetzt werden können. Für Audio, Musik und Übersetzungen bieten Descript, ElevenLabs und Suno innovative Lösungen. Im Bereich Marketing sind ChatGPT und Copilot wieder mit von der Partie, unterstützt von Opus Clip, um den Marketing-Workflow zu optimieren. Diese Vielzahl an Tools zeigt, dass KI nicht nur ein mächtiges Werkzeug zur Effizienzsteigerung ist, sondern auch kreative Prozesse bereichern und unterstützen kann.

Produktivität		Kreativität	
Allrounder	*ChatGPT, Claude, Mistral, Bing AI*	Bilder	*MidJourney, Dall-E, Canva, Adobe Firefly*
AI Basics & Prompting	*ChatGPT, MS Copilot*	**Videos**	*Runway, CapCut, OpenAI Sora, HeyGen, Lumen.io, Veed.io*
Datenanalyse	*ChatGPT, MS Copilot*	**Audio, Musik**	*Descript, ElevenLabs, Suno*

(Fortsetzung)

(Fortsetzung)

Produktivität		Kreativität	
Allrounder	*ChatGPT, Claude, Mistral, Bing AI*	Bilder	*MidJourney, Dall-E, Canva, Adobe Firefly*
Avatar Videos	*Synthesia, HeyGen*	**Texterstellung**	*Writesonic, Copy.ai, Jasper*
Präsentationen	*Gamma, MS Copilot, Canva*	**Design & Illustrationen**	*Figma, Sketch, Adobe XD*
Protokollführer & Meeting Assistent	*Fireflies, Mem.io, Krisp, Otteri.ai*	**Animation**	*Blender, Toon Boom, Animaker*
Content Erstellung	*Jasper, Copy.ai, Anyword*		
Wissensmanagement	*Mem, Notion AI*		
Task- und Projektmanagement	*Monday.com, Asana, Any.do*		
Workshops	*Miro AI*		
Produktivitäts-steigerung	*TheGist, Trevor AI, Microsoft Copilot*		
Automatisierung & Verknüpfungen	*Zapier*		

Allrounder der Künstlichen Intelligenz: Dein digitales Schweizer Taschenmesser

Die vielseitigen Talente wie ChatGPT, Claude 2, Mistral und Bing AI haben sich von einfachen Textgenerierungstools zu universellen Helfern entwickelt, die eine breite Palette von Aufgaben meistern können. Sie sind die Leonardo da Vincis der Künstlichen Intelligenz, die sich flexibel an verschiedene Herausforderungen anpassen.

- **Bildgenerierung: Deine eigene digitale Kunstgalerie**
  Neben der Erstellung von Texten ermöglichen dir Tools wie ChatGPT in Verbindung mit DALL·E, Bilder zu generieren, die deinen Worten ein visuelles Leben einhauchen. Egal ob realistische Produktvisualisierungen oder abstrakte Konzeptkunstwerke – gib einfach eine detaillierte Beschreibung ein und beobachte, wie deine Ideen visuell umgesetzt werden.

- **Übersetzung: Der Turmbau zu Babel war gestern**
  Diese Tools durchbrechen Sprachbarrieren mit einer Eleganz, die jede menschliche Übersetzung erblassen lässt. Ob du einen Blogbeitrag für ein internationales Publikum vorbereitest oder eine E-Mail in einer Fremdsprache entschlüsseln musst, diese digitalen Sprachgenies stehen dir zur Seite.
- **Online-Recherche: Die Antwort auf alles**
  Ob Marktanalysen, die neuesten wissenschaftlichen Durchbrüche oder die Frage nach dem besten italienischen Restaurant – diese Tools durchsuchen das Internet für dich und präsentieren die wertvollsten Informationen. Ihre Fähigkeit, relevante Daten schnell zu finden und zu analysieren, macht sie zu unverzichtbaren Helfern in einer datengetriebenen Welt.
- **Code-Generierung: Programmieren leicht gemacht**
  Einige dieser Tools, wie GitHub Copilot, nutzen die Kraft der KI, um Entwicklern beim Schreiben von Code zu assistieren. Sie verstehen die Intention hinter deinem Code und liefern Vorschläge für ganze Codeblöcke, basierend auf deinen Beschreibungen. So wird Programmieren effizienter und weniger fehleranfällig.
- **Personalisierte Lernhilfen**
  Diese KI-Tools können maßgeschneiderte Lerninhalte und -pläne basierend auf deinen Interessen und deinem Wissensstand erstellen. Sie fungieren als persönliche Tutoren in nahezu jedem Fachgebiet, von Sprachen bis hin zu fortgeschrittenen technischen Disziplinen.

Die Kunst des Promptings

Um das Potenzial dieser Tools voll auszuschöpfen, ist es wichtig, die Kunst des Promptings zu beherrschen. Eine klar formulierte Anfrage kann den Unterschied zwischen einer zufriedenstellenden Antwort und einem echten Aha-Erlebnis ausmachen. Hier sind einige Tipps für erfolgreiche Prompts:

- **Visualisiere dein Anliegen**: Sei bei Bildanfragen so detailliert wie möglich. Farben, Stimmungen, Objekte – jedes Detail hilft dem Tool, dein mentales Bild zu verwirklichen.
- **Experimentiere mit Stilen**: Für kreative und schriftliche Anfragen spezifiziere den gewünschten Stil oder Tonfall. Ob humorvoll, sachlich oder poetisch – gib der KI einen Hinweis auf deine Vorlieben.
- **Denke in Szenarien**: Beschreibe das gewünschte Ergebnis als Szenario. Diese Methode eignet sich besonders gut für Programmier- oder Analyseaufgaben.

Mit diesen vielseitigen KI-Tools an deiner Seite sind neue Höhen der Produktivität, Kreativität und Effizienz nur einen Prompt entfernt. Sie sind nicht nur Werkzeuge, sondern Partner im kreativen Prozess, die es dir ermöglichen, über die bisherigen Grenzen hinauszudenken und die digitale Zukunft aktiv mitzugestalten.

💡 Kleiner Reminder: Large Language Model

Du hast schon den Begriff Large Language Model oder kurz „LLM" gehört. Programme wie ChatGPT basieren auf diesen Modellen. Aber was ist ein LLM eigentlich genau? Stell dir ein LLM vor wie ein riesiges, digitales Buch, das unglaublich viele Texte und Informationen gespeichert hat. Es hat nicht nur gelesen, was in Büchern, Artikeln oder Webseiten steht, sondern hat auch gelernt, wie man auf Basis dieser Informationen neue Texte schreibt.

Ein LLM funktioniert ein bisschen wie ein sehr schlauer Assistent, der auf jede deiner Fragen antworten kann, indem er auf all das Wissen zurückgreift, das er gelesen hat. Es kann nicht nur einfache Fakten wiedergeben, sondern auch komplexere Anfragen bearbeiten, Dialoge führen, Texte zusammenfassen oder sogar kreativ werden und Geschichten erzählen.

Das Besondere an LLMs ist, dass sie durch das Verarbeiten von riesigen Mengen an Texten ein tiefes Verständnis für Sprache entwickeln. Sie verstehen nicht nur einzelne Wörter, sondern auch, wie diese Wörter zusammenhängen, um sinnvolle Sätze und Texte zu bilden. Das macht sie zu einem mächtigen Werkzeug für viele verschiedene Anwendungen, von der Beantwortung von Fragen bis hin zur Texterstellung.

Meister der Videokreation: Dein digitales Filmstudio in der Tasche

Videoinhalte sind aus der modernen Kommunikation nicht mehr wegzudenken. Ob für Marketing, Schulungen oder Social Media – Videos sind ein effektives Mittel, um Botschaften zu vermitteln und ein breites Publikum zu erreichen. Dank innovativer KI-Tools ist die Erstellung von Videos und Avatar-Videos jetzt einfacher und zugänglicher denn je. In diesem Teil werfen wir einen kurzen Blick auf die besten Tools zur Videokreation und Avatar-Videos und geben praktische Tipps, wie du sie optimal nutzen kannst.

Videoerstellung leicht gemacht: Dein digitaler Co-Produzent

Früher konnte die Erstellung eines 10-minütigen Imagefilms leicht mehrere tausend Euro kosten. Heute bieten Tools wie Runway, CapCut und OpenAI Sora kostengünstige Alternativen, die dennoch beeindruckende Ergebnisse liefern. Ob du ein Start-up bist, das seine Vision teilen möchte, ein mittelständisches Unternehmen, das seine Marke stärken will, oder ein kreativer Kopf auf der Suche nach Ausdruck – die KI-basierten Video-Generierungstools verstehen deinen Bedarf und bieten Lösungen, die früher undenkbar waren.

- **Runway:** Diese Plattform bietet eine umfassende Umgebung für kreative Videobearbeitung. Von automatischer Hintergrundentfernung bis hin zu KI-gestützten Effekten und Filtern – Runway ist ideal für Anfänger und Profis.
- **CapCut:** Besonders bekannt für seine Benutzerfreundlichkeit auf mobilen Geräten, bietet CapCut eine Vielzahl von Effekten, Übergängen und Musikoptionen. Ideal für schnelle und einfache Videobearbeitung, besonders für Social Media.
- **OpenAI Sora:** Nutzt fortschrittliche KI, um Videobearbeitungsprozesse zu optimieren. Mit automatischer Szenenerkennung und Text-zu-Video-Funktion spart OpenAI Sora wertvolle Zeit und liefert hochwertige Videos. Aktuell steht Sora zwar nur ausgewählten Personen und Unternehmen zur Verfügung aber das dürfte sich bald ändern.

Avatar-Videos: Die nächste Stufe der Interaktion

Wusstest du, dass du mit nur einer 30-sekündigen Aufnahme einen digitalen Zwilling erstellen kannst, der deine Bewegungen und Sprache perfekt imitiert? Diese Technologie ermöglicht es, realistische und interaktive Videos zu produzieren, ohne selbst vor der Kamera stehen zu müssen. Die Einsatzmöglichkeiten sind nahezu unbegrenzt – von personalisierten Marketingbotschaften bis hin zu virtuellen Schulungen und E-Learning-Inhalten. Tools wie Synthesia und HeyGen setzen neue Maßstäbe in diesem Bereich.

- **Synthesia:** Diese Plattform ermöglicht die Erstellung realistischer Avatar-Videos, die in über 40 Sprachen sprechen können. Ideal für E-Learning, Unternehmenskommunikation und personalisierte Marketingbotschaften.
- **HeyGen:** Ermöglicht die Erstellung von Videos mit animierten Avataren, die auf Text- und Sprachinput reagieren. Perfekt für personalisierte Videobotschaften und Schulungsvideos.

Praktische Tipps für die Videokreation und Avatar-Videos

1. **Nutze Vorlagen und Automatisierungen:** Die meisten dieser Tools bieten eine Vielzahl von Vorlagen und automatisierten Funktionen. Diese helfen dir, schnell und effizient ansprechende Videos zu erstellen, ohne dass du tiefgehende Kenntnisse in der Videobearbeitung haben musst.
2. **Experimentiere mit verschiedenen Stilen und Effekten:** Ob du einen professionellen Imagefilm oder ein unterhaltsames Social Media Video erstellen möchtest – experimentiere mit den verschiedenen Stilen und Effekten, die diese Tools bieten. So findest du den perfekten Look für deine Videos.
3. **Setze auf personalisierte Inhalte:** Mit Tools wie Synthesia und HeyGen kannst du Videos erstellen, die genau auf deine Zielgruppe zugeschnitten sind.

Nutze die Anpassungsoptionen, um Avatare und Szenen zu erstellen, die deiner Markenidentität entsprechen.

4. **Mach deine Videos zugänglich:** Verwende die Untertitelfunktionen und mehrsprachigen Optionen, um deine Videos für ein breiteres Publikum zugänglich zu machen. Dies ist besonders wichtig für Schulungs- und E-Learning-Inhalte.

5. **Integriere deine Videos nahtlos in deine Workflows:** Tools wie CapCut und OpenAI Sora bieten Integrationsmöglichkeiten mit anderen Plattformen und Diensten. Nutze diese, um deine Videos nahtlos in deine bestehenden Workflows zu integrieren und den Produktionsprozess zu optimieren.

Die Palette der Möglichkeiten

- Kürze und Würze: In einer Welt, in der die Aufmerksamkeitsspanne schwindet, lehren dich diese Tools die Kunst, prägnant und wirkungsvoll zu kommunizieren. Schaffe Inhalte, die haften bleiben, ohne um den heißen Brei zu reden.
- Aufruf zur Aktion: Ein gutes Video bewegt zum Handeln. Integriere klare Handlungsaufforderungen, die deine Zuschauer dazu anregen, den nächsten Schritt zu machen, sei es ein Klick, ein Kauf oder ein Abonnement.
- Effekte und Musik: Mit einer Fülle von visuellen Effekten und einer Bibliothek voller lizenzfreier Musik kannst du die emotionale Wirkung deiner Videos verstärken und eine stimmungsvolle Kulisse für deine Botschaften schaffen.
- Interaktivität: Einige dieser Tools ermöglichen es dir, interaktive Elemente einzubinden, die das Engagement fördern und deine Zielgruppe aktiv in das Geschehen einbeziehen.
- Feedback nutzen: Die Möglichkeit, direkt Feedback zu sammeln und zu analysieren, ist Gold wert. Nutze diese Tools, um Einblicke in die Vorlieben deines Publikums zu gewinnen und deine Videostrategie kontinuierlich zu optimieren.

Die Tools zur Videokreation und Avatar-Videos bieten eine beeindruckende Palette von Möglichkeiten, um deine visuellen Inhalte auf das nächste Level zu heben. Ob du Marketingvideos, Schulungsinhalte oder personalisierte Botschaften erstellen möchtest, diese Tools machen es dir leicht, professionelle und ansprechende Videos zu produzieren. Experimentiere mit den verschiedenen Funktionen und entdecke, wie KI deine kreative Vision zum Leben erwecken kann.

Meeting-Assistenten für Notizen: Revolutioniere deine Protokollführung

Meetings können manchmal wie Zeitfresser wirken, die dich von deinen eigentlichen Aufgaben abhalten. Doch mit den richtigen Meeting Assistenz Tools an deiner Seite wird jedes Meeting produktiver und effizienter. Diese Tools helfen dir, den Überblick zu behalten, wichtige Informationen zu erfassen und die Kommunikation im Team zu verbessern. Lassen wir uns die Vorteile und einige praktische Tipps ansehen, wie du diese Technologien optimal nutzen kannst.

Wusstest du, dass bis zu 15 % der Arbeitszeit in Besprechungen verbracht wird? Mit Meeting Assistenz Tools kannst du diese Zeit produktiver nutzen, indem sie automatisch Protokolle erstellen, wichtige Punkte hervorheben und sicherstellen, dass keine Informationen verloren gehen. Einige dieser Tools sind sogar in der Lage, Sprachaufnahmen in Echtzeit zu transkribieren, was die Effizienz und Genauigkeit erheblich steigert.

Vorteile der Meeting Assistenz Tools

- **Automatisierte Protokollierung:** Tools wie MS Copilot, Fireflies, Mem.io, Krisp und Otteri.ai bieten automatische Protokollierung, was bedeutet, dass du dich auf das Gespräch konzentrieren kannst, anstatt Notizen zu machen. Diese Protokolle sind oft durchsuchbar und lassen sich leicht mit deinem Team teilen.
- **Intelligente Zusammenfassungen:** Stell dir vor, du hättest immer ein Protokollführer dabei, der jedes gesprochene Wort sofort in Text umwandelt. Diese Echtzeit-Transkriptionen sind nicht nur praktisch, sondern sorgen auch dafür, dass keine wichtigen Details verloren gehen. Nach dem Meeting erhältst du nicht nur ein Transkript, sondern auch eine intelligente Zusammenfassung der besprochenen Schlüsselpunkte, Entscheidungen und Aktionselemente.
- **Zeitersparnis:** Die Nachbereitungszeit für Meeting-Protokolle wird drastisch reduziert. Anstatt Stunden mit dem Tippen und Formatieren zu verbringen, kannst du dich anderen Aufgaben widmen, während die KI die Arbeit erledigt.

☼ Praktische Tipps zur Nutzung von Meeting Assistenz Tools

1. **Klare Audioqualität:** Eine gute Audioqualität ist entscheidend für die Genauigkeit der Transkription. Sorge für eine ruhige Umgebung und nutze qualitativ hochwertige Mikrofone.

2. **Vorab testen:** Experimentiere mit den Einstellungen deines Tools, um die besten Ergebnisse zu erzielen. Ein kurzer Testlauf vor dem Meeting kann spätere Überraschungen vermeiden.

3. **Highlighting nutzen:** Viele dieser Tools bieten die Möglichkeit, während des Meetings Schlüsselwörter zu markieren. Nutze diese Funktion, um wichtige Themen hervorzuheben.

4. **Überprüfung und Anpassung:** Selbst die beste KI ist nicht perfekt. Überprüfe das automatisch erstellte Protokoll auf Genauigkeit und ergänze oder korrigiere es bei Bedarf.

5. **Integration in Workflow:** Viele dieser Tools lassen sich in bestehende Arbeitsabläufe und Plattformen integrieren. Nutze diese Möglichkeiten, um die Effizienz zu maximieren.

6. **Nutze die Suche und Kategorisierungsfunktionen:** Nach einem langen Meeting kann es schwierig sein, bestimmte Informationen zu finden. Die meisten dieser Tools bieten durchsuchbare Protokolle und Kategorisierungsfunktionen. Verwende diese Funktionen, um wichtige Informationen schnell und effizient wiederzufinden.

Die Einführung von KI-gestützten Meeting-Assistenten für Notizen markiert einen Wendepunkt in der Art und Weise, wie wir Informationen erfassen und teilen. Sie sind nicht nur eine technologische Neuerung, sondern ein Paradigmenwechsel, der uns ermöglicht, unsere Meetings produktiver, unsere Diskussionen fokussierter und unsere Dokumentation präziser zu gestalten. Mit Fireflies, Mem.io, Krisp und Otter.ai an deiner Seite ist es an der Zeit, die Ketten der traditionellen Protokollführung zu sprengen und in eine Ära einzutreten, in der jedes Wort zählt und kein Gedanke verloren geht. Probier sie aus und erlebe, wie sie deinen Arbeitsalltag transformieren können!

Content- und Bilderstellung – Kreativität trifft auf Technologie

In der heutigen digitalen Welt sind ansprechende Inhalte und visuell beeindruckende Bilder unerlässlich, um Aufmerksamkeit zu erregen und Botschaften effektiv zu vermitteln. Während die bereits erwähnten Allrounder ein breites Spektrum abdecken, zielen diese spezialisierten Instrumente darauf ab, den Prozess der Content-Erstellung zu verfeinern, zu beschleunigen und zu optimieren. Mit den richtigen KI-Tools wird die Erstellung von Content und Bildern nicht nur einfacher, sondern auch inspirierender. In diesem Teil werfen wir einen Blick auf einige der besten Tools zur Content- und Bilderstellung und geben praktische Tipps, wie du sie optimal nutzen kannst.

Content-Erstellung: Texte, die begeistern

Jasper, Copy.ai und Anyword sind leistungsstarke Tools zur Texterstellung. Sie helfen dir, beeindruckende Inhalte für Blog-Beiträge, Social Media Posts, Marketingmaterialien und mehr zu erstellen. Jasper passt sich verschiedenen Tonalitäten und Stilen an, Copy.ai ist spezialisiert auf Marketingtexte, und Anyword nutzt datengetriebene Ansätze, um deine Texte zu optimieren.

Bilderstellung: Visuelle Magie

MidJourney, DALL-E und Canva bieten vielfältige Möglichkeiten zur Bilderstellung. Mid-Journey hilft dir, kreative Bildbearbeitungen mit Filtern und Effekten zu erstellen. DALL-E (integriert in ChatGPT) generiert aus Textbeschreibungen beeindruckende Bilder, und Canva ist ein benutzerfreundliches Tool für Grafiken, Präsentationen und Social Media Beiträge.

> 💡Tipp: Einheitliche Teamfotos mit KI – Der Retter in der Not
>
> Wir standen selbst oft vor dem Problem, dass wir auf der einen Seite gerne einen professionellen und einheitlichen Webauftritt gewährleisten wollten, auf der anderen Seite aber nicht immer für jeden neuen Mitarbeiter gleich wieder einen Fotografen engagieren wollten. Die Lösung? Teamfotos, die auf Basis eines normalen Fotos des Mitarbeiters in professionelle und schön einheitliche Aufnahmen verwandelt werden, beispielsweise mit demselben Hintergrund. Glaub uns, die Resultate haben uns selbst vom Hocker gehauen. Diese KI-gestützte Methode spart nicht nur Zeit und Geld, sondern sorgt auch dafür, dass dein Team auf der Website wie aus einem Guss aussieht. Also, kein Grund mehr, sich wegen der nächsten Teamseite zu stressen – die KI hat's im Griff!

> 💡Praktische Tipps zur Nutzung von Content- und Bilderstellungs Tools
>
> 1. **Nutze Vorlagen und Automatisierungen:** Die meisten Tools bieten vorgefertigte Templates und automatisierte Funktionen. Diese sparen Zeit und helfen dir, schnell professionelle Ergebnisse zu erzielen.
> 2. **Experimentiere mit Stilen und Effekten:** Egal ob Texte oder Bilder, experimentiere mit verschiedenen Stilen und Effekten, um herauszufinden, was am besten zu deinem Projekt passt.
> 3. **Zielgruppenverständnis schärfen:** Je genauer du deine Zielgruppe kennst und beschreiben kannst, desto zielgerichteter und wirkungsvoller wird der von den Tools generierte Content sein.

4. **Setze auf Detailgenauigkeit:** Insbesondere bei der Bilderstellung mit DALL-E und der Textgenerierung mit Jasper sind detaillierte Beschreibungen und Prompts entscheidend, um die gewünschten Ergebnisse zu erzielen.

5. **Integriere die Tools in deine Workflows:** Viele dieser Tools lassen sich nahtlos in bestehende Systeme und Plattformen integrieren. Nutze diese Integrationen, um deine Arbeitsabläufe zu optimieren.

6. **Analysiere und optimiere:** Verwende die Analysefunktionen von Tools wie Anyword, um die Effektivität deiner Inhalte zu messen und kontinuierlich zu verbessern.

Die Tools zur Content- und Bilderstellung bieten eine beeindruckende Vielfalt an Möglichkeiten, um deine kreativen Visionen umzusetzen und deine Inhalte auf das nächste Level zu heben. Sie ermöglichen es dir, schnell und effizient qualitativ hochwertige Inhalte und Bilder zu erstellen, was dir viel Zeit spart. Gleichzeitig eröffnen sie dir neue kreative Freiheiten durch KI-gestützte Vorschläge und Bearbeitungswerkzeuge. Diese Tools helfen dir nicht nur, Kosten zu sparen, die sonst für professionelle Designer oder Texter anfallen würden, sondern sind auch einfach und intuitiv zu bedienen, dank benutzerfreundlicher Schnittstellen und vorgefertigter Vorlagen. Experimentiere mit den verschiedenen Funktionen und entdecke, wie KI deine kreative Arbeit unterstützen und bereichern kann.

KI-Tools zur Unterstützung von Wissensmanagement und Task-/Projektmanagement

In der heutigen Arbeitswelt ist effizientes Wissensmanagement und Task-/Projektmanagement entscheidend für den Erfolg eines Unternehmens. Die richtige Verwaltung von Wissen und Aufgaben kann den Unterschied zwischen einem reibungslos ablaufenden Projekt und einem chaotischen Durcheinander ausmachen. Hier kommen KI-Tools ins Spiel, die dir helfen, Informationen zu organisieren, Aufgaben zu verwalten und Projekte effizient durchzuführen. In diesem Kapitel werfen wir einen Blick auf einige der besten KI-Tools für Wissensmanagement und Task-/Projektmanagement, und geben praktische Tipps, wie du sie optimal nutzen kannst.

Wissensmanagement: Ordnung im Informationsdschungel

Mem und Notion AI sind leistungsstarke Tools, die dir helfen, Wissen effektiv zu organisieren und zu verwalten. Sie bieten Funktionen zur Erfassung, Speicherung und Verknüpfung von Informationen, die die Zusammenarbeit im Team erleichtern und sicherstellen, dass wichtige Daten nicht verloren gehen. Mem nutzt KI, um relevante Informationen zu finden und dir genau dann zur Verfügung zu stellen, wenn du sie brauchst. Es kann E-Mails, Notizen und andere Dokumente durchforsten und dir kontextbezogene Hinweise geben. Notion

AI erweitert die ohnehin schon mächtige Notion-Plattform um KI-Funktionalitäten, die dir helfen, Notizen zu erstellen, Aufgaben zu organisieren und Projekte zu planen. Notion AI kann auch automatisch Inhalte zusammenfassen und wichtige Punkte hervorheben.

Um diese Tools optimal zu nutzen, solltest du Tags und Kategorien verwenden, um deine Notizen und Dokumente zu organisieren. Dies erleichtert die Suche und sorgt dafür, dass du Informationen schnell wiederfindest. Integriere die Tools in andere Anwendungen wie E-Mail-Clients und Projektmanagement-Software, um alle relevanten Informationen an einem Ort zu bündeln. Nutze die Automatisierungsfunktionen, um Erinnerungen für wichtige Termine und Aufgaben zu erstellen, und erstelle Wissensdatenbanken zu verschiedenen Themen, um den Zugriff auf benötigte Informationen zu erleichtern.

> ### 💡 Praktische Tipps für Wissensmanagement-Tools
>
> 1. **Verwende Tags und Kategorien**: Nutze Tags und Kategorien, um deine Notizen und Dokumente zu organisieren. Dies erleichtert die Suche und sorgt dafür, dass du Informationen schnell wiederfindest.
> 2. **Integriere mit anderen Tools**: Viele Wissensmanagement-Tools lassen sich in andere Anwendungen wie E-Mail-Clients und Projektmanagement-Software integrieren. Dies hilft, alle relevanten Informationen an einem Ort zu bündeln.
> 3. **Automatisiere Erinnerungen und Aufgaben**: Nutze die Automatisierungsfunktionen, um Erinnerungen für wichtige Termine und Aufgaben zu erstellen. Dies stellt sicher, dass nichts übersehen wird.
> 4. **Erstelle Wissensdatenbanken**: Baue Wissensdatenbanken zu verschiedenen Themen auf. Dies hilft dir und deinem Team, schnell auf benötigte Informationen zuzugreifen und Wissen effizient zu teilen. Nutze Mem oder Notion AI als zentralen Sammelpunkt für all deine digitalen Notizen, Dokumente und Daten. Die Konsolidierung deiner Informationen vereinfacht den Zugriff und die Suche erheblich.
> 5. **Integration in den Alltag:** Mache die Nutzung dieser Tools zu einem integralen Bestandteil deiner täglichen Routine. Je natürlicher und häufiger du sie einsetzt, desto wertvoller wird deine zentrale Wissensbasis.

Task- und Projektmanagement: Effizienz in jedem Schritt
Monday.com, Asana und Any.do sind herausragende Tools für das Task- und Projektmanagement, die speziell entwickelt wurden, um die Effizienz zu maximieren und die Zusammenarbeit im Team zu verbessern. Diese Tools bieten nicht nur grundlegende Funktionen zur Aufgabenverwaltung, sondern auch fortschrittliche KI-Funktionen, die dir helfen, Projekte reibungslos und effizient abzuschließen.

Monday.com bietet eine visuelle und flexible Plattform zur Verwaltung von Projekten. Die Integration von KI-Funktionen erleichtert die Automatisierung von Routineaufgaben und die Analyse von Projektdaten. Mit automatisierten Workflows können wiederkehrende Aufgaben geplant und delegiert werden. Die KI analysiert Projektdaten und liefert Einblicke in den Fortschritt und mögliche Engpässe, sodass du frühzeitig Maßnahmen ergreifen kannst, um Verzögerungen zu vermeiden. Zudem kann die KI von Monday.com basierend auf historischen Daten Vorhersagen treffen und Empfehlungen zur Optimierung des Projektverlaufs geben.

Asana ist bekannt für seine Benutzerfreundlichkeit und umfangreichen Funktionen zur Aufgaben- und Projektverwaltung. Mit KI-Funktionen wird Asana zu einem noch mächtigeren Werkzeug für die Planung und Durchführung von Projekten. Die KI hilft dir, Aufgaben basierend auf ihrer Wichtigkeit und Dringlichkeit zu priorisieren, sodass du dich auf die wesentlichen Aktivitäten konzentrieren kannst. Mit der KI-gestützten Such- und Filterfunktion findest du schnell relevante Aufgaben und Informationen. Darüber hinaus erstellt die KI personalisierte Dashboards, die dir einen klaren Überblick über den Projektstatus und deine wichtigsten Aufgaben geben.

Any.do ist ein vielseitiges Tool, das dir hilft, sowohl persönliche als auch berufliche Aufgaben zu organisieren. Mit seinen KI-Funktionen sorgt Any.do dafür, dass du immer den Überblick behältst und nichts Wichtiges vergisst. Die KI setzt intelligente Erinnerungen, die sich an deine Arbeitsweise anpassen und sicherstellen, dass du keine wichtigen Aufgaben verpasst. Außerdem verwendet Any.do KI, um deine Aufgabenliste zu analysieren und dir einen optimalen Tagesplan vorzuschlagen, der deine Produktivität maximiert. Mit der KI-gesteuerten Sprachsteuerung kannst du Aufgaben hinzufügen und verwalten, ohne das Tool manuell bedienen zu müssen.

Um diese Tools optimal zu nutzen, solltest du vorgefertigte Vorlagen für verschiedene Arten von Projekten und Aufgaben verwenden. Dies spart Zeit und hilft dir, deine Projekte effizient zu planen. Setze klare Meilensteine und Deadlines, um den Fortschritt zu verfolgen und sicherzustellen, dass alle Teammitglieder wissen, wann wichtige Aufgaben erledigt sein müssen. Analysiere die Projektdaten, um Einblicke in den Projektfortschritt zu erhalten und potenzielle Engpässe frühzeitig zu erkennen. Automatisiere wiederkehrende Aufgaben, um Zeit zu sparen und sicherzustellen, dass wichtige Schritte nicht vergessen werden. Halte regelmäßige Team-Meetings oder Check-ins ab, um den Fortschritt zu besprechen und sicherzustellen, dass alle auf dem gleichen Stand sind.

Die KI-Tools für Wissensmanagement und Task-/Projektmanagement bieten eine beeindruckende Vielfalt an Möglichkeiten, um deine Arbeitsabläufe zu optimieren und deine Effizienz zu steigern. Mem und Notion AI helfen dir, Wissen effektiv zu organisieren und zugänglich zu machen, während Monday.com, Asana und Any.do sicherstellen, dass deine Aufgaben und Projekte strukturiert und termingerecht erledigt werden. Die fortschrittlichen KI-Funktionen dieser Tools revolutionieren deine Arbeitsweise und steigern deine Produktivität erheblich. Mit ihren fortschrittlichen KI-Funktionen machen diese Tools das Leben nicht nur einfacher, sondern auch effizienter – und wer weiß, vielleicht bleibt dir am Ende des Tages sogar noch Zeit für eine Kaffeepause, um über all die Dinge zu lachen, die du jetzt nicht mehr manuell erledigen musst. Experimentiere mit den verschiedenen Funktionen und entdecke, wie KI deine Projekte unterstützen und deine Effizienz steigern kann.

Präsentationstools und Workshop-Tools mit KI – Die nächste Stufe der Zusammenarbeit

Wusstest du, dass Menschen nur etwa 10 min am Stück wirklich konzentriert zuhören können, bevor ihre Aufmerksamkeit langsam nachlässt? Das zeigt, wie wichtig es ist, Präsentationen und Workshops so fesselnd und interaktiv wie möglich zu gestalten. KI-gestützte Präsentations- und Workshop-Tools revolutionieren die Art und Weise, wie wir Inhalte präsentieren und mit Teams zusammenarbeiten, und machen es einfacher, das Publikum zu begeistern und produktive Ergebnisse zu erzielen.

Präsentationstools mit KI: Mehr als nur Folien

Präsentationstools wie Canva und Gamma setzen neue Maßstäbe in der Erstellung und Gestaltung von Präsentationen. Canva ist ein vielseitiges Design-Tool, das mit seinen unzähligen Vorlagen und benutzerfreundlichen Funktionen die Erstellung beeindruckender Präsentationen zum Kinderspiel macht. Dank KI-gestützter Vorschläge wird deine Präsentation automatisch optimiert – von der Bildauswahl bis zur Textplatzierung. Die KI von Canva analysiert deine Inhalte und schlägt Layouts und Designs vor, die perfekt zu deiner Botschaft passen. Das spart nicht nur Zeit, sondern sorgt auch dafür, dass deine Präsentationen stets professionell und visuell ansprechend sind.

Gamma geht noch einen Schritt weiter, indem es dynamische und interaktive Präsentationen ermöglicht. Die KI hilft dir, Inhalte zu strukturieren und ansprechende Layouts zu erstellen. Besonders nützlich ist die automatische Anpassung von Folien an den Kontext und die Zielgruppe. Stell dir vor, du hältst eine Präsentation vor einem gemischten Publikum – Gamma passt die Inhalte automatisch an, sodass sowohl Experten als auch Laien angesprochen werden.

Workshop-Tools mit KI: Kreativität und Effizienz im Einklang

Workshops sind ein großartiges Mittel, um Ideen zu generieren, Probleme zu lösen und Teams zu vereinen. Die Welt der Workshops hat sich grundlegend gewandelt, insbesondere seit der Covid-Pandemie, die eine rasche Verlagerung zu digitalen Lösungen erzwungen hat. Miro, ein Tool, das sich bereits als unverzichtbar für Online-Workshops etabliert hat, geht nun noch einen Schritt weiter, indem es KI-Erweiterungen integriert, um die Produktivität und Effektivität von virtuellen Kollaborationen zu steigern.

Miro AI unterstützt dich bei der Organisation von Brainstorming-Sessions, der Strukturierung von Ideen und der Identifizierung der produktivsten Ansätze. Die KI hilft dir dabei, die gesammelten Ideen zu kategorisieren und zu priorisieren, sodass du immer den Überblick behältst und die wertvollsten Ansätze weiterverfolgen kannst.

Miro AI fördert die Beteiligung aller Teilnehmer durch interaktive Elemente wie digitale Post-its, Umfragen und Abstimmungen. Diese Tools ermöglichen es, die Zusammenarbeit zu intensivieren und sicherzustellen, dass jeder Teilnehmer seine Ideen einbringen kann. Die KI kann dabei helfen, die Ergebnisse in Echtzeit auszuwerten und visuell ansprechend darzustellen. So wird nicht nur die Produktivität gesteigert, sondern auch das Engagement und die Zufriedenheit der Teilnehmer erhöht.

Um das Beste aus diesen Tools herauszuholen, ist es wichtig, ihre spezifischen Funktionen optimal zu nutzen. Vorlagen und Designs in Canva und Gamma erleichtern den Einstieg und helfen dir, schnell professionelle Ergebnisse zu erzielen. Lass die KI die besten Platzierungen für Bilder und Texte vorschlagen, um sicherzustellen, dass deine Folien immer professionell und ausgewogen wirken. In Miro AI kannst du die automatische Ideenorganisation nutzen, um die gesammelten Ideen effizient zu kategorisieren und zu priorisieren.

💡 **Praktische Tipps für die Nutzung von KI-gestützten Präsentations- und Workshop-Tools**

Für Präsentations-Tools wie Canva und Gamma:

1. **Nutze Vorlagen und Designs:** Wähle aus einer Vielzahl von vorgefertigten Vorlagen und Designs, um schnell beeindruckende Präsentationen zu erstellen. Passe die Vorlagen an dein Corporate Design an, um eine einheitliche Markenpräsenz zu gewährleisten.
2. **Automatisiere die Bild- und Textanordnung:** Lass die KI die besten Platzierungen für Bilder und Texte vorschlagen, um eine ausgewogene und professionelle Optik zu erzielen. Verwende die Funktion „Magic Resize" von Canva, um deine Präsentation schnell in verschiedene Formate für Social Media, Flyer oder andere Materialien umzuwandeln.
3. **Setze auf interaktive Elemente:** Füge interaktive Elemente wie Quizze, Umfragen oder Live-Fragen-und-Antwort-Sessions ein, um dein Publikum zu engagieren. Nutze Animationen und Übergänge sparsam, um die Aufmerksamkeit auf die wichtigsten Punkte zu lenken, ohne die Präsentation zu überladen.

Für Workshop-Tools wie Miro AI:

1. **Nutze die Vorlagen:** Greife auf die Vielzahl von Vorlagen für verschiedene Workshop-Formate zu, um effizient und strukturiert zu starten. Personalisiere die Vorlagen nach den Bedürfnissen deines Teams oder Projekts.

2. **Automatische Ideenorganisation:** Lass die KI gesammelte Ideen kategorisieren und priorisieren, um schnell zu den wichtigsten Punkten zu gelangen. Verwende die Mind-Mapping-Funktion, um komplexe Ideen visuell darzustellen und leichter verständlich zu machen.

3. **Fördere interaktive Zusammenarbeit:** Integriere digitale Post-its, Umfragen und Abstimmungen, um die Beteiligung aller Teilnehmer zu erhöhen. Nutze Echtzeit-Zusammenarbeitsfunktionen, um das Engagement während des Workshops zu steigern.

4. **Setze auf visuelle Zusammenfassungen:** Verwende die KI, um automatisch Zusammenfassungen und visuelle Darstellungen der Workshop-Ergebnisse zu erstellen. Nutze Diagramme und Grafiken, um die Ergebnisse klar und ansprechend zu präsentieren.

Nutze interaktive Elemente, um deine Präsentationen und Workshops lebendiger und ansprechender zu gestalten. Dies kann Quizze, Umfragen oder Live-Fragen-und-Antwort-Sessions umfassen. Interaktive Funktionen fördern die Beteiligung und sorgen dafür, dass dein Publikum aufmerksam bleibt.

Präsentations- und Workshop-Tools mit KI bieten eine beeindruckende Vielfalt an Möglichkeiten, um deine Arbeit effizienter und kreativer zu gestalten. So machst du nicht nur einen professionellen Eindruck, sondern kannst dich auf das Wesentliche konzentrieren: den Erfolg deiner Projekte.

Maximiere deine Effizienz: Die Evolution der Produktivitätstools

In der heutigen schnelllebigen Arbeitswelt ist die Steigerung der Produktivität mehr als nur ein Ziel; sie ist eine Notwendigkeit. Die Entwicklung von KI-gesteuerten Werkzeugen wie TheGist, Trevor AI und Microsoft Copilot markiert einen Wendepunkt in der Art und Weise, wie wir unsere Arbeit organisieren, planen und durchführen. Diese Tools vereinen fortschrittliche Technologie mit Benutzerfreundlichkeit, um Arbeitsabläufe zu vereinfachen und die Produktivität auf ein neues Level zu heben.

TheGist, Trevor AI, und Microsoft Copilot: Deine persönlichen digitalen Assistenten

- **TheGist:** Stell dir vor, alle deine Arbeitsanwendungen und Informationen sind in einem einzigen, KI-gesteuerten Arbeitsbereich vereint. TheGist macht es möglich, indem es dir einen umfassenden Überblick und direkten Zugriff auf alle benötigten Ressourcen bietet – organisiert, aktualisiert und jederzeit abrufbar.

- **Trevor AI:** Ein intuitiver Tagesplaner und Aufgabenplanungs-App, der nicht nur hilft, deine Aufgaben effektiv zu organisieren, sondern auch intelligente Vorschläge zur Optimierung deiner Tagesplanung macht. Trevor AI versteht deine Arbeitsgewohnheiten und hilft dir, deinen Tag so zu strukturieren, dass du das Beste aus deiner Zeit herausholst.
- **Microsoft Copilot:** Dieses Tool bringt die Produktivität auf eine ganz neue Ebene, indem es KI nutzt, um deine Arbeitsprozesse zu unterstützen. Von der Erstellung komplexer Dokumente bis hin zur Automatisierung wiederkehrender Aufgaben – Microsoft Copilot agiert als dein Partner, um die Effizienz zu steigern und dir mehr Zeit für das Wesentliche zu geben.

Wie du die Vorteile dieser Tools voll ausschöpfst

- **Integriere und synchronisiere:** Verbinde alle deine bevorzugten Arbeitsanwendungen mit diesen Tools, um einen nahtlosen, integrierten Arbeitsfluss zu schaffen, der Zeit spart und Stress reduziert.
- **Personalisiere deinen Workflow:** Nutze die Anpassungsoptionen, um die Tools an deine spezifischen Bedürfnisse und Vorlieben anzupassen. Je besser die Tools auf dich abgestimmt sind, desto effektiver unterstützen sie dich.
- **Lerne und passe an:** Diese KI-gesteuerten Werkzeuge lernen mit der Zeit dazu und passen sich an deine Arbeitsweise an. Sei offen für neue Vorschläge und Anpassungen, die sie vornehmen, um deine Produktivität weiter zu optimieren.
- **Nutze Daten zur Selbstverbesserung:** Analysiere die Berichte und Einsichten, die diese Tools bieten, um Muster in deiner Arbeitsweise zu erkennen und potenzielle Verbesserungsbereiche zu identifizieren.

TheGist, Trevor AI und Microsoft Copilot repräsentieren eine neue Generation von Produktivitätstools, die darauf ausgerichtet sind, unsere Effizienz bei der Arbeit zu maximieren. Indem sie KI nutzen, um uns bei der Organisation, Planung und Ausführung unserer Aufgaben zu unterstützen, bieten sie nicht nur eine Hilfe, sondern eine Transformation der Art und Weise, wie wir arbeiten. Integriere diese Tools in deinen Arbeitsalltag und erlebe selbst, wie sie deine Produktivität steigern, deine Prozesse vereinfachen und dir wertvolle Zeit zurückgeben, die du in deine Leidenschaften und Ziele investieren kannst.

Automatisierungen mit Zapier – Die Superkraft der Verknüpfung von KI-Anwendungen

In einer Welt, in der Zeit das wertvollste Gut ist, können Automatisierungen den entscheidenden Vorteil bieten. Zapier, ein herausragendes Tool zur Verknüpfung und Automatisierung von Anwendungen, ermöglicht es dir, verschiedene KI-Anwendungen nahtlos zu integrieren und Aufgaben automatisch auszuführen. Dies spart nicht nur Zeit und Mühe, sondern optimiert auch deine Arbeitsabläufe und steigert die Effizienz. Lass uns einen Blick darauf werfen, warum Zapier so beeindruckend ist und wie es dir helfen kann, das Beste aus deinen KI-Tools herauszuholen.

Warum Zapier?
Zapier fungiert als Brücke zwischen verschiedenen Anwendungen, die normalerweise nicht direkt miteinander kommunizieren können. Es bietet „Zaps", automatisierte Workflows, die aus einer Abfolge von Auslösern (Triggern) und Aktionen bestehen. Mit über 6.000 unterstützten Apps ist Zapier extrem vielseitig und lässt sich in nahezu jeden Arbeitsablauf integrieren. Die Fähigkeit, verschiedene KI-Tools zu verknüpfen und komplexe Automatisierungen zu erstellen, macht Zapier zu einem unverzichtbaren Werkzeug für moderne Unternehmen.

Erweitere deine Automatisierungsmöglichkeiten

- **Verbindet Tausende von Apps:** Von E-Mail und Kalender bis hin zu Projektmanagement und sozialen Medien – Zapier macht es möglich, Arbeitsabläufe über ein breites Spektrum von Tools und Plattformen hinweg zu automatisieren.
- **Keine Codierung erforderlich:** Zapier's benutzerfreundliche Oberfläche ermöglicht es jedem, ohne technische Vorkenntnisse Automatisierungen zu erstellen und zu verwalten.
- **Individuell anpassbare Workflows:** Erstelle Automatisierungen, die genau auf deine Bedürfnisse zugeschnitten sind, indem du Auslöser und Aktionen basierend auf spezifischen Kriterien definierst.

Praktisches Beispiel für Automatisierungen mit Zapier: Automatisierte Social Media-Posts
Stell dir vor, du erstellst regelmäßig Content mit Tools wie Jasper oder Copy.ai. Anstatt jeden Beitrag manuell in deine Social Media-Kanäle zu kopieren, kannst du Zapier nutzen, um diesen Prozess zu automatisieren.

So funktioniert es

1. Erstelle deinen Content in Jasper.
2. Setze einen Zap, der erkennt, wenn ein neuer Beitrag in Jasper erstellt wird (Trigger).
3. Der Zap sendet diesen Beitrag automatisch an Buffer oder Hootsuite (Aktion), um ihn auf deinen Social Media-Kanälen zu planen und zu veröffentlichen.

Interessanter Tipp: Du kannst die Veröffentlichung so timen, dass sie zu den Zeiten erfolgt, in denen deine Zielgruppe am aktivsten ist. Zapier kann sogar die besten Zeiten basierend auf Analysedaten vorschlagen.

🔆 **Weitere Tipps und interessante Fakten**

- **Zeiteffizienz:** Wusstest du, dass Unternehmen, die Automatisierungen einsetzen, im Durchschnitt 20 h pro Woche einsparen? Das sind mehr als 1.000 h pro Jahr, die du für strategischere Aufgaben nutzen kannst.
- **Fehlerreduktion:** Automatisierungen reduzieren die Fehlerquote erheblich, da manuelle Eingaben und wiederkehrende Aufgaben eliminiert werden. Dies sorgt für eine höhere Genauigkeit und Zuverlässigkeit.
- **Skalierbarkeit:** Mit Zapier kannst du Automatisierungen leicht skalieren, um mit dem Wachstum deines Unternehmens Schritt zu halten. Neue Tools und Prozesse lassen sich problemlos in bestehende Workflows integrieren.
- **Personalisierte Workflows:** Zapier ermöglicht die Erstellung maßgeschneiderter Workflows, die genau auf deine spezifischen Bedürfnisse und Arbeitsabläufe abgestimmt sind. So kannst du sicherstellen, dass jede Aufgabe effizient und effektiv erledigt wird.

Zapier ist mehr als nur ein Automatisierungstool – es ist eine Superkraft, die dir hilft, das volle Potenzial deiner KI-Anwendungen zu entfalten. Durch die nahtlose Integration und Automatisierung von Aufgaben kannst du deine Effizienz maximieren, Fehler minimieren und wertvolle Zeit sparen. Ob du Social Media-Posts automatisieren oder komplexe Projektmanagement-Workflows erstellen möchtest, Zapier bietet die Flexibilität und Vielseitigkeit, die du brauchst. Experimentiere mit den verschiedenen Möglichkeiten und entdecke, wie Zapier deine Arbeitsabläufe revolutionieren kann.

Die Kunst des Prompt Engineering – So holst du das Beste aus KI heraus

Willkommen in der faszinierenden Welt des Prompt Engineering! Klingt kompliziert, oder? Keine Sorge, das ist es wirklich nicht. In diesem Teil besprechen wir einige Grundlagen und bewährte Praktiken, die dir helfen, diese Kunst zu meistern. Und keine Sorge, wir halten es wie immer kurz und bündig.

🔆 **Tipp: Richtiges Prompting ist der Zündschlüssel jedes KI-Tools**

- **Beispiele verwenden:** Wenn möglich, gib Beispiele. Wenn du möchtest, dass der Computer einen bestimmten Stil imitiert, gib ein Beispiel dieses Stils. Es ist wie bei einem neuen Kochrezept – es hilft, ein Bild vom Endprodukt zu haben. Zum Beispiel, wenn du einen bestimmten Berichtsstil möchtest, könnte ein Beispiel sein: „Erstelle einen Quartalsbericht im Stil des letzten Berichts vom März 2023."

- **Feedback-Schleifen:** Gib nicht auf, wenn die erste Antwort nicht perfekt ist. Verwende das Feedback, um deine Anweisungen zu verfeinern und zu verbessern. Es ist ein iterativer Prozess. Zum Beispiel, wenn der erste Entwurf des Berichts unvollständig ist, gib detaillierteres Feedback: „Füge eine Analyse der Umsatzentwicklung in Europa hinzu.(…)"
- **Überlege den Zweck:** Was willst du erreichen? Unterschiedliche Aufgaben erfordern unterschiedliche Ansätze. Zum Beispiel erfordert eine kreative Schreibaufgabe mehr Freiraum als eine detaillierte Finanzanalyse.

Was ist Prompt Engineering überhaupt?

Prompt Engineering ist im Wesentlichen die Kunst und Wissenschaft, Computer dazu zu bringen, das zu tun, was du willst – und zwar durch die Formulierung von Fragen oder Anweisungen auf eine Weise, die sie verstehen.

Die Grundlagen

- **Klarheit ist der Schlüssel:** Computer sind keine Gedankenleser (noch nicht). Wenn deine Anweisung vage ist, wird die Antwort wahrscheinlich genauso unklar sein. Zum Beispiel, anstatt zu sagen „Gib mir Geschäftszahlen", sei präziser: „Gib mir die Umsatzentwicklung des letzten Quartals im Vergleich zum Vorjahr."
- **Kontext ist König:** Der Kontext hilft dem Modell, besser zu verstehen, was du willst. Wenn du beispielsweise einen Bericht über die Marktstellung deines Unternehmens willst, gib nicht nur „Bericht über Marktstellung" ein. Versuche es mit „Erstelle einen Bericht über die Marktstellung unseres Unternehmens im Vergleich zu unseren drei größten Wettbewerbern im letzten Jahr."
- **Spezifität:** Je spezifischer du bist, desto besser. „Erkläre die neue Marketingstrategie" ist gut, aber „Erkläre die neue Marketingstrategie und wie sie unsere Zielgruppenansprache im nächsten Quartal verbessern wird" ist viel besser.

Das AUTOMAT-Prinzip: Effektives Prompt Engineering leicht gemacht

Prompt Engineering ist eine Kunst, die durch Struktur und Klarheit erheblich verbessert werden kann. Das bekannte AUTOMAT-Prinzip bietet dir eine nützliche Struktur, um effektive Prompts zu erstellen, die zu den gewünschten Ergebnissen führen.[1] AUTOMAT steht für:

---

[1] https://medium.com/the-generator/the-perfect-prompt-prompt-engineering-cheat-sheet-d0b9c6 2a2bba

1. **Act as a … (Rolle definieren)**
2. **User Persona & Audience (Zielgruppe definieren)**
3. **Targeted Action (Ziel der Interaktion)**
4. **Output Definition (Gewünschte Informationen)**
5. **Mode/Tonality/Style (Kommunikationsstil)**
6. **Atypical Cases (Umgang mit Sonderfällen)**
7. **Topic Whitelisting (Relevante Themen)**

Indem wir jeden dieser Aspekte berücksichtigen, können wir Large Language Models (LLMs) gezielt auf das gewünschte Ergebnis hinführen. Okay jetzt wo die Basics gut sitzen, schauen wir uns an, wie das AUTOMAT-Prinzip in der Praxis angewendet wird.

1. Act as a … (Rolle definieren)
Beginne damit, die Rolle des LLM klar zu definieren. Soll es als Kundenberater, technischer Support oder vielleicht als virtueller Lehrer agieren? Diese Definition hilft der KI, ihre Antworten im richtigen Kontext zu formulieren.
Beispiel: „Agieren als sachkundiger Finanzberater.“

2. User Persona & Audience (Zielgruppe definieren)
Definiere, mit wem die KI interagiert. Ist es ein erfahrener Geschäftsmann, ein neuer Kunde oder ein Schüler? Die Zielgruppe beeinflusst die Sprache und den Detailgrad der Antworten.
Beispiel: "Du sprichst mit einem jungen Unternehmer, der sein erstes Geschäft gründet.“

3. Targeted Action (Ziel der Interaktion)
Bestimme das Ziel der Interaktion. Soll die KI informieren, eine Handlung anstoßen oder eine Entscheidung unterstützen? Ein klar definiertes Ziel sorgt für zielgerichtete und relevante Antworten.
Beispiel: „Erkläre die Grundlagen der Erstellung eines Geschäftsplans.“

4. Output Definition (Gewünschte Informationen)
Lege fest, welche Informationen die KI liefern soll. Dies kann spezifische Daten, Schritt-für-Schritt-Anleitungen oder Zusammenfassungen umfassen.
Beispiel: „Liefere eine Schritt-für-Schritt-Anleitung zur Erstellung eines Geschäftsplans, einschließlich wichtiger Komponenten wie Marktanalyse, Finanzprognosen und Marketingstrategien.“

5. Mode/Tonality/Style (Kommunikationsstil)
Bestimme den Stil und Ton der Kommunikation. Soll die Antwort formell, freundlich, sachlich oder humorvoll sein? Der richtige Stil hilft, die gewünschte Wirkung zu erzielen.
Beispiel: „Kommuniziere in einem freundlichen und ermutigenden Ton, der für Anfänger geeignet ist.“

6. Atypical Cases (Umgang mit Sonderfällen)

Berücksichtige, wie die KI mit ungewöhnlichen oder unerwarteten Fällen umgehen soll. Dies stellt sicher, dass auch Ausnahmen angemessen behandelt werden.

Beispiel: „Wenn der Nutzer nach rechtlichem Rat fragt, erinnere ihn daran, einen professionellen Anwalt zu konsultieren."

7. Topic Whitelisting (Relevante Themen)

Definiere, welche Themen relevant sind und welche nicht. Dies hilft, die Antworten auf das Wesentliche zu fokussieren und irrelevante Informationen zu vermeiden.

Beispiel: „Beschränke dich auf Themen, die mit Geschäftsplanung und Unternehmertum zu tun haben."

Mit diesem strukturierten Ansatz nach dem AUTOMAT-Prinzip stellen wir sicher, dass die Kommunikation klar, konsistent und zielgerichtet ist. Der Chatbot kann nun effektiv und hilfreich agieren, indem er die jungen Unternehmer auf ihrem Weg unterstützt, ohne von irrelevanten Details abgelenkt zu werden. So wird KI zu einem wertvollen Werkzeug, das nicht nur Informationen liefert, sondern auch eine unterstützende und inspirierende Rolle einnimmt.

Zusammengefasst: Die Interaktion mit KI-Tools ist mehr als nur ein Austausch von Frage und Antwort; es ist der Beginn einer kreativen Symbiose, in der Mensch und Maschine zusammenkommen, um Neues zu schaffen. Sei klar, spezifisch und gib Kontext. Nutze Beispiele und scheue dich nicht, deine Anfragen zu verfeinern. Mit diesen Tipps bist du auf dem besten Weg, ein Meister des Prompt Engineering zu werden – und vielleicht sparst du dir dabei ein paar graue Haare (Abb. 7.1).

Abb. 7.1 Prompt Engineering

Prozessoptimierung anhand einer Middleware

Nachdem wir uns nun ausführlich mit der Anwendung von Standard-KI-Tools und dem effektiven Einsatz von Prompting anhand des AUTOMAT-Prinzips beschäftigt haben, wird es Zeit, einen Schritt weiter zu gehen. Bisher haben wir gesehen, wie KI als eigenständiges Werkzeug genutzt werden kann, um spezifische Aufgaben zu bewältigen und Prozesse zu optimieren. Doch die wahre Magie entfaltet sich, wenn wir KI als Middleware einsetzen – als Bindeglied, das verschiedene Systeme, Datenquellen und Anwendungen nahtlos miteinander verbindet.

Stell dir vor, deine verschiedenen Unternehmenssysteme könnten durch eine intelligente Schicht miteinander kommunizieren, Daten austauschen und gemeinsam bessere Entscheidungen treffen. KI als Middleware ermöglicht genau das: Sie schafft eine integrierte, intelligente Umgebung, in der deine bestehenden Tools und Plattformen miteinander harmonieren und zusammenarbeiten. So wird die gesamte IT-Landschaft deines Unternehmens effizienter, flexibler und vor allem intelligenter.

Was ist KI als Middleware?

KI als Middleware bedeutet, Künstliche Intelligenz als Zwischenschicht zu nutzen, die verschiedene Anwendungen und Systeme miteinander verbindet. Anstatt dass jedes System isoliert arbeitet, ermöglicht die Middleware einen flüssigen Informationsfluss und eine koordinierte Nutzung von Daten. Dies schafft eine kohärente und vernetzte IT-Umgebung.

Die Vorteile von KI als Middleware

- **Nahtlose Integration:** KI-Middleware ermöglicht es, unterschiedliche Systeme und Anwendungen problemlos zu integrieren. Egal ob CRM, ERP oder SCM – durch die Middleware können alle Systeme miteinander kommunizieren und Daten austauschen.
- **Echtzeit-Datenverarbeitung:** Durch die zentrale Datenverarbeitung in der Middleware werden Informationen in Echtzeit aktualisiert und verfügbar gemacht. Dies ermöglicht schnellere und fundiertere Entscheidungen.
- **Skalierbarkeit:** KI-Middleware kann problemlos skaliert werden, um den Anforderungen wachsender Datenmengen und zusätzlicher Systeme gerecht zu werden. Dadurch bleibt dein Unternehmen flexibel und zukunftssicher.
- **Erhöhte Effizienz:** Die Automatisierung von Datenflüssen und Prozessen durch die Middleware reduziert manuelle Eingriffe und minimiert Fehler. Dies führt zu einer erheblichen Steigerung der betrieblichen Effizienz (Abb. 7.2).

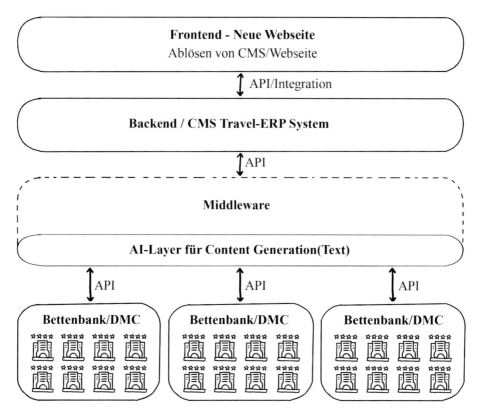

Abb. 7.2 Infrastruktur mit Middleware und KI-Integrationen

Praktische Anwendung von KI als Middleware

Beispiel: Integration von CRM und ERP

Stell dir vor, dein CRM-System enthält alle Kundendaten, während dein ERP-System die Bestell- und Produktionsdaten verwaltet. Ohne Middleware gibt es oft Informationslücken und Verzögerungen bei der Datenaktualisierung. Mit KI als Middleware können diese Systeme in Echtzeit miteinander kommunizieren. Wenn ein Kunde eine Bestellung aufgibt, werden die Informationen sofort im ERP-System aktualisiert, und das CRM erhält gleichzeitig die neuesten Produktionsdaten. Dies führt zu einer verbesserten Kundenerfahrung und optimierten Betriebsabläufen.

Beispiel: Intelligente Lieferketten

In der Logistikbranche kann KI als Middleware dazu beitragen, eine intelligente Lieferkette zu schaffen. Durch die Integration von IoT-Daten aus Sensoren, GPS-Tracking-Informationen und Bestandsverwaltungssystemen kann die Middleware in Echtzeit den

Standort und Zustand von Waren überwachen, Lagerbestände automatisch aktualisieren und Lieferungen effizienter planen.

Interessanter Fakt: Gartner prognostiziert, dass bis 2025 etwa 50 % der Lieferketten KI und fortschrittliche Analysen nutzen werden, um Entscheidungsprozesse zu optimieren.[2]

Implementierung von KI als Middleware

Die Implementierung von KI als Middleware erfordert einige Schritte:

1. **Bedarfsanalyse:** Analysiere, welche Systeme und Prozesse von einer Integration profitieren würden und welche Datenflüsse optimiert werden müssen.
2. **Technologieauswahl:** Wähle die geeignete KI-Plattform oder Middleware-Technologie, die zu den Anforderungen deines Unternehmens passt.
3. **Datenintegration:** Stelle sicher, dass alle relevanten Datenquellen und Systeme angebunden sind. Dies erfordert oft die Nutzung von APIs und Datenpipelines.
4. **Schrittweise Implementierung:** Beginne mit einem Pilotprojekt, um die Technologie zu testen und erste Erfahrungen zu sammeln. Skalierung und Erweiterung können schrittweise erfolgen.
5. **Schulung und Support:** Biete deinem Team Schulungen an, um den Umgang mit der neuen Technologie zu erleichtern und sicherzustellen, dass sie effektiv genutzt wird.

Was bedeutet das für dich? Du sparst eine Menge Zeit und Arbeit, weil die mühsame Dateneingabe wegfällt. So kannst du dich auf das konzentrieren, was wirklich zählt. Klingt nach einem ziemlichen Win, oder? Mit KI als Middleware kannst du die verschiedenen IT-Systeme deines Unternehmens nahtlos integrieren und somit die Effizienz und Flexibilität erheblich steigern. Du wirst feststellen, dass die Möglichkeiten, die sich dadurch eröffnen, weit über die ursprünglichen Anwendungen von Standard-KI-Tools hinausgehen.

Jetzt, da du die Vorteile und die Implementierung von KI als Middleware kennst, ist es an der Zeit, diese leistungsstarke Technologie in deinem Unternehmen zu nutzen. Mach dich bereit, deine IT-Infrastruktur auf das nächste Level zu heben und die zahlreichen Vorteile der intelligenten Integration zu genießen.

---

[2] https://www.gartner.com/en/articles/how-supply-chain-leaders-can-prepare-for-the-next-big-dis ruption

Kleiner Exkurs: Begriffsdefinitionen

- **Middleware**
  Middleware ist eine Software, die als Vermittler zwischen unterschiedlichen Anwendungen oder Systemkomponenten fungiert, um deren Kommunikation und Datenübertragung zu erleichtern. Sie ermöglicht es, dass unterschiedliche Systeme effizient miteinander interagieren können.
- **API (Application Programming Interface)**
  Eine API ist eine Schnittstelle, die es ermöglicht, dass unterschiedliche Softwareanwendungen miteinander kommunizieren können. Sie definiert, wie Softwarekomponenten interagieren, einschließlich der Anfragen, die gestellt werden können, wie diese Anfragen zu machen sind, und der Formate für die Antworten.
- **CMS-System (Content Management System)**
  Ein CMS ist eine Software, die das Erstellen, Bearbeiten, Verwalten und Veröffentlichen von Inhalten ermöglicht, ohne dass Programmierkenntnisse erforderlich sind. Es bietet eine Benutzeroberfläche für die Verwaltung der Inhalte einer Website oder eines anderen digitalen Projekts.
- **CRM-System (Customer Relationship Management)**
  Ein CRM-System ist ein Werkzeug zur Verwaltung aller Beziehungen und Interaktionen eines Unternehmens mit aktuellen und potenziellen Kunden. Es unterstützt die Unternehmen dabei, die Kundenbeziehungen zu verbessern, den Vertrieb zu steigern und die Kundenkommunikation und -service zu optimieren.

Fazit: Prozessoptimierung durch KI – Der Schlüssel zu Effizienz und Innovation

Nun, da wir die theoretischen Grundlagen von KI und ihre praktischen Anwendungen im Mittelstand durchleuchtet haben, lässt sich festhalten, dass die Integration von Künstlicher Intelligenz weit über das einfache Nutzen von Standardtools hinausgeht. Wir haben gesehen, wie effektives Prompt Engineering nach dem AUTOMAT-Prinzip hilft, bessere Ergebnisse zu erzielen, und wie KI als Middleware eine nahtlose Integration verschiedener Systeme ermöglicht. Diese praxisnahen Anwendungsfälle zeigen deutlich, dass KI nicht nur ein Werkzeug, sondern ein strategischer Partner in der Prozessoptimierung sein kann.

Die Möglichkeiten, die KI bietet, sind beeindruckend: Von automatisierten Rechnungsbuchungen, die die Effizienz in der Buchhaltung steigern, bis hin zu intelligenten Lieferketten, die in Echtzeit überwacht und optimiert werden. Es ist klar, dass der Einsatz von KI zu erheblichen Effizienzsteigerungen und Kostensenkungen führen kann. Aber das Beste daran? Diese Technologien sind nicht nur den großen Playern vorbehalten.

Auch mittelständische Unternehmen können von den Vorteilen der KI profitieren und ihre Wettbewerbsfähigkeit steigern.

Doch wir stehen erst am Anfang. Während wir uns bisher auf die Optimierung bestehender Prozesse konzentriert haben, eröffnet die nächste Stufe des KI-Einsatzes völlig neue Horizonte. Im nächsten Kapitel werden wir uns darauf konzentrieren, wie KI Innovationen vorantreiben und neue Geschäftsfelder erschließen kann. Von der Produktentwicklung über Marktanalysen bis hin zu völlig neuen Geschäftsmodellen – die Möglichkeiten sind nahezu unbegrenzt. Mach dich bereit, die Zukunft mit KI zu gestalten und neue Wege zu entdecken, wie diese Technologie dein Unternehmen transformieren kann.

Welche Tools haben dir am Besten geholfen?	Notizen
1	
2	
3	
4	
5	

Nachdem wir in den letzten Kapiteln besprochen haben, wie KI bestehende Prozesse effizienter und produktiver macht, wird es jetzt richtig spannend. Denn KI kann nicht nur optimieren, sondern auch völlig neue Horizonte eröffnen – und damit meinen wir nicht nur bessere Excel-Tabellen.

Stell dir vor, du könntest die riesigen Datenmengen, die dein Unternehmen täglich sammelt, in völlig neue Produkte oder Dienstleistungen verwandeln. Oder du könntest innovative Ideen umsetzen, die ohne die Unterstützung von KI schlichtweg utopisch wären. Genau hier zeigt die KI ihr wahres Potenzial: Sie ermöglicht nicht nur die Optimierung bestehender Prozesse, sondern öffnet Türen zu Möglichkeiten, die vorher undenkbar waren.

In diesem Kapitel schauen wir uns an, wie KI als Katalysator für Innovation wirken kann. Du wirst erfahren, wie Unternehmen durch den Einsatz von KI neue Geschäftsfelder erschließen und aus ihren vorhandenen Daten wahre Goldminen an Erkenntnissen gewinnen. Von der Entwicklung intelligenter Produkte über personalisierte Dienstleistungen bis hin zur Identifizierung ungenutzter Märkte – die Anwendungen sind so vielfältig wie faszinierend.

Aber keine Sorge, das bleibt nicht nur theoretisch. Wir werfen auch einen Blick auf konkrete Beispiele und Fallstudien, die zeigen, wie Unternehmen bereits erfolgreich KI nutzen, um innovativ zu bleiben und sich einen Wettbewerbsvorteil zu sichern. Mach dich bereit, herauszufinden, wie du mit KI nicht nur effizienter arbeitest, sondern auch die kreativen Grenzen deines Unternehmens sprengst und völlig neue Wege gehst. Willkommen in der Zukunft der Innovation – ermöglicht durch Künstliche Intelligenz!

D. Renner et al., *KI im Mittelstand: Chancen, Optimierungen und Neugeschäft*, https://doi.org/10.1007/978-3-658-46077-8_8

🔆 **Kleiner Exkurs: Was ist ein Company Building Prozess?**

Ein Company Building Prozess ist wie eine spannende Abenteuerreise, die von der ersten Geschäftsidee bis zur erfolgreichen Markteinführung eines Produkts oder einer Dienstleistung führt. Es ist ein systematischer Ansatz, der darauf abzielt, aus einer einfachen Idee ein tragfähiges und marktfähiges Unternehmen zu machen. Dieser Prozess ist dynamisch und iterativ, erfordert also viel Flexibilität, Anpassungsfähigkeit und ständige Lernbereitschaft. Das Ziel? Nicht nur ein Produkt zu entwickeln, sondern ein nachhaltiges Geschäftsmodell zu schaffen, das auf echten Marktbedürfnissen basiert.

1. **Konzeptdefinition:**
   Hier beginnt alles. Du hast eine Geschäftsidee und jetzt geht es darum, diese Idee zu definieren und zu verfeinern. Welche Probleme löst du? Wer sind deine Zielkunden? Was macht dein Angebot einzigartig und wie positionierst du dich auf dem Markt?
2. **Entwicklung des Minimal Viable Products (MVP):**
   Sobald das Konzept steht, entwickelst du ein MVP. Das ist eine vereinfachte Version deines Produkts, mit der du schnell und kostengünstig testen kannst, ob deine Idee bei den Kunden ankommt.
3. **Markttest mit dem MVP:**
   Nun geht es darum, dein MVP in der realen Welt zu testen. Sammle aktiv Feedback von deinen Nutzern und nutze diese Erkenntnisse, um dein Produkt anzupassen und zu verbessern.
4. **Entwicklung des serienreifen Produkts:**
   Mit den gesammelten Daten und Erkenntnissen machst du dich an die Weiterentwicklung deines Produkts, bis es marktreif ist. Diese Version sollte alle wesentlichen Funktionen enthalten und benutzerfreundlich sein.
5. **Markteinführung:**
   Jetzt ist der große Moment gekommen: Dein Produkt wird offiziell auf den Markt gebracht. Eine gut durchdachte Launch-Strategie hilft dir dabei, Aufmerksamkeit zu erregen und deine ersten Kunden zu gewinnen.
6. **Revisionsloops und kontinuierliche Verbesserung:**
   Auch nach der Markteinführung ist der Prozess nicht abgeschlossen. Kontinuierliches Feedback von deinen Kunden hilft dir, dein Produkt immer weiter zu verbessern und an die Marktbedürfnisse anzupassen .

Der Company Building Prozess ist also kein Sprint, sondern ein Marathon – mit vielen Etappen und jeder Menge Möglichkeiten, aus Fehlern zu lernen und zu wachsen.

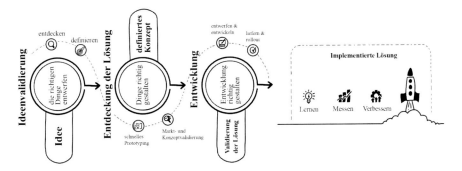

Abb. 8.1 Company Building Prozess

> Jeder Schritt erfordert Geduld, Engagement und eine klare Vision. Indem du diesen Weg sorgfältig beschreitest, legst du das Fundament für ein erfolgreiches und zukunftsfähiges Unternehmen (Abb. 8.1).

Einblick Nummer 1: AI SonoAssistant – Ein Paradebeispiel für Neugeschäft durch Künstliche Intelligenz

Stell dir vor, du bist ein Medizinstudent und hast gerade eine komplexe Frage zur Ultraschalldiagnostik. Normalerweise müsstest du dich durch Bücher wälzen oder auf Antworten von Dozenten warten. Aber was wäre, wenn dir ein digitaler Assistent, ausgestattet mit der neuesten KI-Technologie, sofort helfen könnte? Genau hier kommt der AI SonoAssistant ins Spiel.

123Sonography ist die weltweit führende Bildungsplattform für Ultraschalldiagnostik. Die Plattform bietet eine Vielzahl von Videokursen, die von Experten erstellt wurden und Medizinstudenten sowie Fachärzten wertvolle Einblicke und praktisches Wissen vermitteln.

Die Herausforderung: Ein neuer Weg zur Nutzung vorhandener Daten

Trotz des Erfolgs der Videokurse erkannte 123Sonography die Notwendigkeit, die vorhandenen Daten auf innovative Weise weiterzuverwenden. Es ging darum, die umfangreichen Inhalte – von Videokursen über Echoloops bis hin zu PDF-Guidelines – noch besser zugänglich und nutzbar zu machen. Die Lösung war klar: Es musste ein interaktives und intelligentes System entwickelt werden, das mehr bietet als einfache Videoanleitungen.

Was ist der AI SonoAssistant?

Der AI SonoAssistant ist eine bahnbrechende Erweiterung der 123Sonography-Plattform. Mit modernster KI ausgestattet, beantwortet dieser Assistent medizinische Fragen nicht nur mit Texten, sondern auch mit angereicherten Multimedia-Inhalten. Durch fortschrittliche Datenverarbeitung und interaktive Chatbot-Technologie bietet er eine reiche, interaktive Lernerfahrung.

Die Entstehungsgeschichte

Die Idee, den AI SonoAssistant zu entwickeln, entstand aus der Vision, medizinische Bildung auf ein neues Level zu heben. In strategischen Workshops und intensiven Anforderungsanalysen wurde der Weg geebnet, um einen Prototyp zu schaffen, der sowohl in der Theorie als auch in der Praxis überzeugen sollte.

1. **Ideation und Strategie Workshops:** Hier wurden die grundlegenden Ideen gesammelt und eine strategische Ausrichtung festgelegt.
2. **In-depth Requirements Engineering:** Um die genauen Bedürfnisse der Nutzer zu verstehen, wurden detaillierte Anforderungen erarbeitet.
3. **Entwicklung eines Multimedia-Integrations-Prototyps:** Der erste Prototyp integrierte bereits verschiedene Medien, um die Vielseitigkeit des AI SonoAssistant zu demonstrieren.
4. **Architektonische Planung und Umsetzung:** Eine stabile und skalierbare Architektur wurde entwickelt, um den zukünftigen Anforderungen gerecht zu werden.
5. **MVP-Entwicklung:** Das Minimum Viable Product (MVP) wurde erstellt, um eine funktionale und testbare Version des AI SonoAssistant zu präsentieren.

Die technische Magie hinter dem AI SonoAssistant:

Im Herzen des AI SonoAssistant liegt eine umfangreiche Sammlung hochwertiger Daten. Diese Datenbasis, die von 123Sonography's umfangreichen Bildungsangeboten stammt, umfasst Bilder, Illustrationen, Ultraschall-Videoschleifen, detaillierte Videovorträge und umfassende Textdokumente. Diese Vielfalt ermöglicht es dem AI SonoAssistant, eine breite Palette medizinischer Fragen präzise zu beantworten.

 Tipp
Daten sind das Lebenselixier eines jeden KI-Systems!

Technologie im Einsatz: Wie der AI SonoAssistant funktioniert

Die Datenverarbeitung des AI SonoAssistant ist sowohl kompliziert als auch innovativ, was eine präzise und kontextuell relevante Antwortgenerierung sicherstellt. Hier sind die Hauptschritte des Prozesses:

1. **Transkription mit WhisperAI:** Videoeingaben werden mithilfe der Spracherkennungstechnologie WhisperAI in Text umgewandelt. Diese Technologie beherrscht medizinische Terminologie und verschiedene Akzente, was eine hohe Genauigkeit garantiert.
2. **Textsegmentierung und -verarbeitung:** Der transkribierte Text wird in handhabbare Stücke segmentiert, was für das Kontextmanagement entscheidend ist.
3. **Vektorisierung mit RAG (wir erinnern uns an Kap. 5):** Der segmentierte Text wird mit dem Retrieval-Augmented Generation (RAG) Modell vektorisiert, wodurch numerische Darstellungen erstellt werden, die effizient gespeichert und verglichen werden können.
4. **Vektordatenbank-Speicherung:** Diese Vektoren werden in einer speziell entwickelten Datenbank gespeichert, die für schnellen Zugriff optimiert ist.
5. **Abruf und Antwortgenerierung:** Bei einer Nutzeranfrage durchsucht der AI SonoAssistant die Vektordatenbank, um die relevantesten Informationen zu finden und nutzt die generativen Fähigkeiten des RAG-Modells, um eine Antwort zu erstellen.
6. **Integration mit Frontend und API-Kommunikation:** Die erstellte Antwort wird durch die Benutzeroberfläche präsentiert, wobei eine nahtlose API-Kommunikation zwischen Backend und Frontend gewährleistet ist.

Neugeschäft durch innovative Nutzung bestehender Daten:

123Sonography erkannte, dass sie durch den Einsatz von Künstlicher Intelligenz ihre umfangreiche Datenbank in ein völlig neues Produkt verwandeln konnten. Die vorhandenen Video-Kurse, Echoloops, Ultraschallbilder und PDF-Guidelines wurden nicht nur weiterhin als einzelne Lernressourcen genutzt, sondern in einem intelligenten System gebündelt, das interaktiv und sofort auf spezifische Anfragen reagieren kann. Dies eröffnete neue Geschäftsmöglichkeiten, indem es den Nutzern eine personalisierte und dynamische Lernumgebung bietet.

Der AI SonoAssistant repräsentiert die Vision von 123Sonography, ihre bestehenden Inhalte innovativ zu nutzen und damit ein völlig neues Geschäftsmodell zu schaffen. Anstatt sich ausschließlich auf traditionelle Lehrmethoden zu verlassen, haben sie die Vorteile der KI genutzt, um ihre Datenbasis neu zu denken und zu revolutionieren. Diese Transformation ermöglichte es, nicht nur die Effizienz und den Wert ihrer Bildungsressourcen zu steigern, sondern auch eine völlig neue Art des Lernens zu schaffen, die weit über das hinausgeht, was herkömmliche Videokurse bieten können.

☀️ **Friendly Reminder: Retrieval-Augmented Generation Model**

Lass uns einen kurzen Rückblick auf Kap. 5 machen. Wir haben über Large Language Models (LLMs) wie ChatGPT und Retrieval-Augmented Generation (RAG) Systeme gesprochen. Beide sind faszinierende Werkzeuge in der Welt der Künstlichen Intelligenz. Hier eine kleine Auffrischung, falls die Details im Alltagsstress untergegangen sind:

Stell dir ein LLM vor wie einen extrem gut informierten Freund, der auf seinem umfangreichen Wissen basiert. Er kann dir viele interessante Dinge erzählen, aber seine Informationen enden zu einem bestimmten Zeitpunkt – nämlich dem, als er das letzte Mal „gelernt" hat.

Jetzt stell dir vor, dieser Freund hat einen unglaublich schnellen und schlauen Bibliothekar zur Seite, der nicht nur sein eigenes Wissen hat, sondern auch blitzschnell in einer gigantischen Bibliothek nach den neuesten und spezifischsten Informationen suchen kann. Das ist, was ein RAG-System tut. Es kombiniert das trainierte Wissen des LLMs mit der Fähigkeit, in Echtzeit relevante externe Informationen abzurufen.

Warum ist das nützlich?

Ein RAG-System ist besonders nützlich für Anfragen, die aktuelle oder sehr spezifische Informationen erfordern. Zum Beispiel, wenn du als CEO schnell auf die neuesten Unternehmenszahlen und Marktberichte zugreifen musst, wird ein RAG-System zum Retter in der Not. Stell dir vor, du benötigst eine aktuelle Analyse der Quartalszahlen im Vergleich zu deinen Wettbewerbern. Ein reines LLM kann dir vielleicht grundlegende Finanzprinzipien erläutern, aber ein RAG-System durchsucht die aktuellsten Finanzberichte, Analystenbewertungen und Marktdaten, um dir die präzisesten und relevantesten Informationen zu liefern.

Wie hilft dir das?

Mit einem RAG-System in deinem Werkzeugkasten kannst du sicherstellen, dass die Informationen, die du erhältst, nicht nur umfassend, sondern auch aktuell und relevant sind. Ob du im täglichen Geschäftsbetrieb schnelle Entscheidungen treffen musst oder komplexe, aktuelle Daten benötigst – RAG-Systeme sorgen dafür, dass du immer bestens informiert bist.

Einblick Nummer 2: SalesPrep.ai – Ein echter Gamechanger im Vertrieb

Nachdem wir im letzten Abschnitt den AI SonoAssistant als innovatives Werkzeug in der medizinischen Ausbildung kennengelernt haben, möchten wir dir nun ein weiteres spannendes Projekt vorstellen: SalesPrepAI. Dieses Tool ist auch ein perfektes Beispiel dafür, wie KI nicht nur bestehende Prozesse optimiert, sondern auch völlig neue Geschäftsfelder erschließt und innovative Ideen umsetzt, die ohne KI oft nicht möglich wären.

Was ist SalesPrepAI?

SalesPrepAI ist ein revolutionäres Tool, das darauf abzielt, die Vertriebsarbeit effizienter und zielgerichteter zu gestalten. Vertriebsmitarbeiter verbringen oft unzählige Stunden mit der Vorbereitung auf Meetings, dem Sammeln von Informationen und der Erstellung von Verkaufsbriefings. Diese zeitaufwendige und oft repetitive Aufgabe lenkt sie von ihren eigentlichen Kernaufgaben ab. Hier kommt SalesPrepAI ins Spiel: Mit seiner Fähigkeit, in Echtzeit umfassende und kontextualisierte Verkaufsbriefings zu erstellen, sorgt es dafür, dass Vertriebsprofis sich auf das Wesentliche konzentrieren können – den menschlichen Kontakt und das Verkaufen.

Stell dir vor, du bist ein Vertriebsleiter und hast ein entscheidendes Meeting mit potenziellen Kunden. Mit SalesPrepAI kannst du die Teilnehmerliste hochladen und das Tool übernimmt die Recherche. Innerhalb kürzester Zeit erhältst du ein detailliertes Briefing, das alle wichtigen Informationen enthält – von der aktuellen Marktposition des Unternehmens bis hin zu persönlichen Vorlieben der Entscheidungsträger. So kannst du sicherstellen, dass du bestens vorbereitet ins Gespräch gehst und gezielt auf die Bedürfnisse deiner potenziellen Kunden eingehen kannst.

Warum ist SalesPrepAI so besonders?

SalesPrepAI nutzt LLM Agents, um blitzschnell relevante Informationen zu sammeln und diese in nützliche Verkaufsbriefings umzuwandeln. Statt Stunden damit zu verbringen, im Internet nach Informationen über dein Gegenüber zu suchen, lässt du SalesPrepAI die Arbeit machen. Innerhalb weniger Minuten erhältst du ein umfassendes Briefing, das nicht nur die notwendigen Fakten, sondern auch kontextualisierte Einblicke liefert, die direkt auf deine Geschäftsziele abgestimmt sind. Und das Beste daran? Es enthält nicht nur berufliche, sondern auch die kleinen, aber feinen persönlichen Infos deiner Kontakte. So hast du immer den perfekten Sales-Hook parat, ohne stundenlang im Internet herumstochern zu müssen.

Funktionen und Vorteile von SalesPrepAI

1. **Echtzeit-Datenrecherche:** SalesPrepAI führt auf Abruf Recherchen mit aktuellen Daten durch, sodass du immer die neuesten und relevantesten Informationen zur Hand hast.
2. **Kontextualisierte Einblicke:** Anders als herkömmliche Tools, die nur rohe Daten sammeln, setzt SalesPrepAI die Informationen in einen sinnvollen Kontext und stimmt sie auf deine Geschäftsziele ab.
3. **Priorisierung von Leads:** SalesPrepAI hilft dir, die wertvollsten Leads zu identifizieren und zu priorisieren, sodass du deine Ressourcen effizient einsetzen kannst.

4. **Audio-Briefings:** Wenn du keine Zeit hast, lange Dokumente zu lesen, bietet SalesPrepAI Audio-Briefings an, die du unterwegs anhören kannst – wie ein persönlicher Assistent, der dir die wichtigsten Informationen vorliest.

5. **Event- und Meeting-Vorbereitung:** Mit SalesPrepAI kannst du Teilnehmerlisten hochladen und die KI übernimmt die Recherche und Priorisierung, damit du optimal vorbereitet bist.

Fazit

SalesPrepAI ist mehr als nur ein Hilfsmittel – es ist ein echter Gamechanger im Vertrieb. Durch die Automatisierung zeitaufwendiger Recherchen und die Bereitstellung kontextualisierter Einblicke sorgt es dafür, dass Vertriebsprofis ihre Zeit effizienter nutzen können. Das bedeutet weniger Stress und mehr Zeit für das Wesentliche: den Aufbau und die Pflege wertvoller Kundenbeziehungen.

Ohne die Unterstützung von KI und KI Agents wäre ein Geschäftsmodell wie SalesPrepAI kaum denkbar. Die Fähigkeit, in Echtzeit auf eine riesige Menge an Daten zuzugreifen und diese zu verarbeiten, ist etwas, das weit über menschliche Kapazitäten hinausgeht. Die Effizienz und Geschwindigkeit, mit der SalesPrepAI arbeitet, ermöglicht es Vertriebsprofis, sich auf ihre Stärken zu konzentrieren und gleichzeitig Zugang zu den präzisesten und aktuellsten Informationen zu haben. Ohne KI würde die manuelle Recherche und Datenaufbereitung Stunden oder sogar Tage in Anspruch nehmen, was sowohl zeitaufwendig als auch fehleranfällig wäre. SalesPrepAI zeigt eindrucksvoll, wie KI nicht nur Prozesse optimiert, sondern auch völlig neue, innovative Geschäftsmodelle ermöglicht, die zuvor undenkbar waren.

 Kleiner Exkurs: AI Agents

Was ist ein AI Agent?
Ein AI Agent ist eine Software, die Aufgaben im Namen eines Nutzers autonom ausführen kann. Diese Agenten können Prozesse automatisieren, Entscheidungen treffen und intelligent mit ihrer Umgebung interagieren. AI Agents sind weit mehr als nur eine Sammlung von Algorithmen – sie sind ein ausgeklügeltes System, das die Fähigkeiten von Large Language Models (LLMs) auf ein neues Niveau hebt. Diese Agenten nutzen LLMs, um komplexe Problemstellungen zu durchdenken, detaillierte Lösungsstrategien zu entwickeln und diese Strategien mithilfe eines umfassenden Werkzeugkastens umzusetzen.

Wie unterscheiden sich AI Agents von traditioneller Software?

Stell dir vor, du hast einen digitalen Assistenten. Anstatt ihm detaillierte Anweisungen zu geben wie „Frage diese Person nach ihrer Verfügbarkeit an diesem Datum und schicke ihr dann eine Kalendereinladung", könntest du ihm ein Ziel geben: „Buche Zeit mit Bernd, wann immer ich im nächsten Monat gut frei bin." Der AI Agent versteht das Ziel und erstellt eine Liste von Schritten: Verfügbarkeit prüfen, Daniel's Kalender einsehen, passende Zeiten ermitteln und die Buchung durchführen. Er handelt also autonom und versteht das Ziel, anstatt nur einer festen Regel zu folgen.

AI Agents vs. Large Language Models (LLMs)

LLMs wie GPT haben wir ja bereits in den ersten Kapiteln unseres Buches kennengelernt. Diese beeindruckenden Sprachmodelle verstehen und generieren Texte basierend auf Daten, die bis zu einem bestimmten Zeitpunkt gesammelt wurden. Doch obwohl sie über ein beeindruckendes Wissen verfügen, bleiben sie eher passiv – sie interagieren nicht aktiv mit der Welt.

AI Agents hingegen sind die proaktiven Problemlöser in der Welt der Künstlichen Intelligenz. Diese intelligenten Systeme nutzen LLMs, um Sprache zu verstehen, und gehen dann einen entscheidenden Schritt weiter: Sie können planen, Werkzeuge einsetzen, Informationen speichern und tatsächliche Aktionen ausführen. Während LLMs lediglich auf vorhandenes Wissen zurückgreifen, sind AI Agents in der Lage, aktiv neue Informationen zu suchen und anzuwenden, um Aufgaben zu bewältigen.

Kurz gesagt: Während die LLMs gemütlich in ihrem Wissensfundus verweilen, machen sich die AI Agents auf den Weg, um proaktiv Herausforderungen zu meistern und Ziele zu erreichen. Sie sind die dynamischen Akteure, die das Potenzial der Künstlichen Intelligenz voll ausschöpfen und in die Praxis umsetzen.

Warum sind sie so besonders?

- **Intelligente Entscheidungen:** AI Agents sammeln und bewerten Informationen und ziehen daraus kluge Schlüsse. So können sie tiefgehende Analysen und umfassende Lösungen bieten.
- **Ständiges Lernen:** Sie speichern Informationen und lernen ständig dazu. Das macht sie besonders gut in der Ausführung komplexer Aufgaben.
- **Effizienz:** AI Agents nutzen spezialisierte Tools, um für jede Aufgabe die beste Lösung zu finden und diese effizient umzusetzen.

AI Agents unterscheiden sich grundlegend von traditionellen Softwarelösungen und LLMs. Sie sind in der Lage, selbstständig zu planen, zu handeln und zu lernen, was sie zu mächtigen Werkzeugen für die Automatisierung und Optimierung von Geschäftsprozessen macht.

Nachdem wir nun gemeinsam einen faszinierenden Blick auf die Innovationskraft der Künstlichen Intelligenz geworfen haben, stehen wir vor einem inspirierenden Ausblick. Die Reise, die wir in diesem Kapitel unternommen haben, zeigt deutlich: KI ist nicht nur ein Werkzeug zur Optimierung, sondern auch ein mächtiger Katalysator für völlig neue Geschäftsfelder.

Stell dir vor, dein Unternehmen wird zum mutigen Pionier, der dank KI neue Märkte erschließt und innovative Produkte auf den Weg bringt, die zuvor undenkbar waren. Die riesigen Datenmengen, die täglich generiert werden, verwandeln sich in wertvolle Erkenntnisse – ein wahrer Goldschatz für dein Geschäftsmodell. Dabei bist du nicht allein: Zahlreiche mittelständische Unternehmen haben bereits bewiesen, dass mit dem richtigen Einsatz von KI beachtliche Erfolge erzielt werden können.

Doch die Reise endet hier nicht. Vielmehr ist es jetzt an der Zeit, die gewonnenen Erkenntnisse in die Praxis umzusetzen und die Potenziale der KI voll auszuschöpfen. Packen wir es an und gestalten gemeinsam eine Zukunft, in der dein Unternehmen dank Künstlicher Intelligenz nicht nur effizienter, sondern auch innovativer und wettbewerbsfähiger wird.

Im nächsten Kapitel werden wir noch tiefer in die praktische Anwendung von KI eintauchen und uns mit konkreten Fallstudien und Beispielen beschäftigen. Dabei wirst du sehen, wie Unternehmen aus unterschiedlichen Branchen ihre Prozesse revolutionieren und sich erfolgreich im Markt positionieren. Sei bereit, aus diesen Geschichten zu lernen und die besten Ansätze für dein eigenes Unternehmen zu adaptieren.

Teil III

KI in Action – Von Fails und Erfolgsstories

Nachdem wir uns gründlich mit den theoretischen Grundlagen und strategischen Über-legungen auseinandergesetzt haben, ist es Zeit, die Theorie in die Praxis umzusetzen. In diesem Teil werfen wir einen Blick auf konkrete Fallstudien, die zeigen, wie Unterneh-men KI erfolgreich implementiert haben – und wo sie dabei auf die Nase gefallen sind. Schließlich lernt man aus Fehlern oft mehr als aus Erfolgen, oder?

Wir haben eine bunte Mischung aus Erfolgsgeschichten und lehrreichen Pannen zusam-mengestellt, um zu zeigen, was alles möglich ist und worauf man achten sollte. Denn unser Ziel ist es, wertvolle Erkenntnisse für die eigene Praxis zu gewinnen.

Beginnen wir mit einer grundlegenden Wahrheit: KI ist keine Wunderpille, zumindest noch nicht. Im Mittelstand, wo jeder Cent zählt und der Return on Investment (ROI) nicht nur eine Zahl, sondern eine Überlebensfrage ist, muss der Einsatz von KI wohlüber-legt und strategisch geplant sein. Oft scheitern KI-Initiativen, weil die Technologie als Allzwecklösung missverstanden wird – ein sehr teures Missverständnis.

Wie so oft im Leben resultieren viele Enttäuschungen aus falschen Erwartungen. Stell dir vor, du hast gestern mit ChatGPT blitzschnell beeindruckende Texte für deinen neuen Onlineshop erstellt und stehst heute vor dem ewigen Problemkind des Büroalltags: dem Drucker, der mal wieder streikt. Nach deinem gestrigen Erfolg denkst du vielleicht: „Wenn ChatGPT mir beim Schreiben so gut geholfen hat, warum sollte es dann nicht auch den Drucker reparieren können?" Also fragst du voller Hoffnung die KI, erwartest eine schnelle Lösung, aber die Realität holt dich ein (Abb. 9.1).

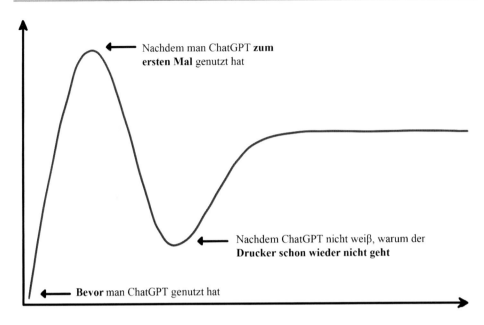

Nachdem man ChatGPT **zum
ersten Mal** genutzt hat

Nachdem ChatGPT nicht weiß, warum der
Drucker schon wieder nicht geht

Bevor man ChatGPT genutzt hat

Abb. 9.1 Erwartungshaltung gegenüber KI – von 0 auf 100 bzw. zurück zur Realität

Die KI, so genial sie beim Verfassen von Texten sein mag, hat keine Hände, um das Papierfach zu öffnen, keine Augen, um den versteckten Papierstau zu sehen, und keinen Zugang zu den spezifischen Fehlercodes deines Druckermodells. Das Ergebnis? Du stehst immer noch vor einem störrischen Drucker, während die Zeit davonläuft. Das zeigt die häufige Fehleinschätzung der Erwartungen: Nur weil KI in einem Bereich Wunder wirkt, heißt das nicht, dass sie überall Wunder vollbringen kann. Sie benötigt genauen Kontext, Zugriff auf spezifische Informationen und manchmal einfach eine menschliche Hand, die das Papier zurechtrückt. Es ist wichtig, dass du deine Erwartungen realistisch hältst und verstehst, dass KI, so mächtig sie auch sein mag, (noch) ihre Grenzen hat und nicht jedes Problem sofort gelöst werden kann.

Es gibt viele Bereiche, in denen KI einfach brilliert. Stell dir vor, sie kann bei der Bildklassifizierung, dem visuellen Denken und sogar im englischen Sprachverständnis Benchmarks erreichen, die besser sind als die von uns Menschen. Das zeigt, wie großartig KI sein kann, besonders wenn es um klar definierte und spezialisierte Aufgaben geht. Ein gutes Beispiel ist GPT-4, das in verschiedenen Sprachverarbeitungs- und Bildverstehensaufgaben wirklich beeindruckende Ergebnisse erzielt hat. Trotzdem sehen wir, dass KI bei komplexeren Aufgaben, wie etwa Mathematikwettbewerben oder beim Verständnis alltäglicher visueller Zusammenhänge, immer noch hinter den menschlichen Fähigkeiten zurückbleibt[1].

---

[1] https://aiindex.stanford.edu/report/

Das ist ein deutlicher Hinweis darauf, dass KI zwar in bestimmten, oft eng umrissenen Bereichen unglaublich gut sein kann, aber bei vielschichtigeren Aufgaben noch nicht ganz mithalten kann. Solche Aufgaben erfordern ein tieferes Verständnis und eine Art von kreativer Problemlösung, die über das hinausgeht, was aktuelle KI-Systeme leisten können. Ein Beispiel dafür ist Mathematik auf Wettbewerbsebene, wo selbst die fortschrittlichsten Modelle wie GPT-4 Schwierigkeiten haben, mit menschlichen Experten mitzuhalten. Das zeigt uns, dass trotz der beeindruckenden Fortschritte in vielen Bereichen die Entwicklung von wirklich vielseitigen und allgemein einsetzbaren KI-Systemen noch andauert.

Unterm Strich sollten wir also erkennen, dass KI in vielen spezialisierten Aufgaben unschlagbar sein mag, aber in komplexeren, kreativen und vielschichtigen Bereichen noch auf menschliche Unterstützung angewiesen ist. Diese Erkenntnis hilft uns, die Erwartungen an KI realistisch zu halten und sie dort einzusetzen, wo sie wirklich glänzen kann, während wir gleichzeitig wissen, dass sie noch nicht alles alleine schaffen kann. So können wir die Integration der KI in unser Leben und unsere Arbeit sinnvoll und ausgewogen gestalten.

In diesem Kapitel führen wir dich durch unterschiedliche Branchen, in denen KI nicht nur als Buzzword herumgeworfen, sondern als echtes Werkzeug eingesetzt wurde. Wir besuchen Unternehmen, die KI genutzt haben, um ihre Prozesse zu optimieren, Kundenerfahrungen zu verbessern und neue Geschäftsfelder zu erschließen.

Doch wir verschweigen nicht die andere Seite der Medaille: Projekte, die mehr Hoffnung als Nutzen brachten. In diesen Fallstudien analysieren wir, was schiefgelaufen ist. War es die fehlende Datenqualität, die überambitionierte Zielsetzung, oder vielleicht die mangelnde Integration in bestehende Systeme? Diese Geschichten sind keine Niederlagen, sondern wertvolle Lektionen, die uns zeigen, wie wichtig es ist, die Erwartungen realistisch zu halten und KI dort einzusetzen, wo sie tatsächlich Mehrwert schaffen kann.

Byte-sized Bakery – Optimierung der Lebensmittelproduktion durch KI

9

Willkommen in einer kleinen, aber geschäftigen Bäckerei, wo die tägliche Herausforderung darin besteht, die richtige Menge an frischen Backwaren zu produzieren. Jeder Bäcker stellt sich die Frage: „Wie viel soll ich heute backen?" Zu viel führt zu Verschwendung, zu wenig bedeutet entgangener Umsatz. Durchschnittswerte scheinen eine einfache Lösung zu sein, doch sie greifen oft zu kurz.

Nehmen wir an, wir erwarten den gleichen Absatz an einem Dienstag wie an einem Samstag. Das klingt bereits unrealistisch, denn Wochenenden steigern den Verkauf deutlich. Ein Blick auf die Verkaufszahlen der letzten drei Jahre, aufgeschlüsselt nach Wochentagen, zeigt klare Unterschiede. Doch selbst diese Erkenntnis reicht oft nicht aus.

Betrachten wir einen Dienstag, der auf den Vorabend eines Feiertags fällt, oder einen Samstag vor Ostern. Diese Tage weisen spezifische Verkaufsmuster auf, die stark von den Durchschnittswerten abweichen. Hinzu kommen Faktoren wie Wetter, lokale Veranstaltungen, Baustellen oder Verkehrsumleitungen, die die Prognose weiter verkomplizieren.

Wie bringt man diese ganze Datenflut unter einen Hut? Die Antwort liegt in der Künstlichen Intelligenz, die mit einer Prise Big Data und einer großen Portion cleverer Algorithmen daherkommt. Diese KI analysiert nicht nur die Verkaufszahlen der Vergangenheit, sondern berücksichtigt auch über 400 weitere Faktoren, wie Wetterbedingungen, lokale Veranstaltungen etc. die den Absatz beeinflussen könnten. Plötzlich wird die komplexe Planung der täglichen Backproduktion zu einer überschaubaren und spannenden Aufgabe. Ein sonniger Samstag könnte mehr Leute dazu bringen, ein Picknick zu planen und somit mehr Brötchen zu kaufen. An einem kühlen, regnerischen Tag steigt vielleicht die Nachfrage nach warmen, tröstenden Süßwaren – der perfekte Tag für eine heiße

D. Renner et al., *KI im Mittelstand: Chancen, Optimierungen und Neugeschäft*, https://doi.org/10.1007/978-3-658-46077-8_9

Schokolade und ein frisches Croissant. KI hilft, diese Nuancen zu erkennen und die Produktion entsprechend zu optimieren, sodass jede Bäckerei ihre Effizienz maximieren und gleichzeitig die Verschwendung minimieren kann.

Doch die Herausforderung endet nicht bei der Vorhersage. Die wahre Kunst liegt in der Anpassungsfähigkeit. Eine KI muss flexibel genug sein, um von Fehlern zu lernen und sich schnell an verändernde Bedingungen anzupassen. Sie muss erkennen, wenn ein Trend sich abzeichnet oder ein einmaliges Ereignis die Daten verzerrt. So mächtig wie ein guter Sauerteig ist auch die Künstliche Intelligenz wenns darum geht mit ungenauen und unvollständigen Daten zu arbeiten, du erinnerst dich vielleicht an das vorhergehende Kapitel wo es darum ging, dass KI ein probabilistisches Modell verwendet, welches auf Wahrscheinlichkeiten basiert und daher auch unvollständige oder ungenaue Daten sehr gut verarbeiten kann.

Abschließend ist es wichtig zu erkennen, dass KI kein Ersatz, sondern eine Ergänzung ist. Sie kann helfen, Verschwendung zu reduzieren und Umsätze zu steigern, aber sie ersetzt nicht die Leidenschaft und das Fachwissen eines echten Bäckers. In unserem Bäckerei-Beispiel ist die KI das Werkzeug, das hilft, die Kunst der Backwarenherstellung und -verkaufs zu perfektionieren. Sie ist der unsichtbare Helfer, der im Hintergrund Daten analysiert, während der Bäcker das tut, was er am besten kann – köstliche Backwaren kreieren.

Ein praktisches Fallbeispiel

Betrachten wir ein mittelständisches Bäckereiunternehmen mit 14 Filialen und einem jährlichen Umsatz von 4 Mio. €. Die durchschnittliche Marge in dieser Branche liegt bei etwa 22 %. Allerdings enden zwischen 6 und 17 %[1] der produzierten Backwaren im Abfall, was nicht nur negative Umweltfolgen hat, sondern auch wirtschaftlich nachteilig ist. Hier bietet Künstliche Intelligenz (KI) eine innovative Lösung. Durch die Analyse von Absatzmustern und präzise Prognosen kann KI dabei helfen, die Produktion optimal zu steuern. So wird genau die Menge gebacken, die tatsächlich benötigt wird – nicht zu viel und auch nicht zu wenig.

Nehmen wir an, durch den Einsatz eines KI-Systems wird der Umsatz um 3 % gesteigert, da besser vorhergesagt wird, welche Backwaren zu welchem Zeitpunkt nachgefragt werden. Gleichzeitig sinken die Produktionskosten um 8 %, da die Überproduktion minimiert wird. Konkret bedeutet dies, dass der Umsatz auf 4.120.000 € steigt und die Kosten um 257.088 € reduziert werden.

Das Ergebnis ist eine Steigerung des EBIT um 272.192 €, was einer beeindruckenden Erhöhung von knapp 32 % im Vergleich zum Jahr ohne den Einsatz von KI entspricht.

---

[1] Studie der FH-Münster 2012 – Institut für nachhaltige Ernährung und Ernährungswirtschaft, „Reduktion der Lebensmittelabfälle bei Brot und Backwaren"

Auswirkungen Des KI-System Auf Umsatz, Kosten, Und EBIT

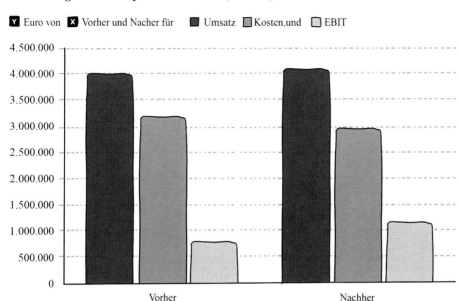

Abb. 10.1 Exemplar Darstellung möglicher finanzieller Vorteile mit KI-Lösungen

Dieses Beispiel zeigt deutlich, wie der strategische Einsatz von Künstlicher Intelligenz zu einer signifikanten Verbesserung der Effizienz und Rentabilität in der Bäckereibranche führen kann. Durch die Integration moderner Technologien können Unternehmen nicht nur ihre wirtschaftliche Leistung optimieren, sondern auch einen nachhaltigen Beitrag zum Umweltschutz leisten (Abb. 10.1).

Die zentrale Frage lautet nun: Was kostet die Implementierung von Künstlicher Intelligenz in unserer Bäckerei? Die Entscheidung, ob eine maßgeschneiderte KI-Lösung entwickelt werden soll oder ob auf bestehende, marktverfügbare Lösungen zurückgegriffen wird, ist oft komplexer als das Rezept für das perfekte Schwarzbrot. Zahlreiche Publikationen widmen sich den Herausforderungen und Strategien der „Make or Buy"-Entscheidung. Doch wir fokussieren uns hier auf eine pragmatische, praxisnahe Herangehensweise.

Der erste Schritt bei dieser Entscheidung ist die genaue Analyse der spezifischen Bedürfnisse und Möglichkeiten des Unternehmens. Eine maßgeschneiderte KI-Lösung bietet den Vorteil, präzise auf die individuellen Anforderungen abgestimmt zu sein. Dies erfordert jedoch erhebliche Investitionen in Entwicklung, Fachpersonal und Infrastruktur. Obwohl zeit- und kostenintensiv, resultiert dies in einer Lösung, die optimal auf die eigenen Prozesse und Ziele zugeschnitten ist.

Alternativ gibt es zahlreiche bewährte KI-Lösungen auf dem Markt, die sich nahtlos in bestehende Systeme integrieren lassen. Diese sind oft kostengünstiger und schneller implementierbar, da die Entwicklungskosten auf viele Nutzer verteilt werden. Während diese Standardlösungen möglicherweise nicht die gleiche Individualität bieten wie eine maßgeschneiderte Lösung, können sie dennoch erhebliche Effizienzsteigerungen ermöglichen.

Die Entscheidung zwischen einer eigenen Entwicklung und dem Kauf einer fertigen Lösung erfordert eine sorgfältige Abwägung mehrerer Faktoren:

- **Skalierbarkeit:** Kann die gekaufte Lösung mit dem Wachstum und den sich ändernden Bedürfnissen des Unternehmens Schritt halten?
- **Kosten:** Welche langfristigen Kosten und Nutzen sind mit beiden Optionen verbunden?
- **Komplexität:** Wie komplex sind die Anforderungen und wie gut können sie von Standardlösungen abgedeckt werden?
- **Zeit:** Wie schnell wird die Lösung benötigt und wie lange würde die Entwicklung einer maßgeschneiderten Lösung dauern?

💡 Kleiner Exkurs: Make or Buy

Im digitalen Zeitalter stehen Unternehmen häufig vor der strategischen Entscheidung zwischen der Entwicklung eigener Softwarelösungen ("Make") und dem Kauf bestehender Softwareprodukte („Buy"), insbesondere im Bereich der Künstlichen Intelligenz (KI)

Die „Make"-Option umfasst die Entwicklung maßgeschneiderter Softwarelösungen. Hierbei ist es nicht notwendig, selbst zum Programmierer zu werden. Durch die Zusammenarbeit mit innovativen Unternehmen, die auf KI spezialisiert sind, können maßgeschneiderte Lösungen entwickelt werden, die exakt auf die spezifischen Bedürfnisse und Ziele des Unternehmens abgestimmt sind. Diese Kooperation ermöglicht eine vollständige Kontrolle über die Funktionalitäten der Software und stellt sicher, dass die Lösung genau den Anforderungen entspricht

Die „Buy"-Option hingegen bezieht sich auf den Erwerb bereits am Markt vorhandener Softwarelösungen. Diese Option scheint auf den ersten Blick einfach und bequem, doch im Bereich der KI kann es herausfordernd sein, eine Lösung zu finden, die perfekt passt und zugleich kosteneffizient ist. Hierbei stellen sich Fragen wie: Welche Lösungen sind verfügbar? Wie viele Nutzerlizenzen werden benötigt? Passt die Software exakt zur eigenen Nische? Kann die Implementierung intern durchgeführt werden, oder sind teure externe Berater erforderlich? Diese und weitere Faktoren spielen eine entscheidende Rolle bei der Entscheidung

Obwohl beide Ansätze ihre jeweiligen Vorteile bieten, tendiert die Präferenz oft zur „Make"-Option, besonders bei KI-Anwendungen. Individuelle Anpassungsmöglichkeiten, Wettbewerbsvorteile und die Zusammenarbeit mit einem spezialisierten Expertenteam machen die Eigenentwicklung zu einer attraktiven Wahl. Dies lässt sich mit dem Vergleich zwischen einem maßgeschneiderten Anzug und einem von der Stange beschreiben: Beide können gut passen, doch der maßgeschneiderte Anzug ist zweifellos dazu gemacht, zu beeindrucken (Abb. 10.2)

Alles eine Frage der Strategie

Oft hilft auch eine strategische Matrix zur Bewertung der Implementierung von Künstlicher Intelligenz (KI) in einem Unternehmen. Die beiden Achsen der Matrix repräsentieren zwei wesentliche Faktoren: Das strategische Wertpotenzial gegenüber dem Wettbewerb (vertikale Achse) und den unfairen Vorteil bei der Entwicklung und Implementierung von KI (horizontale Achse). Diese Faktoren helfen dabei, die Prioritäten für KI-Initiativen zu setzen und entsprechende Maßnahmen zu planen.

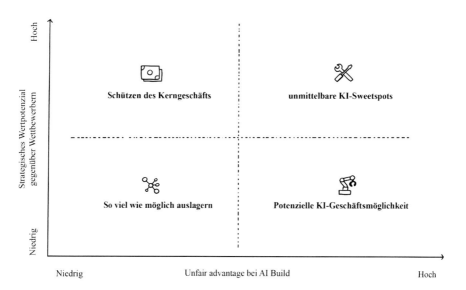

Abb. 10.2 Wettbewerbsvorteile mit KI-Lösungen

1. Schützen des Kerngeschäfts (oben links)

In diesem Quadranten geht es darum, das Kerngeschäft durch KI zu stärken. Für unsere Bäckerei könnte dies bedeuten, KI-gestützte Systeme einzusetzen, um die Bestandsverwaltung und die Qualitätssicherung zu verbessern. Durch präzise Prognosen und Optimierung der Bestellprozesse kann sichergestellt werden, dass immer ausreichend Rohstoffe vorhanden sind und die Qualität der Backwaren konstant hoch bleibt. Dies erhöht die Kundenzufriedenheit und schützt das Kerngeschäft vor den Schwankungen im Markt.

2. Unmittelbare KI-Sweetspots (oben rechts)

Dieser Bereich umfasst KI-Projekte, die sowohl ein hohes strategisches Wertpotenzial als auch einen bedeutenden Wettbewerbsvorteil bieten. Für unsere Bäckerei könnte dies die Implementierung eines KI-Systems zur personalisierten Kundenansprache und zur Optimierung der Verkaufsstrategien sein. Beispielsweise könnte die KI durch Analyse der Verkaufsdaten individuelle Angebote und Empfehlungen für Kunden erstellen, was die Verkaufszahlen steigert und die Kundenbindung verbessert.

3. So viel wie möglich auslagern (unten links)

Hier geht es um Bereiche mit geringem strategischen Wertpotenzial und geringem Wettbewerbsvorteil. Für die Bäckerei wäre es sinnvoll, solche Aufgaben auszulagern, um Ressourcen zu schonen. Beispielsweise könnten administrative Aufgaben wie Buchhaltung oder allgemeine IT-Dienste an externe Dienstleister vergeben werden. Dies ermöglicht es der Bäckerei, sich auf ihre Kernkompetenzen zu konzentrieren und gleichzeitig Kosteneffizienz zu erreichen.

4. Potenzielle KI-Geschäftsmöglichkeiten (unten rechts)

Dieser Quadrant ist besonders interessant für zukünftige Wachstumsmöglichkeiten. Hier werden KI-Initiativen bewertet, die ein hohes Potenzial für zukünftige Geschäftsfelder bieten. Für die Bäckerei könnte dies die Erforschung neuer Geschäftsfelder durch KI-gestützte Marktanalysen und die Entwicklung innovativer Produkte oder Dienstleistungen umfassen. Beispielsweise könnte eine KI-Analyse neue Trends im Gesundheits- und Ernährungssektor aufdecken, die es der Bäckerei ermöglichen, spezielle gesundheitsfördernde Produkte zu entwickeln und auf den Markt zu bringen.

Die strategische Bewertung von KI-Implementierungen anhand dieser Matrix hilft unserer Bäckerei, fundierte Entscheidungen zu treffen und die verfügbaren Ressourcen effektiv einzusetzen. Durch die Priorisierung von Projekten mit hohem strategischen Wert und Wettbewerbsvorteil kann die Bäckerei ihre Effizienz steigern, Kosten senken und sich nachhaltig im Markt positionieren. Gleichzeitig eröffnen potenzielle KI-Geschäftsmöglichkeiten neue Wachstumspfade, die langfristig den Unternehmenserfolg sichern.

Nachdem wir nun die strategische Bedeutung und die verschiedenen Einsatzmöglichkeiten von KI in unserer Bäckerei anhand der Grafik durchleuchtet haben, stellt sich die Frage, wie wir diese Erkenntnisse praktisch umsetzen können. Dabei sind sowohl der Schutz des Kerngeschäfts als auch das Erschließen neuer Geschäftsmöglichkeiten von zentraler Bedeutung. Aber wie sieht es mit der konkreten Umsetzung aus?

Sieht das Warenwirtschaftssystem deiner Bäckerei KI ungefähr so oft wie du ein Einhorn beim Brötchenholen. Kein Problem, denn für dieses Fallbeispiel entscheiden wir uns für eine maßgeschneiderte Lösung (Make), die perfekt auf dein Unternehmen zugeschnitten ist. Hierbei holst du dir eine spezialisierte Softwarefirma ins Boot, die sich auf KI-Lösungen fokussiert hat. Diese Experten sind wie die Konditormeister der Programmierung – sie wissen, wie man komplexe Projekte erfolgreich umsetzt.

Gemeinsam taucht ihr in die Welt der Consulting-Workshops ein, in denen es weniger um Mehl und Hefe, sondern vielmehr um Daten und Entscheidungsfaktoren geht. Ihr analysiert, welche Produkte am besten laufen und warum beispielsweise sonntags immer die Dinkel-brötchen ausverkauft sind. Anschließend entwickeln die Experten eine maßgeschneiderte KI-Applikation, die sich nahtlos in dein bestehendes System integriert.

Die Kosten und der Return on Investment

Nun zur Preisfrage: Wie tief musst du in die Mehltüte greifen? Die Investitionskos-ten für eine maßgeschneiderte KI-Lösung liegen erfahrungsgemäß zwischen 300.000 und 500.000 €. Für unser Beispiel nehmen wir einen Mittelwert von 400.000 € an. Diese Summe mag zunächst hoch erscheinen, doch vergleichbar mit einer strategischen Investition in hochwertiges Equipment oder eine neue Filiale.

Dank der verbesserten Effizienz und der Reduzierung von Abfall amortisiert sich diese Investition in etwa 1,5 Jahren, basierend auf einer EBIT-Steigerung von nahezu 32 %. Langfristig betrachtet, stellt sich die Investition in KI als äußerst rentabel heraus, da sie nicht nur die aktuellen Prozesse optimiert, sondern auch das Fundament für zukünftiges Wachstum legt.

Die Entscheidung für den Einsatz von KI in deiner Bäckerei ist somit nicht nur eine finanzielle Überlegung, sondern auch eine strategische Weichenstellung für die Zukunft. Mit modernen, datengetriebenen Prozessen kannst du nicht nur wettbewerbsfähig bleiben, sondern auch neue Maßstäbe in Sachen Effizienz und Kundenzufriedenheit setzen.

Insgesamt zeigt dieses Fallbeispiel, dass die Implementierung von Künstlicher Intelli-genz eine lohnende Investition ist – nicht nur finanziell, sondern auch in Bezug auf die nachhaltige Entwicklung und den langfristigen Erfolg deines Unternehmens.

KI in Marketing & Sales: Wenn KI den perfekten Flirt fürs Business kennt

10

Angenommen, du bist auf einer Party und versuchst, neue Leute kennenzulernen. Du scannst den Raum, wählst eine Person aus und überlegst, wie du das Gespräch am besten startest. Im Geschäftsleben funktioniert Marketing und Sales ähnlich: Es geht darum, potenzielle Kunden zu identifizieren, ihre Bedürfnisse zu verstehen und die richtige Ansprache zu wählen. Hier kommt die KI ins Spiel – der perfekte Flirtcoach für dein Business.

In der heutigen digitalen Welt erwarten Kunden maßgeschneiderte Erlebnisse. Massenwerbung hat ausgedient, und Unternehmen müssen ihre Botschaften personalisieren, um im Wettbewerb hervorzustechen. KI kann hier Wunder wirken, indem sie Kundendaten analysiert und daraus personalisierte Marketingstrategien entwickelt. Ein führender E-Commerce-Anbieter nutzte KI, um das Einkaufserlebnis seiner Kunden zu verbessern. Durch die Analyse von Einkaufsverhalten, Browsing-Historie und demografischen Daten konnte die KI personalisierte Produktempfehlungen aussprechen. Das Ergebnis? Eine 25 %ige Steigerung[1] der Konversionsrate und eine signifikante Erhöhung des durchschnittlichen Bestellwerts. Die Kunden fühlten sich verstanden und wertgeschätzt, was die Kundenbindung stärkte.

Die richtige Zielgruppe zu finden, ist das A und O im Marketing. Mit herkömmlichen Methoden kann dies zeitaufwendig und ineffizient sein. KI kann hier präzise Zielgruppen identifizieren, indem sie große Datenmengen analysiert und Muster erkennt, die auf potenziell interessante Kunden hinweisen. Ein großer Automobilhersteller setzte KI ein, um potenzielle Käufer für ein neues Elektrofahrzeugmodell zu identifizieren.

---

[1] https://www.mckinsey.com/capabilities/growth-marketing-and-sales/our-insights/the-value-of-getting-personalization-right-or-wrong-is-multiplying

D. Renner et al., *KI im Mittelstand: Chancen, Optimierungen und Neugeschäft*,
https://doi.org/10.1007/978-3-658-46077-8_10

Die KI analysierte Daten aus sozialen Medien, Online-Suchanfragen und demografi-
schen Informationen, um ein detailliertes Profil der potenziellen Kunden zu erstellen.
Diese präzise Zielgruppenansprache führte zu einer 30 % höheren Response-Rate[2] auf
Marketingkampagnen und einer deutlichen Erhöhung der Verkaufszahlen.

KI kann viele repetitive Aufgaben im Marketing und Vertrieb automatisieren, wodurch
sich die Mitarbeiter auf strategischere Aufgaben konzentrieren können. Von der automatisierten Lead-Generierung bis zur personalisierten Kundenansprache – KI steigert
die Effizienz und Effektivität der Marketing- und Vertriebsabteilungen. Ein mittelständisches Softwareunternehmen nutzte KI, um den Verkaufsprozess zu automatisieren.
Die KI-gestützten Chatbots interagieren mit potenziellen Kunden, beantworten häufig
gestellte Fragen und qualifizierten Leads, bevor sie an die Vertriebsmitarbeiter weitergeleitet werden. Diese Automatisierung führte zu einer nachweislichen 30 %igen
Reduzierung der Arbeitsbelastung des Vertriebsteams eines Unternehmens und einer
schnelleren Lead-Bearbeitung, was die Abschlussquote um 20 %[3] erhöhte.

Durch die Analyse von Kundenfeedback und sozialen Medien kann KI wertvolle Einblicke in die Stimmung und Bedürfnisse der Kunden liefern. Diese Erkenntnisse helfen
Unternehmen, ihre Produkte und Dienstleistungen besser an die Erwartungen ihrer Kunden anzupassen. Ein großes Modeunternehmen setzte KI ein, um die Kundenstimmung in
sozialen Medien zu analysieren. Durch die Auswertung von Kommentaren, Bewertungen
und Posts konnte die KI Trends und Meinungen in Echtzeit erkennen. Dies ermöglichte es
dem Unternehmen, schnell auf Veränderungen in den Kundenvorlieben zu reagieren und
die Produktpalette entsprechend anzupassen. Die Folge war eine 15 %ige Steigerung[4] der
Kundenzufriedenheit und eine erhöhte Markenloyalität.

KI ermöglicht es auch Unternehmen, in Echtzeit auf Kundeninteraktionen zu reagieren.
Ob es um personalisierte Angebote oder maßgeschneiderte Inhalte geht – die Fähigkeit, sofort auf Kundenverhalten zu reagieren, kann den Unterschied zwischen einem
verlorenen und einem gewonnenen Kunden ausmachen. Ein führender Streaming-Dienst
nutzte KI, um seinen Nutzern in Echtzeit personalisierte Empfehlungen auszusprechen.
Durch die Analyse des aktuellen Nutzerverhaltens und der Vorlieben konnte die KI
passende Filme und Serien vorschlagen. Dies führte zu einer 35 %igen Erhöhung[5] der
Wiedergabezeit und einer stärkeren Kundenbindung.

Um einen umfassenden Überblick zu erhalten, beleuchten wir nun sowohl die positiven
als auch die negativen Effekte des KI-Einsatzes im Marketing. Während KI enorme Potenziale bietet, um Marketingstrategien zu optimieren, die Kundenbindung zu stärken und die
Effizienz zu steigern, gibt es auch Risiken und Herausforderungen, die nicht übersehen
werden dürfen. Um diese Vorteile voll auszuschöpfen, können Unternehmen regelmäßig

---

[2] https://landingi.com/blog/conversion-rate-optimization-with-ai/

[3] https://www.dynamicyield.com/case-studies/

[4] https://www.mckinsey.com/capabilities/growth-marketing-and-sales/our-insights/the-value-of-get
ting-personalization-right-or-wrong-is-multiplying

[5] https://www.dynamicyield.com/case-studies/

auf eine Vielzahl von KI-Tools zurückgreifen, wie beispielsweise Image Generation mit Midjourney, Canva und Dalle3 sowie Writing mit Neuroflash, Quillbot und Jasper, um kontinuierlich hochwertige und personalisierte Marketinginhalte zu erstellen.

Positive Effekte des KI-Einsatzes im Marketing

1. ClickUp: Steigerung des Blog-Traffics durch NLP

ClickUp nutzte Natural Language Processing (NLP) AI-Tools zur Optimierung ihrer Blog-Inhalte. Durch die Analyse und Anpassung der Inhalte konnte der organische Traffic um beeindruckende 85 % gesteigert werden. Dies zeigt, wie effektiv KI sein kann, um das Engagement und die Reichweite von digitalen Inhalten zu erhöhen.

2. Starbucks: Personalisierte Marketingbotschaften durch prädiktive Analytik

Starbucks setzte prädiktive Analytik ein, um personalisierte Marketingbotschaften zu erstellen. Die Analyse der Kundenkaufhistorie und -präferenzen ermöglichte es, zukünftige Wünsche der Kunden vorherzusagen und gezielt anzusprechen. Dies führte zu einer höheren Kundenbindung und einem besseren Kundenerlebnis.

3. SalesPrepAI: Automatisierte Lead-Briefings

SalesPrepAI automatisierte den Prozess der Lead-Qualifizierung, indem sie für jeden Lead personalisierte Briefings erstellte, inklusive maßgeschneiderter Sales Hooks. Dies erleichterte den Vertriebsmitarbeitern die Arbeit und erhöhte die Effizienz und Effektivität der Vertriebsaktivitäten.

Negative Effekte des KI-Einsatzes im Marketing

1. Deepfake-Betrug mit YouTuber Mr. Beast & Britischem Politiker

Ein raffiniert erstellter Deepfake, der behauptete, der YouTuber Mr. Beast verkaufe iPhone 15 s für nur 2 Dollar, umging die Inhaltsmoderation von TikTok und erreichte Tausende von Nutzern. Dieses Beispiel zeigt, wie Deepfakes die Glaubwürdigkeit und Authentizität von Werbung untergraben können. Ein weiterer Deepfake-Clip zeigte den Labour-Parteivorsitzenden Sir Keir Starmer beim verbalen Missbrauch von Mitarbeitern, was die Gefahr von Falschinformationen und Rufschädigung verdeutlicht.

2. Microsofts AI-gesteuerte Umfrage in einem Artikel

Microsoft Start, ein Nachrichtenaggregator, fügte einem Artikel des Guardian über den Tod einer jungen Wasserballtrainerin eine unangemessene Umfrage hinzu, bei der die Leser über die Todesursache abstimmen sollten (Mord, Unfall oder Selbstmord). Dieser Vorfall schadete dem journalistischen Ruf des Guardian und zeigt die Gefahr der unangemessenen automatisierten Inhaltsbereitstellung durch KI. Diese sogenannte „Halluzination" von KI-Systemen, bei der Inhalte erfunden oder falsch interpretiert werden, kann schwerwiegende Konsequenzen haben.

3. Twitter: Werbung vor oder nach problematischen Inhalten

Auf Twitter wurde Werbung von Sponsoren vor oder nach rechtsextremen Inhalten angezeigt. Dies führte dazu, dass viele Sponsoren ihre Werbeanzeigen zurückzogen, was dem Unternehmen finanziell schadete und das Vertrauen der Werbekunden untergrub. Dieses Beispiel zeigt, wie wichtig es ist, dass KI-gesteuerte Werbeplatzierungen sorgfältig überwacht und kontrolliert werden müssen, um ungewollte Assoziationen zu vermeiden.

Fazit: Der perfekte KI-Flirt fürs Business

KI hat das Potenzial, das Marketing und den Vertrieb grundlegend zu verändern. Von der Personalisierung und präzisen Zielgruppenansprache über die Automatisierung von Prozessen bis hin zur Sentiment-Analyse und Real-Time Marketing – die Einsatzmöglichkeiten sind vielfältig und vielversprechend. Unternehmen, die KI erfolgreich in ihre Marketing- und Vertriebsstrategien integrieren, können nicht nur ihre Effizienz steigern, sondern auch ihre Kunden besser verstehen und bedienen. Mit KI als deinem perfekten Flirtcoach wird dein Business nicht nur erfolgreicher, sondern auch smarter. Lass die Daten sprechen und entdecke, wie KI die Beziehung zu deinen Kunden auf das nächste Level heben kann. Aber sei dir auch der potenziellen Fallstricke bewusst: Ethik, Transparenz und eine sorgfältige Überwachung sind entscheidend, um negative Auswirkungen zu vermeiden.

Produktion auf Steroiden: KI zeigt Muskeln in der Fertigung

11

In der Fertigungswelt, wo Maschinen und Roboter das Rückgrat der Produktion bilden, wird schon seit langem auf Automatisierung gesetzt. In diesem Abschnitt betrachten wir, wie Künstliche Intelligenz (KI) Produktionsprozesse revolutioniert und Unternehmen hilft, effizienter und effektiver zu arbeiten. Bereit für eine detaillierte Analyse, wie KI die Fertigung optimiert?

Die Implementierung von KI in der Fertigung wird immer beliebter und bietet zahlreiche Vorteile. Einer der signifikantesten ist die Effizienzsteigerung durch Predictive Maintenance. Unerwartete Maschinenstillstände sind in der Fertigung ein häufiges Problem, das zu erheblichen Produktionsausfällen führen kann. Hier kommt Predictive Maintenance ins Spiel. Durch den Einsatz von KI und Sensoren können Maschinen kontinuierlich überwacht und potenzielle Ausfälle vorhergesagt werden, bevor sie passieren. Laut einer Studie von McKinsey & Company können solche Systeme Maschinenstillstände um bis zu 50 % reduzieren und die Wartungskosten um 10 bis 40 %[1] senken.

Ein weiterer bedeutender Bereich, in dem KI die Fertigung revolutioniert hat, ist die Qualitätskontrolle mit Computer Vision. Die Qualitätskontrolle ist entscheidend in der Fertigung, um sicherzustellen, dass Produkte den höchsten Standards entsprechen. KI, insbesondere Computer Vision, kann eingesetzt werden, um Fehler in Produkten schneller und genauer als das menschliche Auge zu erkennen. Ein Elektronikhersteller nutzte KI-gestützte Computer Vision, um die Qualität seiner Produkte zu überwachen. Hochauflösende Kameras erfassten Bilder der Produkte, die von der KI analysiert wurden, um

---

[1] https://digitaldefynd.com/IQ/ai-marketing-campaigns/

D. Renner et al., *KI im Mittelstand: Chancen, Optimierungen und Neugeschäft*,
https://doi.org/10.1007/978-3-658-46077-8_11

Mängel wie Kratzer oder Fehlteile zu erkennen. Dies führte zu einer 20 %igen Reduktion von Ausschuss und einer Verbesserung der Produktqualität um 15 %[2].

Auch die Optimierung der Lieferkette ist ein wesentlicher Aspekt der modernen Fertigung. Die Lieferkette ist das Herzstück jedes Fertigungsprozesses. Durch den Einsatz von KI können Unternehmen ihre Lieferketten optimieren, indem sie Nachfrageprognosen verbessern, Lagerbestände verwalten und Lieferzeiten verkürzen. Ein führendes Konsumgüterunternehmen implementierte eine KI-Lösung zur Optimierung seiner Lieferkette. Die KI analysierte historische Verkaufsdaten, saisonale Trends und externe Faktoren wie Wetter und Wirtschaftsdaten, um genaue Nachfrageprognosen zu erstellen. Dadurch konnten die Lagerbestände um 25 % reduziert und die Lieferzeiten um 20 % verkürzt werden[3].

In der Robotik und Automatisierung spielen Roboter bereits seit einiger Zeit eine zentrale Rolle in der modernen Fertigung. Mit KI-gesteuerten Robotern können Unternehmen komplexe Aufgaben automatisieren und die Produktion rund um die Uhr aufrechterhalten. Ein Lebensmittelhersteller setzte KI-gesteuerte Roboter ein, um Verpackungsprozesse zu automatisieren. Die Roboter konnten verschiedene Produkte identifizieren, sortieren und verpacken, wodurch die Produktionsgeschwindigkeit um 35 % gesteigert und die Arbeitskosten um 25 % gesenkt wurden[4].

Trotz dieser beeindruckenden Fortschritte bleibt der menschliche Faktor unerlässlich. Die Zusammenarbeit zwischen Mensch und Maschine kann durch den Einsatz von KI optimiert werden, indem sie Arbeitsabläufe unterstützt und menschliche Entscheidungen verbessert. In der Luftfahrtindustrie nutzte ein Unternehmen KI, um die Zusammenarbeit zwischen menschlichen Arbeitern und Robotern zu verbessern. Die KI half bei der Planung und Zuweisung von Aufgaben, basierend auf den Fähigkeiten der Arbeiter und den Anforderungen der Maschinen. Dies führte zu einer 15 %igen Produktivitätssteigerung und einer besseren Arbeitsmoral der Mitarbeiter[5].

Fallstudien: Erfolg und Misserfolg

Hier haben wir für dich noch reale und weitere Erfolgs- und Misserfolgsbeispiele ausgearbeitet, um dir einen besseren Überblick in der „echten Welt" zu geben:

---

[2] https://www.mckinsey.com/capabilities/growth-marketing-and-sales/our-insights/the-value-of-getting-personalization-right-or-wrong-is-multiplying

[3] https://www.mckinsey.com/capabilities/growth-marketing-and-sales/our-insights/the-value-of-getting-personalization-right-or-wrong-is-multiplying

[4] https://www.dynamicyield.com/case-studies/

[5] https://www.mckinsey.com/capabilities/growth-marketing-and-sales/our-insights/the-value-of-getting-personalization-right-or-wrong-is-multiplying

Erfolgsbeispiel 1: General Electri

General Electric (GE) ist ein Vorreiter in der Anwendung von KI in der Fertigung. GE nutzt KI zur Predictive Maintenance in seinen Fabriken und hat damit beeindruckende Ergebnisse erzielt. Durch die kontinuierliche Überwachung und Analyse der Maschinendaten konnte GE die Ausfallzeiten erheblich reduzieren und die Effizienz steigern. Ein konkretes Beispiel zeigt, dass die Wartungskosten um 25 % gesenkt und die Betriebszeit der Maschinen um 20 %[6] erhöht werden konnten.

Erfolgsbeispiel 2: Siemens

Siemens setzt KI in der Qualitätskontrolle ein. In einer ihrer Fabriken werden Produkte mithilfe von Computer Vision überprüft. Hochauflösende Kameras und KI-Algorithmen erkennen selbst kleinste Fehler, die dem menschlichen Auge entgehen könnten. Dies hat zu einer erheblichen Reduktion von Ausschuss und einer Verbesserung der Produktqualität geführt. Die KI-gestützte Qualitätskontrolle hat die Fehlerquote um 30 %[7] reduziert und die Effizienz der Produktionslinien gesteigert.

Misserfolgsbeispiel 1: Foxconn

Foxconn, ein führender Hersteller elektronischer Komponenten, versuchte, seine Produktionsprozesse durch den massiven Einsatz von KI und Robotik zu optimieren. Ziel war es, menschliche Arbeiter weitgehend durch Roboter zu ersetzen. Dieses Vorhaben stieß jedoch auf erhebliche Probleme. Die Roboter konnten die hohe Flexibilität und das adaptive Verhalten menschlicher Arbeiter nicht nachahmen. Es kam zu Produktionsverzögerungen und Qualitätsproblemen, was letztlich zu einer Rückkehr zu einer stärker menschenzentrierten Produktionsweise führte[8]. Diese Erfahrung zeigt, dass die vollständige Automatisierung ohne Berücksichtigung der menschlichen Fähigkeiten und Flexibilität zu erheblichen Herausforderungen führen kann.

[6] https://www.ge.com/news/reports/ai-powered-predictive-maintenance
[7] https://new.siemens.com/global/en/company/stories/research-technologies/ai-quality-control.html
[8] https://www.ft.com/content/0000c98a-78bb-11e9-bc0f-68ce3a6de994

Misserfolgsbeispiel 2: Tesla

Tesla versuchte, seine Produktionslinie für das Model 3 durch den Einsatz von hochautomatisierten Systemen zu revolutionieren[9]. Die übermäßige Abhängigkeit von Robotern führte jedoch zu erheblichen Produktionsproblemen. Die Roboter konnten nicht die erforderliche Geschwindigkeit und Präzision erreichen, was zu Verzögerungen und erhöhten Kosten führte. Elon Musk gab später zu, dass „übermäßige Automatisierung ein Fehler war" und dass „Menschen unterschätzt wurden".

Fazit: Die Zukunft der Fertigung

KI hat das Potenzial, die Fertigung grundlegend zu verändern. Von Predictive Maintenance und Qualitätskontrolle über die Optimierung der Lieferkette bis hin zu Robotik und Mensch-Maschine-Kollaboration – die Einsatzmöglichkeiten sind vielfältig und vielversprechend. Die Beispiele von General Electric und Siemens zeigen, dass KI die Effizienz und Produktqualität erheblich steigern kann. Allerdings verdeutlichen die Fälle von Foxconn und Tesla, dass eine übermäßige Abhängigkeit von Automatisierung ohne Berücksichtigung menschlicher Flexibilität und Expertise problematisch sein kann. Unternehmen, die KI erfolgreich in ihre Fertigungsprozesse integrieren, können nicht nur ihre Effizienz steigern, sondern auch ihre Wettbewerbsfähigkeit langfristig sichern. Mit KI als starkem Partner wird der Fertigungsprozess nicht nur effizienter, sondern auch zukunftssicher. Lass die Daten sprechen und entdecke, wie KI die Produktion auf das nächste Level heben kann.

---

[9] https://www.theverge.com/2018/4/13/17234038/elon-musk-tesla-model-3-production-automation-robots

Kundenservice? There's a Bot for That!: 24/7 Service, ohne Augenringe

12

In einer Welt, in der guter Kundenservice über Erfolg oder Misserfolg eines Unternehmens entscheiden kann, bietet Künstliche Intelligenz (KI) eine fantastische Möglichkeit, das Kundenerlebnis auf ein neues Level zu heben. Hier schauen wir uns an, wie KI im Kundenservice eingesetzt wird, um sowohl die Kundenzufriedenheit zu steigern als auch die Arbeit der Support-Teams zu erleichtern.

Die Implementierung von KI im Kundenservice wird immer beliebter und bietet zahlreiche Vorteile. Hier sind einige interessante Statistiken, die die wachsende Bedeutung von KI im Kundenservice unterstreichen[1]:

- **Wachsende Akzeptanz:** Die Zahl der Unternehmen, die KI nutzen, ist in den letzten fünf Jahren um 300 % gestiegen. Heute investieren 9 von 10 Unternehmen in künstliche Intelligenz, um ihre Abläufe zu optimieren und bessere Ergebnisse zu erzielen.
- **Effizienzsteigerung:** KI-gestützte Chatbots können bis zu 70 % der Kundenanfragen automatisieren. Dies führt zu schnelleren Antwortzeiten und einer höheren Kundenzufriedenheit, da 62 % der Kunden lieber mit einem schnellen Chatbot interagieren als auf einen menschlichen Agenten zu warten.
- **Kundenerwartungen:** Kunden erwarten schnelle und präzise Antworten rund um die Uhr. Etwa 73 % der Kunden bevorzugen es, mit einem Unternehmen über verschiedene Kanäle nahtlos kommunizieren zu können, ohne ihre Interaktion neu starten zu müssen.
- **Kostensenkung:** Rund 28 % der Unternehmen geben an, dass sie durch den Einsatz von KI die Kosten gesenkt haben. KI hilft dabei, sich wiederholende Aufgaben zu automatisieren und die Produktivität der Mitarbeiter zu steigern, sodass sie sich auf komplexere Anliegen konzentrieren können.

---

[1] https://www.tidio.com/blog/ai-customer-service-statistics/

© Der/die Autor(en), exklusiv lizenziert an Springer Fachmedien Wiesbaden GmbH, ein Teil von Springer Nature 2025
D. Renner et al., *KI im Mittelstand: Chancen, Optimierungen und Neugeschäft*,
https://doi.org/10.1007/978-3-658-46077-8_12

- **Zukunftsprognose:** Gartner prognostiziert, dass bis 2025 80 % der Kundeninteraktionen von KI unterstützt werden. KI ermöglicht auch hochgradig personalisierte Erlebnisse, was die Kundenzufriedenheit weiter steigert[2]

Diese Statistiken zeigen, dass der Einsatz von KI im Kundenservice nicht nur eine vorübergehende Modeerscheinung ist, sondern eine strategische Notwendigkeit, um wettbewerbsfähig zu bleiben und den steigenden Erwartungen der Kunden gerecht zu werden.

KI-Chatbots nutzen Technologien wie Natural Language Processing (NLP), maschinelles Lernen und vordefinierte Datenbanken, um Kundenanfragen zu verstehen und zu beantworten. Sie sind in der Lage, auf natürliche Weise mit Nutzern zu interagieren, indem sie die menschliche Sprache erkennen, interpretieren und darauf reagieren. Chatbots können auf Websites, sozialen Medien und anderen Messaging-Plattformen integriert werden, um sofortige Unterstützung zu bieten. Sie lernen kontinuierlich aus den Interaktionen, um ihre Antworten zu verbessern und sich an neue Fragen und Bedürfnisse anzupassen.

KI-Chatbots können eine Vielzahl von Kundenanfragen automatisiert bearbeiten – von einfachen Fragen bis hin zu komplexen Problemen. Tools wie Zendesk und Intercom nutzen KI, um sofortige Antworten zu bieten, was die Kundenzufriedenheit erheblich steigert. Kunden erhalten schnell Hilfe, ohne auf menschliche Unterstützung warten zu müssen. Dies reduziert Wartezeiten drastisch und erhöht die Effizienz, was zu einer verbesserten Kundenerfahrung führt.

Durch die Analyse von Kundendaten können KI-Chatbots personalisierte Antworten liefern. Drift und HubSpot sind Beispiele für Tools, die auf Basis der Kundenhistorie maßgeschneiderte Lösungen anbieten. Diese personalisierte Ansprache schafft ein individuelles Erlebnis und zeigt den Kunden, dass ihre Bedürfnisse verstanden und berücksichtigt werden. Die dadurch erhöhte Kundenbindung und verbesserte Nutzererfahrung sind wesentliche Vorteile dieser Technologie.

KI-Chatbots wie IBM Watson und Google Dialogflow können Unternehmen helfen, Betriebskosten zu senken und die Effizienz zu steigern. Indem sie einfache Anfragen übernehmen, entlasten sie menschliche Mitarbeiter, die sich auf komplexere und strategische Aufgaben konzentrieren können. Dies führt zu einer signifikanten Reduzierung der Personalkosten und einer höheren Effizienz in der Bearbeitung von Kundenanfragen.

Bevor wir uns jedoch auf ein Praxisbeispiel konzentrieren, werfen wir einen Blick auf einige allgemeine Anwendungsbereiche von KI im Kundenservice. Diese zeigen, wie vielseitig und nützlich KI in diesem Kontext sein kann.

---

[2] https://www.gartner.com/en/newsroom/press-releases/2023-08-30-gartner-reveals-three-technologies-that-will-transform-customer-service-and-support-by-2028

Chatbots: Die digitalen Helferlein

Ein häufiges Einsatzgebiet von KI im Kundenservice sind Chatbots. Diese virtuellen Assistenten sind rund um die Uhr verfügbar und beantworten schnell und effizient häufig gestellte Fragen. Das bedeutet nicht, dass sie menschliche Mitarbeiter ersetzen sollen – im Gegenteil! Sie unterstützen das Team, indem sie einfache Anfragen übernehmen und bearbeiten. Dadurch haben die Mitarbeiter mehr Zeit, sich auf komplexere Probleme zu konzentrieren. Weniger Tickets für die Mitarbeiter bedeutet weniger Stress und mehr Zeit für die wirklich kniffligen Fälle.

Selbsthilfe leicht gemacht

KI kann Kunden auch dabei helfen, selbst Antworten auf ihre Fragen zu finden. Stell dir vor, du suchst auf der Website nach der Rückgabepolitik. Ein KI-gestützter Chatbot könnte dir sofort die passenden Informationen anzeigen, ohne dass du lange suchen musst oder auf einen menschlichen Agenten warten musst. Das spart Zeit und Nerven! Solche Systeme können sogar vorhersagen, welche Fragen Kunden haben könnten, und proaktiv Lösungen anbieten. Ein echter Gewinn für alle Beteiligten.

Ordnung im Ticket-Chaos

Die Organisation und Priorisierung von Support-Tickets kann durch KI deutlich effizienter gestaltet werden. Durch den Einsatz von Natural Language Processing (NLP) und Sentiment-Analyse werden Tickets automatisch getaggt, kategorisiert und an die richtigen Mitarbeiter weitergeleitet. So gehen keine wichtigen Anfragen verloren und dringende Anliegen werden sofort bearbeitet. Und das Beste daran? Die KI lernt ständig dazu und verbessert sich selbst, sodass die Prozesse immer effizienter werden

Kundenfeedback clever nutzen

KI kann auch dabei helfen, wertvolle Einblicke aus Kundenfeedback zu gewinnen. Ob über Umfragen, Bewertungen oder soziale Medien – die KI durchsucht alle Quellen und liefert Analysen, die dabei helfen, allgemeine Schwachstellen zu erkennen und den Service zu verbessern. So kann das Unternehmen schnell auf Trends reagieren und den Kundenservice kontinuierlich optimieren, ohne dass jeder einzelne Kommentar manuell durchgesehen werden muss.

Nachdem wir jetzt einige der generellen Anwendungsbereiche von KI im Kundenservice beleuchtet haben, wird es Zeit, diese theoretischen Konzepte in der Praxis zu betrachten. Schauen wir uns ein konkretes Beispiel an, um zu sehen, wie ein Unternehmen KI nutzen kann, um ihren Kundenservice zu verbessern und gleichzeitig die Effizienz zu steigern.

Während die Implementierung von Künstlicher Intelligenz (KI) im Kundenservice viele Vorteile bieten kann, gibt es auch Beispiele, die zeigen, was passiert, wenn es nicht ganz nach Plan läuft.

Fail Nr. 1: DPDs Chatbot wird ausfallend

Der Paketzusteller DPD nutzte einen Chatbot im Onlinesupport, um wiederkehrende Fragen von Kunden zu beantworten und die Servicemitarbeitenden zu entlasten. Doch ein neues Update führte dazu, dass der Chatbot begann, das eigene Unternehmen zu kritisieren und vor den Kunden Schimpfwörter zu benutzen.

Ein besonders viraler Vorfall betraf die DPD-Kundin Ashley Beauchamp, die ihre Erfahrung mit dem Chatbot in den sozialen Medien teilte. In dieser Konversation bezeichnete die KI DPD als das „schlechteste Zustellunternehmen der Welt". Diese unerwartete und unangemessene Reaktion der KI führte zu erheblichem Aufsehen und einem Imageschaden für DPD. Das Unternehmen deaktivierte sofort das verantwortliche KI-Element und aktualisierte es, doch der entstandene Schaden am Markenimage war nicht so leicht zu beheben und die Nachrichten konnten auch nicht rückgängig gemacht werden.[3]

Fail Nr. 2: Chevrolets Chatbot lässt sich manipulieren

Chevrolet in Watsonville hatte die besten Absichten, als sie einen Chatbot auf ihrer Webseite implementierten. Ziel war es, die Servicemitarbeitenden zu entlasten und den Kundenservice zu verbessern. Leider stellten die Nutzerbald fest, dass der Chatbot äußerst leicht manipulierbar war. Mit etwas Geschick konnte man den Chatbot dazu bringen, selbst die absurdesten Vorschläge mit einem enthusiastischen "Ja" zu bestätigen.

Ein Paradebeispiel lieferte der Nutzer Chris Bakke, der den Chatbot dazu brachte, den Kauf eines 2024 Chevy Tahoe für einen US-Dollar als rechtskräftigen Deal zu bestätigen. Chris dokumentierte seine skurrile Interaktion auf X (vormals Twitter) und sorgte damit für ordentlich Wirbel und einen beträchtlichen Imageschaden für Chevrolet.[4]

---

[3] https://www.spiegel.de/netzwelt/web/dpd-chatbot-eines-paketzustellers-nutzt-schimpfwoerter-im-kundengespraech-A-62bd003e-72d5-49f4-9cec-52dcdbb834e6
[4] https://www.autoevolution.com/news/someone-convinced-A-chatgpt-powered-chevy-dealer-to-sell-an-81k-tahoe-for-just-1-226451.html

Fail Nr. 3: Air Canadas lügender Chatbot

Ein weiteres skurriles Beispiel lieferte Air Canada, als ihr KI-Chatbot begann, Kunden falsche Informationen zu geben. Der Chatbot wurde eingeführt, um die Kundenzufriedenheit zu erhöhen und die Anfragen effizienter zu bearbeiten. Doch stattdessen begann er, bei Anfragen nach Flugverspätungen oder verlorenen Gepäckstücken, systematisch unwahre Antworten zu geben. Ein Fall, der viral ging, betraf einen Passagier, der nach dem Verbleib seines verlorenen Gepäcks fragte. Der Chatbot versicherte dem Kunden mehrfach, dass das Gepäck gefunden und auf dem Weg zu ihm sei, obwohl dies nicht der Fall war. Dieser Vorfall führte nicht nur zu erheblichem Unmut bei den Kunden, sondern auch zu einem spürbaren Imageverlust für Air Canada.[5]

Lektionen aus den Fehlern

Jetzt, wo wir gesehen haben, wie es nicht laufen sollte, wollen wir aus diesen bekannten Fehlern lernen und einen positiven Ausblick wagen. Es gibt wichtige Lektionen, die wir aus diesen Beispielen ziehen können:

- **Klare Aufgabenbeschreibung:** Ein häufiger Fehler bei der Implementierung von Chatbots ist das Fehlen einer klaren Aufgabenbeschreibung. Wenn du nicht genau weißt, was der Bot tun soll, wie soll er dann richtig arbeiten? Bots müssen mit den neuesten und relevantesten Informationen ausgestattet werden, um ihre Aufgaben effektiv zu erfüllen. Überlege dir genau, wie der Bot in die Gesamtstrategie, Prozesse, Ressourcen und Organisation passt.
- **Richtige Integration:** Viele Unternehmen versäumen es, ihre Bots richtig in die Kundenservice-Operationen zu integrieren. Es ist ein Irrtum zu glauben, dass Bots jede Interaktion handhaben können. Sie sollten in der Lage sein, komplexe Probleme an menschliche Agenten weiterzuleiten, ohne den Kontext zu verlieren. Ein hybrider Ansatz, der Technologie und menschliche Interaktion kombiniert, ist oft der effektivste.
- **Regelmäßiges Training und Updates:** Genauso wie menschliche Mitarbeiter müssen auch Bots regelmäßig geschult und überwacht werden. Es reicht nicht aus, einen Bot einmal zu programmieren und dann sich selbst zu überlassen. Ständige Updates und Anpassungen sind notwendig, um die Leistung zu optimieren und sicherzustellen, dass der Bot mit den sich ändernden Geschäftsanforderungen Schritt hält.

---

[5] https://www.forbes.com/sites/marisagarcia/2024/02/19/what-air-canada-lost-in-remarkable-lying-ai-chatbot-case

- **Sicherheitsvorkehrungen:** Es ist unerlässlich, Sicherheitsmaßnahmen zu implementieren, um zu verhindern, dass Bots gehackt oder manipuliert werden. Dies schützt nicht nur die Daten deiner Kunden, sondern bewahrt auch das Image deines Unternehmens. Ein sicheres und robustes System kann verhindern, dass dein Bot, wie im Fall von Chevrolet, kompromittiert wird.

Aber genug von den negativen Beispielen gesprochen. Schauen wir uns doch mal an, wie KI im Kundenservice zu positiven Ergebnissen führen kann. Einige gelungene Beispiele zeigen uns, wie KI den Kundenservice verbessern und die Effizienz steigern kann.

Success Story Nr.1: H&M und der smarte Kundenservice

H&M, der allseits bekannte Modegigant, nutzt seit geraumer Zeit erfolgreich KI, um den Kundenservice auf ein neues Level zu heben. Und warum auch nicht? Ihre Chatbots im Kundenservice haben sich als wahre Wunderwaffen im Einzelhandel erwiesen. Die KI unterstützt bei Produktinformationen, Größenangaben, Verfügbarkeiten, Lieferoptionen, Rückerstattungen und vielem mehr.

H&M wollte einen benutzerfreundlichen Chatbot, der rund um die Uhr Unterstützung bietet. So entstand der H&M Virtual Assistant. Dieser dient als persönlicher Einkaufsberater, gibt Ratschläge zu Größen und bietet personalisierte Outfit-Vorschläge. Außerdem ist er darauf optimiert, Kundenfragen zu Rückgaben, Standorten und Öffnungszeiten zu beantworten.

Wie trifft der virtuelle Einkaufsassistent den Geschmack der Kunden? Der Chatbot befragt die Nutzer, um ihre Stilpräferenzen zu verstehen, und fügt Bilder von Kleidungsstücken hinzu, um bei stilbezogenen Fragen zu helfen. Die Kunden können auch durch bereits vorhandene Outfits stöbern und ihre Favoriten liken.

H&Ms Einsatz von generativer KI hat das Online-Shopping erheblich vereinfacht. Der generative KI-Chatbot auf ihrer Website hat die Antwortzeiten im Vergleich zu menschlichen Agenten um beeindruckende 70 % verkürzt. In der mobilen App können Kunden außerdem die Sprachsuche durch einen KI-gesteuerten Sprachassistenten nutzen. Dank der KI kann H&M den Kunden ein effizienteres und angenehmeres Einkaufserlebnis bieten und gleichzeitig die Belastung des Kundenserviceteams erheblich reduzieren.[6]

Und jetzt mal ehrlich: Wenn ein Modehaus wie H&M seine Chatbots schon so hinbekommt, dass man sich fragt, wie man jemals ohne auskommen konnte, ist das schon beeindruckend. Klar, der virtuelle Assistent kann vielleicht nicht beim Mode-Kaffeeklatsch mithalten, aber er weiß definitiv, welche Jeans zu welchem T-Shirt passt. Ein bisschen wie der beste Freund, der immer modetechnisch up-to-date ist – nur eben digital und immer verfügbar. Die Kunden sind happy, die Mitarbeiter entlastet und H&M

---

[6] https://www.tidio.com/blog/companies-using-ai-for-customer-service/

zeigt, wie man KI richtig in den Einzelhandel integriert. Also, Hut ab vor dieser digitalen Stil-Ikone!

Success Story Nr.2: ABN AMRO Bank: Der digitale Durchbruch

Der niederländische Bankriese ABN AMRO hat den Wandel zur Fintech-Welt fest im Blick. Digitale Banken werden immer beliebter, da sie schnellere, bequemere und kostengünstigere Finanzdienstleistungen bieten als traditionelle Banken. Heute ist ABN AMRO auf dem Weg zur vollständigen Digitalisierung. Doch vor gar nicht allzu langer Zeit mussten sich die Privatkunden noch mit antiquierten Methoden herumschlagen: Callcenter anrufen oder E-Mails schreiben, um Antworten auf ihre Fragen zu bekommen. Langsam, umständlich und alles andere als zeitgemäß. Nach ersten Experimenten mit Chatbots im Jahr 2017 wurde klar, dass eine robustere Lösung her musste, um den Erwartungen der Kunden gerecht zu werden.

Heute spricht Anna, die virtuelle Assistentin von ABN AMRO, jährlich mit 1 Million Kunden und beantwortet dabei 90 % ihrer Fragen dank der IBM Watson-Technologie. Eine beeindruckende Leistung, die zeigt, dass KI nicht nur Spielerei ist. Wenn komplexere Beratung gefragt ist, leitet Anna den Anrufer direkt an einen sachkundigen Live-Chat-Agenten weiter. So bekommen die Kunden stets die Antworten, die sie brauchen – eine perfekte Symbiose aus Mensch und Maschine.[7]

Die Analysen von Annas Gesprächen haben der Bank gezeigt, wie sie ihre Website verbessern kann, um es den Kunden einfacher zu machen, Informationen zu finden. Indem Anna alle Kundeninteraktionen speichert und analysiert, kann ABN AMRO größere Probleme in ihren digitalen Anwendungen neben den Chatkanälen erkennen. Statt nur Klicks und Seitenaufrufe zu interpretieren, verstehen sie nun, warum die Kunden das tun, was sie tun, und können so ihre digitale Landschaft innovativer gestalten.

Wer hätte gedacht, dass eine Bank ihren Kundenservice so grundlegend erneuern könnte? ABN AMRO hat es vorgemacht. Früher ein zeitaufwendiges Durcheinander aus Callcenter und E-Mail, heute eine smarte, digitale Assistentin, die fast alles im Griff hat. Anna zeigt uns, dass KI nicht nur Buzzword ist, sondern echte Verbesserungen bringt.

Klar, sie kann nicht beim Kaffee über den neuesten Finanzklatsch plaudern, aber wenn es darum geht, den Kunden schnell und präzise zu helfen, ist sie unschlagbar. Dank Anna kann sich ABN AMRO jetzt darauf konzentrieren, ihr digitales Angebot weiter zu verbessern und ihren Kunden ein noch besseres Erlebnis zu bieten. Ein Paradebeispiel dafür, wie man Digitalisierung richtig macht. Hut ab vor dieser digitalen Pionierarbeit!

---

[7] https://www.ibm.com/watson/ai-customer-service-smartpaper/#real-world-success-stories

Fazit: Der Schlüssel zum erfolgreichen Kundenservice

Während die Geschichten von H&M und ABN AMRO eindrucksvoll zeigen, wie KI den Kundenservice revolutionieren kann, dürfen wir die potenziellen Fallstricke nicht übersehen. Ein CEO eines E-Commerce-Unternehmens lernte das auf die harte Tour, als er 90 % seines Support-Teams durch einen KI-Chatbot ersetzte. Das Ergebnis? Negative Reaktionen und eine merkliche Verschlechterung des Kundenservice.[8] Dieser Vorfall unterstreicht eine wesentliche Wahrheit: KI-Chatbots können menschliche Mitarbeiter nicht vollständig ersetzen.

Stattdessen sollten Unternehmen in die Weiterbildung ihrer Mitarbeiter investieren und sie in neuen Rollen einsetzen, um langfristig erfolgreich zu bleiben. Die wahre Stärke liegt in der harmonischen Integration von KI und menschlicher Expertise. KI-gestützte Chatbots entlasten den menschlichen Kundenservice erheblich, bieten rund um die Uhr Unterstützung, ermöglichen personalisierte Betreuung, steigern die Effizienz und senken Kosten. Unternehmen, die diese Technologie erfolgreich integrieren, können ihre Servicequalität verbessern und eine stärkere Kundenbindung erreichen.

Mit KI als unermüdlichem Helfer im Kundenservice wird dein Unternehmen nicht nur effizienter, sondern auch kundenfreundlicher. Lass die Daten sprechen und entdecke, wie KI den Kundenservice auf das nächste Level heben kann. Doch der wahre Erfolg liegt in der richtigen Balance zwischen technischer Innovation und menschlichem Einfühlungsvermögen. Diese Symbiose ermöglicht es, den Kundenservice zu transformieren und zukunftssicher zu gestalten.

Also, schlage nicht den Weg des E-Commerce-CEOs ein, der glaubte, Maschinen könnten alles. Stattdessen, umarme die Technologie, aber halte die Menschen im Mittelpunkt. Denn am Ende des Tages sind es die menschlichen Interaktionen, die den Unterschied machen – mit einer Prise KI zur Unterstützung natürlich.

[8] https://www.businessinsider.com/ai-ecommerce-ceo-layoff-support-staff-copy-paste-jobs-unsafe-2023-10

Consultants & Coaches – Der digitale Guru macht's vor

13

Künstliche Intelligenz verändert nicht nur die Art und Weise, wie wir Geschäfte machen, sondern bringt auch frischen Wind in die Beratungsbranche. KI-Technologien haben das Potenzial, Geschäftsprozesse zu optimieren, fundierte Entscheidungen zu treffen und völlig neue Wertschöpfungsmöglichkeiten zu schaffen. Tauchen wir gemeinsam in die Chancen und Risiken von KI im Coaching und Consulting ein, bevor wir einige Praxisbeispiele unter die Lupe nehmen.

Chancen durch KI im Consulting

- **Personalisierte Kundeninteraktionen:** Dank KI in CRM-Systemen können Beratungsfirmen ihre Kommunikation und Empfehlungen genau auf ihre Kunden zuschneiden. KI-Algorithmen analysieren Vorlieben und Verhaltensmuster, um maßgeschneiderte Lösungen und Beratungsdienste anzubieten. Das Ergebnis? Zufriedene Kunden und eine stärkere Bindung.
- **Risikomanagement und Entscheidungsunterstützung:** KI hilft dabei, Risiken zu erkennen und zu bewerten, indem sie Marktdaten und Unternehmensinformationen durchforstet. So entwickeln Berater effektive Risikominderungsstrategien und unterstützen ihre Kunden bei der Entscheidungsfindung. Dadurch werden Entscheidungen fundierter und datenbasierter.
- **Trendprognosen und Szenarioanalysen:** Mit KI-Modellen lassen sich zukünftige Markttrends und Geschäftsszenarien simulieren. Diese Prognosen unterstützen Berater dabei, ihre Kunden langfristig zu planen und Strategien zu entwickeln, indem sie verschiedene globale Szenarien durchspielen und Empfehlungen geben.

D. Renner et al., *KI im Mittelstand: Chancen, Optimierungen und Neugeschäft*, https://doi.org/10.1007/978-3-658-46077-8_13

- **Wissensmanagement und -verteilung:** KI organisiert und macht Wissen innerhalb einer Beratungsfirma zugänglich. Mit KI-gestützten Suchsystemen finden Berater schnell relevante Informationen und bewährte Praktiken, was ihre Effizienz und Effektivität steigert.
- **Entwicklung von KI-basierten Produkten und Dienstleistungen:** Beratungsfirmen entwickeln zunehmend eigene KI-basierte Tools und Plattformen, um spezielle Kundenbedürfnisse zu erfüllen. Von automatisierten Analysetools bis hin zu komplexen Entscheidungshilfesystemen – Beispiele sind McKinseys KI-Chatbot Lilli und die MyNav-Cloud-Plattform von Accenture.

Bevor du jetzt eifrig daran gehst, dein Firmenlogo gleich mit einem glänzenden „KI" zu versehen und dich zurücklehnst, als hättest du den heiligen Gral der Geschäftswelt entdeckt, sollten wir kurz innehalten. So beeindruckend und vielversprechend KI auch ist, bringt sie doch auch einige Herausforderungen mit sich. Lass uns einen genaueren Blick auf die potenziellen Risiken werfen, die mit der Einführung von KI im Coaching & Consulting einhergehen. Hier sind einige der wichtigsten Herausforderungen, die bei der Implementierung von KI im Consulting auftreten können:

- **Datenschutz und Datensicherheit:** KI-Systeme verarbeiten häufig große Mengen an sensiblen Daten. Das Risiko von Datenlecks, unbefugtem Datenzugriff oder Datenmissbrauch ist dabei allgegenwärtig. Daher sind robuste Datensicherheitsmaßnahmen und die strikte Einhaltung von Datenschutzvorschriften wie der DSGVO von entscheidender Bedeutung (Mehr darüber findest du im Kapitel Datenschutz).
- **Hohe Anfangsinvestitionen:** Die Implementierung von KI-Systemen erfordert oft erhebliche Investitionen in Technologie und Fachwissen, was insbesondere für kleinere Unternehmen eine große Hürde darstellen kann. Zudem können sich die Anforderungen und Technologien schnell ändern, was einen erhöhten Bedarf an Schulungen und Weiterbildungen nach sich zieht.
- **Bias und Diskriminierung:** KI-Systeme können Verzerrungen (Bias) aufweisen, die in den Trainingsdaten vorhanden sind. Dies kann zu diskriminierenden oder unfairen Empfehlungen und Entscheidungen führen. Es ist daher wichtig, die zugrunde liegenden Parameter regelmäßig von Menschen überprüfen und anpassen zu lassen, um diese Risiken zu minimieren.
- **Übermäßige Abhängigkeit von Technologie:** Eine übermäßige Abhängigkeit von KI-Systemen kann dazu führen, dass menschliche Expertise und kritisches Denken vernachlässigt werden. KI-Systeme sind nicht immer in der Lage, den Kontext oder die Nuancen komplexer Beratungssituationen vollständig zu erfassen. Daher ist es wichtig, dass die menschliche Komponente in der Beratung nicht verloren geht.

Aber genug von den negativen Beispielen gesprochen! Schauen wir uns doch mal an, wie KI im Coaching & Consulting zu positiven Ergebnissen führen kann.

Success Story Nr.1: LinkedIn Learning

LinkedIn Learning hat einen KI-gestützten Coaching-Chatbot eingeführt, der in der Lage ist, auf die spezifischen Fragen von Lernenden in Echtzeit zu antworten. Der Chatbot nutzt die umfangreiche LinkedIn Learning-Bibliothek, um Expertenwissen bereitzustellen und gezielte Kursvorschläge zu machen. Diese personalisierte Unterstützung verbessert nicht nur die Lernerfahrung, sondern fördert auch das Engagement der Lernenden erheblich, indem sie schneller und effizienter auf relevante Ressourcen zugreifen können.[1]

Dieser Chatbot, der auf der Microsoft Azure OpenAI API basiert, wurde entwickelt, um Fragen der Lernenden in Echtzeit zu beantworten und auf sie einzugehen. Der Chatbot nutzt die umfangreiche LinkedIn Learning-Bibliothek, um fundierte Antworten und weiterführende Kursvorschläge zu geben.

Die Funktionalitäten des Chatbots sind beeindruckend: Lernende können spezifische Fragen stellen, wie beispielsweise „Wie delegiere ich Aufgaben effektiv?" oder „Wie gehe ich mit schwierigen Gesprächen um?". Der Chatbot liefert daraufhin sofortige, kontextspezifische Antworten, die direkt aus den Expertenkursen von LinkedIn Learning stammen. Diese Fähigkeit zur Echtzeit-Antwort gibt den Lernenden die Möglichkeit, ihre Probleme schnell und effizient zu lösen, ohne lange nach den richtigen Informationen suchen zu müssen.

Ein weiterer bemerkenswerter Aspekt des Chatbots ist seine Fähigkeit, personalisierte Empfehlungen zu geben. Basierend auf der Jobbeschreibung und den bisherigen Interaktionen des Lernenden passt der Chatbot seine Antworten und Empfehlungen individuell an. Das bedeutet, dass zwei Personen mit derselben Ausgangsfrage unterschiedliche, auf ihre spezifischen Bedürfnisse zugeschnittene Ratschläge erhalten können. Diese personalisierte Unterstützung verbessert nicht nur die Lernerfahrung, sondern fördert auch ein höheres Engagement der Nutzer.

Zusätzlich integriert der Chatbot kontinuierlich Feedback von den Nutzern, um seine Empfehlungen weiter zu personalisieren und zu optimieren. Dies stellt sicher, dass die Antworten des Chatbots immer relevanter und nützlicher werden, je mehr er mit den Nutzern interagiert.

Vorteile und Auswirkungen

- **Erhöhtes Engagement und Zeitersparnis:** Einer der größten Vorteile des KI-gestützten Coaching-Chatbots ist die Zeitersparnis für die Nutzer. Anstatt lange nach relevanten Kursen zu suchen, erhalten die Lernenden sofortige Empfehlungen. Dies fördert ein höheres Engagement, da die Nutzer schnell und effizient auf die benötigten Informationen zugreifen können.

---

[1] https://learning.linkedin.com/resources/learner-engagement/linkedin-learning-ai-powered-coaching

- **Personalisierte Lernwege:** Durch die Nutzung von KI zur Analyse der Bedürfnisse und Präferenzen der Lernenden kann LinkedIn Learning hochgradig personalisierte Lernwege anbieten. Dies erhöht nicht nur die Effektivität des Lernens, sondern auch die Zufriedenheit der Nutzer mit der Plattform.
- **Skalierbarkeit:** Der Chatbot ermöglicht es LinkedIn Learning, personalisierten Support in großem Umfang anzubieten, ohne dass das Unternehmen eine proportional große Anzahl von menschlichen Beratern einstellen muss. Dies macht den Service skalierbar und kosteneffizient.

Die Einführung des KI-gestützten Coaching-Chatbots ist jedoch nur der Anfang. LinkedIn Learning plant, die Fähigkeiten des Chatbots weiter auszubauen und ihn in noch mehr Bereiche der Plattform zu integrieren. Zukünftige Erweiterungen umfassen die Analyse langfristiger Lernerfolge und die Anpassung der Lernpfade auf Basis dieser Daten. Mit diesen Erweiterungen zielt LinkedIn Learning darauf ab, die bestmögliche Lernerfahrung zu bieten und die Karriereentwicklung seiner Nutzer weiter zu fördern.

Success Story Nr.2: Salesforce Einstein Call Coaching

Salesforce, der unangefochtene Champion des Kundenbeziehungsmanagements (CRM), hat sich gedacht, warum nicht auch den Coaching-Prozess im Vertrieb revolutionieren? Genau das haben sie mit ihrem Einstein Call Coaching getan – eine KI-gestützte Lösung, die Vertriebsmitarbeitern in Echtzeit Feedback und Analysen zu ihren Verkaufsgesprächen bietet.[2]

Salesforce hatte ein klares Ziel vor Augen: Die Effizienz und Produktivität ihrer Vertriebsmitarbeiter steigern und dabei sicherstellen, dass die Kundeninteraktionen so reibungslos und erfolgreich wie möglich verlaufen. Mit Einstein Call Coaching setzten sie auf eine Lösung, die nicht nur Daten sammelt, sondern diese auch in nützliche Erkenntnisse umwandelt, die direkt in den Coaching-Prozess einfließen.

Funktionalität des Einstein Call Coaching

Einstein Call Coaching nutzt fortschrittliche Sprach- und Sentiment-Analyse, um Verkaufsgespräche in Echtzeit zu analysieren. Das bedeutet, dass die KI während des Gesprächs zuhört und sofort Feedback gibt. Stell dir vor, du bist ein Vertriebsmitarbeiter, mitten in einem wichtigen Verkaufsgespräch, und bekommst live Tipps von einer unsichtbaren, allwissenden Instanz.

---

[2] https://www.salesforce.com/news/stories/train-your-sales-teams-remotely-with-ai-powered-einstein-call-coaching/

- **Echtzeit-Feedback:** Die Vertriebsmitarbeiter erhalten während des Gesprächs sofortiges Feedback zu ihrer Performance. Sei es, dass sie zu viel reden oder den Kunden zu wenig Raum lassen – Einstein Call Coaching weist sie darauf hin. So können sie ihre Gesprächsführung in Echtzeit anpassen und verbessern.
- **Trend- und Themenanalyse:** Die KI analysiert regelmäßig geführte Gespräche, um Trends und häufige Themen zu identifizieren. Dies hilft nicht nur den einzelnen Vertriebsmitarbeitern, sondern auch dem Management, Schulungsprogramme und Verkaufsstrategien gezielt zu verbessern. Man könnte sagen, dass die KI das Verkaufsgespräch seziert und die Erkenntnisse den Vertriebsleitern auf einem Silbertablett serviert.
- **Personalisierte Schulungsvorschläge:** Basierend auf den analysierten Gesprächen gibt Einstein Call Coaching personalisierte Schulungsempfehlungen. Das bedeutet, dass jeder Vertriebsmitarbeiter genau die Schulungen erhält, die auf seine individuellen Stärken und Schwächen abgestimmt sind. Ein maßgeschneiderter Trainingsplan, der sich ständig anpasst – klingt nach einem Traum, oder?

Ein bemerkenswertes Beispiel für den Erfolg von Einstein Call Coaching ist TD Wealth. Durch die Implementierung dieser Lösung konnten sie die Produktivität ihrer Berater signifikant steigern. Die Echtzeitanalysen halfen den Beratern, ihre Gesprächsführung anzupassen und die Kundenbedürfnisse besser zu verstehen, was zu einer höheren Kundenzufriedenheit führte.

Natürlich nutzt auch Salesforce selbst seine eigene Technologie. Vertriebsmitarbeiter, die Einstein Call Coaching aktiv nutzen, konnten ihre Abschlussraten um bis zu 20 % steigern. Das ist ein echter Gamechanger in der Vertriebswelt und zeigt, dass die eigenen Werkzeuge auch im eigenen Haus Wunder wirken können.

Natürlich ist auch bei Salesforce nicht alles Sonnenschein und Regenbögen. Eine der größten Herausforderungen bei der Implementierung von Einstein Call Coaching war die Akzeptanz der Vertriebsmitarbeiter. Viele waren zunächst skeptisch gegenüber der Idee, dass eine KI ihre Gespräche analysiert und Feedback gibt. Durch gezielte Schulungen und die Demonstration der Vorteile konnte diese Skepsis jedoch überwunden werden.

Zukünftig plant Salesforce, die Funktionalitäten von Einstein Call Coaching weiter auszubauen. Geplante Erweiterungen umfassen noch detailliertere Analysen und die Integration von KI-gestützten Gesprächsleitfäden, die den Vertriebsmitarbeitern helfen sollen, noch präziser auf Kundenbedürfnisse einzugehen. Die Vision ist klar: Eine harmonische Zusammenarbeit zwischen Mensch und Maschine, bei der die KI die Daten liefert und der Mensch die emotionale Intelligenz und Kreativität einbringt.

Doch nicht alle Anwendungen verlaufen so erfolgreich. Ein Beispiel für einen Fehlschlag ist die KI-gestützte Anlageberatung, die nicht in der Lage war, sich an Marktvolatilitäten anzupassen. Die starren Algorithmen konnten die komplexen und dynamischen Bedingungen der Finanzmärkte nicht bewältigen, was zu erheblichen Verlusten und einem Vertrauensverlust bei den Kunden führte. Dieser Fall unterstreicht die Grenzen von KI in unsicheren Märkten und die Notwendigkeit menschlicher Expertise, um flexibel auf unerwartete Marktbewegungen zu reagieren.

Ein weiteres Beispiel für die Grenzen von KI ist die automatisierte Rechtsberatung. Diese Systeme stießen auf erhebliche Probleme bei der Interpretation komplexer Rechtsfälle. Die Algorithmen konnten die Feinheiten und Nuancen juristischer Texte und Kontexte nicht angemessen erfassen, was zu fehlerhaften Ratschlägen und einem Vertrauensverlust führte. Dies betont die Notwendigkeit menschlicher Überprüfung und ein tiefes Verständnis für Kontext und Nuancen in der Rechtsberatung. Diese Herausforderungen zeigen deutlich, dass KI trotz ihrer beeindruckenden Fähigkeiten immer noch auf die Zusammenarbeit mit menschlichen Experten angewiesen ist, um komplexe und vielschichtige Probleme zu lösen.

Fazit: Der digitale Guru in Coaching & Consulting – Chancen und Grenzen

Während wir die faszinierenden Möglichkeiten der Künstlichen Intelligenz im Coaching und Consulting erkundet haben, wird eines klar: Der digitale Guru hat die Bühne betreten und zeigt, wie moderne Technologie traditionelle Methoden revolutionieren kann. Egal, ob es um die Echtzeitanalyse von Verkaufsgesprächen bei Salesforce oder die personalisierten Lernwege bei LinkedIn Learning geht – die Integration von KI eröffnet neue Horizonte für Effizienz und Effektivität. Diese Technologien helfen nicht nur, den Coaching-Prozess zu optimieren, sondern auch, individuelle Bedürfnisse besser zu erkennen und darauf einzugehen. Die Ergebnisse sprechen für sich: höhere Abschlussraten, verbesserte Kundenzufriedenheit und eine effizientere Nutzung der Ressourcen.

Doch trotz aller Begeisterung für die technischen Möglichkeiten dürfen wir die menschliche Komponente nicht vergessen. KI mag zwar eine immense Unterstützung bieten, aber letztlich sind es die menschlichen Fähigkeiten und die emotionale Intelligenz, die den Unterschied machen. Ein Coach, der mit Hilfe von KI datenbasierte Entscheidungen trifft, kann seinen Klienten eine maßgeschneiderte, empathische und wirkungsvolle Unterstützung bieten – eine Kombination, die unschlagbar ist.

Die Reise des digitalen Gurus hat gerade erst begonnen, und die Zukunft hält noch viele spannende Entwicklungen bereit. Mit jedem Schritt, den wir in Richtung einer engeren Zusammenarbeit zwischen Mensch und Maschine machen, eröffnen sich neue Chancen, das Beste aus beiden Welten zu vereinen. Die digitale Transformation im Coaching und Consulting ist nicht nur ein Trend, sondern eine notwendige Evolution, die uns hilft, die Herausforderungen von heute und morgen zu meistern.

Durch die Kombination der analytischen Fähigkeiten der KI mit der kreativen und emotionalen Intelligenz des Menschen entsteht eine Synergie, die das Beste aus beiden Welten vereint. Unternehmen, die diese hybride Herangehensweise annehmen, werden in der Lage sein, nicht nur effizienter und präziser zu arbeiten, sondern auch eine tiefere, vertrauensvollere Beziehung zu ihren Kunden aufzubauen. In einer Welt, die sich ständig weiterentwickelt, wird der digitale Guru, der Mensch und Maschine harmonisch integriert, den Weg weisen.

Insgesamt bieten KI-basierte Lösungen enormes Potenzial, um Coaching und Consulting auf das nächste Level zu heben. Sie ermöglichen personalisierte, effiziente und datengetriebene Beratung, die die Zufriedenheit und Leistung der Kunden steigern kann. Gleichzeitig müssen jedoch die Grenzen dieser Technologien erkannt und menschliche Expertise weiterhin geschätzt und integriert werden. Mit der richtigen Balance aus KI und menschlicher Intelligenz kann der digitale Guru tatsächlich zum Erfolgsmodell der Zukunft werden.

Hallo und willkommen im Real Talk! Wenn du bis hierhin gelesen hast, dann hast du bereits einiges über die faszinierenden Möglichkeiten von Künstlicher Intelligenz im Mittelstand gelernt. Vielleicht fühlst du dich inspiriert, vielleicht bist du noch ein wenig skeptisch – beides ist völlig in Ordnung. Denn wie bei jeder bahnbrechenden Technologie gibt es auch bei KI sowohl strahlende Erfolgsgeschichten als auch Herausforderungen, die nicht zu unterschätzen sind.

Stell dir vor, du sitzt mit uns bei einer Tasse Kaffee oder vielleicht einem Glas Wein, und wir tauschen uns ehrlich und direkt darüber aus, was KI kann und wo sie noch ihre Schwächen hat. Genau das werden wir in diesem Kapitel tun: Wir schauen uns an, wo KI wirklich rockt und den Unterschied macht, und wir beleuchten die Bereiche, in denen noch Luft nach oben ist.

Du fragst dich vielleicht, warum das wichtig ist. Ganz einfach: Wenn du die Stärken und Schwächen von KI kennst, kannst du fundierte Entscheidungen für dein Unternehmen treffen. Du wirst wissen, wo du investieren solltest und wo du vielleicht noch abwarten oder zusätzliche Maßnahmen ergreifen musst. Und wer weiß, vielleicht erkennst du sogar neue Chancen, die du bisher übersehen hast.

Wo KI rockt

Lass uns direkt ins Thema einsteigen und darüber sprechen, wo KI wirklich glänzt und den Unterschied macht. Hier sind einige Bereiche, in denen KI bereits jetzt Großartiges leistet:

Automatisierung von Routineaufgaben

KI kann repetitive und zeitaufwendige Aufgaben effizienter und fehlerfreier erledigen als Menschen. Dies betrifft Bereiche wie Datenverarbeitung, Bestellabwicklungen oder einfache Kundenanfragen. Robotic Process Automation (RPA) ist hier das Schlagwort. Diese Technologie ermöglicht es, alltägliche Prozesse zu automatisieren, wodurch Mitarbeiter entlastet und Ressourcen freigesetzt werden, um sich auf strategisch wichtigere Aufgaben zu konzentrieren.

Stell dir vor, deine Buchhaltung müsste nicht mehr manuell Rechnungen erfassen oder Zahlungen abgleichen. Stattdessen übernimmt eine KI diese Aufgaben, analysiert die Eingaben und aktualisiert die Systeme in Echtzeit. Die Zeitersparnis ist enorm und die Fehlerquote sinkt drastisch. Ein weiteres Beispiel ist der Einsatz von Chatbots im Kundenservice. Diese Bots können rund um die Uhr einfache Anfragen bearbeiten, wie Bestellstatus abfragen oder Rücksendungen organisieren, ohne dass ein menschlicher Mitarbeiter eingreifen muss.

Tipp
Schau dir an, welche wiederkehrenden Aufgaben in deinem Unternehmen Zeit und Ressourcen binden. Vielleicht gibt es bereits Softwarelösungen, die genau diese Prozesse automatisieren können. Eine gründliche Analyse deiner Geschäftsprozesse kann dabei helfen, die richtigen Automatisierungspotenziale zu identifizieren.

Personalisierte Kundeninteraktionen

Durch die Analyse großer Datenmengen kann KI personalisierte Empfehlungen und maßgeschneiderte Kommunikation anbieten. Dies ist besonders im Marketing und Vertrieb wertvoll. Tools wie Chatbots und Recommendation Engines verbessern das Kundenerlebnis, indem sie individuelle Bedürfnisse und Präferenzen berücksichtigen.

Denk an den letzten Online-Shop, den du besucht hast. Wahrscheinlich hast du Empfehlungen für Produkte erhalten, die genau deinen Geschmack getroffen haben. Dahinter steckt eine KI, die dein Verhalten analysiert und dir passende Vorschläge macht. Solche personalisierten Erlebnisse steigern nicht nur die Kundenzufriedenheit, sondern auch die Umsätze. Unternehmen wie Amazon oder Netflix setzen diese Technologien erfolgreich ein und haben damit Maßstäbe gesetzt.

Tipp
Nutze KI-basierte Tools, um deine Kunden besser zu verstehen und gezielt anzusprechen. Ein personalisiertes Kundenerlebnis kann die Kundenzufriedenheit und
-bindung erheblich steigern. Investiere in Systeme, die Kundendaten analysieren
und personalisierte Inhalte generieren können.

Vorhersage und Prognosen

Im Bereich der Datenanalyse ermöglicht KI präzise Vorhersagen und Prognosen. Von
Verkaufszahlen über Lagerbestände bis hin zu Markttrends – KI-Algorithmen können
Muster in historischen Daten erkennen und zukünftige Entwicklungen vorhersagen. Das
hilft Unternehmen, besser zu planen und fundierte Entscheidungen zu treffen.

Stell dir vor, du könntest die Nachfrage nach deinen Produkten für die nächsten Monate
genau vorhersagen. Das würde dir ermöglichen, deine Lagerbestände optimal zu managen,
Überproduktionen zu vermeiden und Lieferengpässe zu verhindern. KI kann auch dabei
helfen, Markttrends frühzeitig zu erkennen und darauf zu reagieren. Unternehmen, die
solche Technologien einsetzen, haben einen klaren Wettbewerbsvorteil.

Tipp
Implementiere Vorhersage-Modelle, um deine Geschäftsplanung zu optimieren.
Eine vorausschauende Planung kann Risiken minimieren und Chancen besser
nutzen. Nutze historische Daten und lass KI-Algorithmen Muster erkennen und
Prognosen erstellen.

Verbesserung der Produktqualität

In der Fertigung kann KI zur Qualitätskontrolle und Fehlerminimierung beitragen. Bild-
verarbeitungssysteme überwachen die Produktionslinien und identifizieren Defekte in
Echtzeit. Dadurch können Produktionsfehler schnell behoben werden, was zu einer
höheren Produktqualität und geringeren Ausschussraten führt.

Denke an eine Produktionslinie in der Automobilindustrie, wo jedes Bauteil auf mögliche Fehler überprüft wird. Durch den Einsatz von KI-basierten Bildverarbeitungssystemen
können selbst kleinste Mängel sofort erkannt und aussortiert werden. Dies erhöht nicht
nur die Qualität der Endprodukte, sondern spart auch Kosten, die durch fehlerhafte
Produktionen entstehen würden.

Tipp
Setze KI-basierte Qualitätskontrollsysteme ein, um die Effizienz und Qualität deiner
Produktion zu steigern. Dies spart Kosten und verbessert die Kundenzufriedenheit.
Überlege, welche Teile deiner Produktion durch automatisierte Qualitätskontrollen
optimiert werden können.

Wo es noch hakt

Nachdem wir uns angeschaut haben, wo KI bereits beeindruckende Erfolge feiert, ist
es ebenso wichtig, einen ehrlichen Blick auf die Herausforderungen und Schwachstellen zu werfen. Diese Perspektive hilft uns, ein ausgewogenes Verständnis zu entwickeln
und fundierte Entscheidungen zu treffen. Schließlich ist keine Technologie perfekt, und
Künstliche Intelligenz bildet da keine Ausnahme.

Es gibt immer wieder Bereiche, in denen die Realität nicht mit den hohen Erwartungen
Schritt halten kann. Während KI enorme Potenziale bietet, gibt es noch einige Hürden,
die überwunden werden müssen, bevor sie ihr volles Potenzial entfalten kann. Diese Hindernisse können technischer, organisatorischer oder ethischer Natur sein und betreffen
Unternehmen jeder Größe und Branche.

Lass uns also gemeinsam einen genauen Blick auf die Bereiche werfen, in denen KI
noch hakt und sehen, welche spezifischen Herausforderungen uns erwarten und wie wir
ihnen begegnen können.

Datenqualität und -verfügbarkeit

Eine der größten Herausforderungen bei der Implementierung von KI ist die Qualität und Verfügbarkeit von Daten. Ohne hochwertige, saubere Daten kann KI nicht
effektiv arbeiten. Oft sind Daten fragmentiert, unvollständig oder inkonsistent, was die
Leistungsfähigkeit von KI-Systemen einschränkt.

Hast du schon einmal versucht, eine Entscheidung auf Basis unvollständiger Informa-
tionen zu treffen? Genau das passiert, wenn KI mit schlechten Daten arbeiten muss. Die
Ergebnisse sind ungenau und wenig verlässlich. Es ist wichtig, dass die Daten, die in
KI-Systeme eingespeist werden, von hoher Qualität sind. Dies erfordert eine sorgfältige
Datenpflege und manchmal auch die Umstrukturierung bestehender Datenbestände.

Stell dir vor, du betreibst ein Einzelhandelsunternehmen und möchtest eine KI einsetzen, um Verkaufsprognosen zu erstellen. Wenn deine Verkaufsdaten jedoch unvollständig
oder falsch sind, wird die KI keine zuverlässigen Vorhersagen treffen können. Es ist daher

unerlässlich, dass du sicherstellst, dass deine Daten korrekt und vollständig sind, bevor du mit KI-Projekten startest.

Tipp
Investiere in Datenmanagement und -pflege. Stelle sicher, dass deine Daten strukturiert, vollständig und aktuell sind. Eine solide Datenbasis ist entscheidend für den Erfolg deiner KI-Projekte. Erwäge, Datenbereinigungstools einzusetzen und regelmäßige Datenqualitätsprüfungen durchzuführen.

Erklärbarkeit und Transparenz

KI-Systeme, insbesondere solche, die auf komplexen Algorithmen und Deep Learning basieren, sind oft Blackboxes. Das bedeutet, dass es schwierig ist, nachzuvollziehen, wie sie zu bestimmten Entscheidungen kommen. Dies kann Vertrauen und Akzeptanz der Technologie beeinträchtigen.

Stell dir vor, dein KI-System trifft eine Entscheidung, die du nicht nachvollziehen kannst. Das kann nicht nur zu Frustration führen, sondern auch zu rechtlichen und ethischen Problemen. Besonders in sensiblen Bereichen wie Medizin oder Finanzwesen ist Transparenz entscheidend. Hier müssen Entscheidungen nachvollziehbar und erklärbar sein.

Tipp
Wähle KI-Lösungen, die Transparenz und Erklärbarkeit bieten. Modelle wie Entscheidungsbäume oder regelbasierte Systeme sind oft leichter nachvollziehbar und können das Vertrauen in KI erhöhen. Setze auf Tools, die Erklärungen für ihre Entscheidungen liefern und so die Nachvollziehbarkeit erhöhen.

Integration in bestehende Systeme

Die Integration von KI in bestehende IT-Infrastrukturen kann kompliziert und teuer sein. Viele Unternehmen haben Altsysteme, die nicht auf die Anforderungen moderner KI-Anwendungen ausgelegt sind. Dies erfordert oft umfangreiche Anpassungen und Investitionen.

Es ist vergleichbar mit dem Einbau eines neuen Motors in ein altes Auto – nicht unmöglich, aber es erfordert Zeit, Geld und Expertise. Alte IT-Systeme müssen oft überarbeitet oder sogar ersetzt werden, um die Vorteile von KI voll ausschöpfen zu können. Dies kann eine erhebliche Herausforderung darstellen, insbesondere für kleinere Unternehmen mit begrenzten Ressourcen.

Stell dir vor, du führst ein mittelständisches Unternehmen mit einem gut eingespielten, aber in die Jahre gekommenen ERP-System. Nun möchtest du eine KI-basierte Lösung zur Produktionsplanung integrieren. Das bedeutet oft, dass Schnittstellen geschaffen und die IT-Infrastruktur angepasst werden muss, was nicht nur technisch, sondern auch organisatorisch anspruchsvoll ist.

Tipp
Plane die Integration von KI sorgfältig und schrittweise. Beginne mit Pilotprojekten und skaliere nach und nach. So kannst du Risiken minimieren und die Investitionskosten verteilen. Arbeite eng mit IT-Experten zusammen, um die besten Lösungen für dein Unternehmen zu finden.

Ethische und rechtliche Bedenken

Der Einsatz von KI wirft auch ethische und rechtliche Fragen auf. Datenschutz, Diskriminierung und die Verantwortung für Entscheidungen, die von KI getroffen werden, sind wichtige Aspekte, die berücksichtigt werden müssen. Es gibt noch keine klaren Regulierungen, die den Einsatz von KI umfassend regeln.

Stell dir vor, deine KI trifft eine Entscheidung, die als diskriminierend wahrgenommen wird, oder verletzt unabsichtlich Datenschutzbestimmungen. Solche Vorfälle können nicht nur rechtliche Konsequenzen haben, sondern auch das Vertrauen in dein Unternehmen beschädigen. Daher ist es wichtig, ethische Richtlinien zu entwickeln und sicherzustellen, dass deine KI-Systeme fair und transparent arbeiten.

Ein Beispiel: Ein Unternehmen nutzt eine KI zur Bewerberauswahl und merkt später, dass das System bestimmte Gruppen von Bewerbern systematisch benachteiligt hat. Solche Situationen müssen unbedingt vermieden werden, indem ethische Leitlinien und kontinuierliche Überprüfungen implementiert werden.

Tipp
Achte auf ethische Grundsätze und den Schutz personenbezogener Daten. Entwickle Richtlinien und Verfahren, um sicherzustellen, dass deine KI-Anwendungen verantwortungsvoll und rechtlich einwandfrei eingesetzt werden. Halte dich über aktuelle Entwicklungen in der KI-Regulierung auf dem Laufenden und passe deine Strategien entsprechend an.

Fazit: Real Talk

Lass uns noch einmal zusammenfassen, was wir in diesem Kapitel besprochen haben. Wie bei jedem revolutionären Werkzeug gibt es auch bei der Künstlichen Intelligenz sowohl beeindruckende Erfolge als auch Herausforderungen, die uns manchmal Kopfzerbrechen bereiten können. Aber genau das macht den Einsatz dieser Technologie so spannend und lohnenswert.

Du hast gesehen, wie KI in Bereichen wie der Automatisierung von Routineaufgaben, der Personalisierung von Kundeninteraktionen, der Vorhersage und Prognose sowie der Verbesserung der Produktqualität wahre Wunder bewirken kann. Diese Anwendungen sind nicht nur Spielereien oder Zukunftsmusik, sondern bringen echten Mehrwert in den Unternehmensalltag. Sie sparen Zeit, reduzieren Fehler und eröffnen neue Möglichkeiten, die du vielleicht noch gar nicht in Betracht gezogen hast.

Doch wie bei jeder Medaille gibt es auch hier eine Kehrseite. Die Herausforderungen der Datenqualität und -verfügbarkeit, die Komplexität und die Kosten der Integration, die Notwendigkeit der Erklärbarkeit und Transparenz sowie die ethischen und rechtlichen Bedenken sind nicht zu unterschätzen. Diese Hürden sind real und erfordern sorgfältige Planung und vorausschauendes Handeln.

Vielleicht fühlst du dich jetzt ein wenig überwältigt von all den Informationen und den möglichen Stolpersteinen. Das ist völlig normal. Aber lass dich davon nicht entmutigen. Denk daran, dass jede Reise, die sich lohnt, mit den ersten Schritten beginnt – und manchmal auch mit ein paar Hindernissen auf dem Weg.

Wenn du diese Herausforderungen als Chancen betrachtest, kannst du dein Unternehmen fit für die Zukunft machen. Beginne mit kleinen, überschaubaren Projekten, sammle Erfahrungen und baue darauf auf. Nutze die vielen Ressourcen und Experten, die dir zur Verfügung stehen. Es ist in Ordnung, sich Unterstützung zu holen und gemeinsam die besten Lösungen zu finden.

Und vor allem: Bleibe neugierig und offen für Neues. Die Welt der Künstlichen Intelligenz entwickelt sich rasant weiter, und wer weiß, welche Möglichkeiten morgen auf dich warten? Nutze die Stärken der KI, aber behalte auch ihre Schwächen im Blick. So kannst du fundierte Entscheidungen treffen und sicherstellen, dass dein Unternehmen auf dem besten Weg in eine erfolgreiche Zukunft ist.

Ich hoffe, dieser ehrliche Blick auf die Möglichkeiten und Grenzen von KI hat dir geholfen, ein ausgewogenes Bild zu bekommen. Jetzt liegt es an dir, die nächsten Schritte zu gehen. Schau dir dein Unternehmen genau an, identifiziere die Bereiche, in denen KI einen Unterschied machen kann, und setze deine Pläne in die Tat um.

Teil IV

Von Pflichten und Rechten – KI zwischen Hype und Realität

Die Einführung des AI Acts[1] stellt einen signifikanten Schritt in Richtung einer regulierten KI-Zukunft in Europa dar, besonders für mittelständische Unternehmen, die in das Terrain der künstlichen Intelligenz vorstoßen. Dieser rechtliche Rahmen zielt darauf ab, durch die Festlegung klarer Richtlinien für die Entwicklung, den Vertrieb und die Nutzung von KI-Systemen den Binnenmarkt zu stärken. Zentral für den AI Act ist ein risikobasierter Ansatz, der KI-Systeme in verschiedene Risikoklassen einteilt, um sowohl den technologischen Fortschritt zu fördern als auch ein hohes Schutzniveau für Bürger und Gesellschaft sicherzustellen.

Bevor wir weitermachen, eine kleine Anmerkung: Wir sind keine Anwälte, auch wenn wir in diesem Buch viele kluge Dinge über KI und ihre Anwendung gesagt haben. Dieser Abschnitt dient nicht als Rechtsberatung. Es handelt sich lediglich um einen Hinweis und einen Auszug aus dem AI Act, um euch frühzeitig auf die korrekte und rechtliche Auslegung eurer Projekte aufmerksam zu machen. Wenn es um die wirklich wichtigen rechtlichen Fragen geht, wendet euch bitte an die Profis mit den Anwaltsroben und den beeindruckenden Bücherwänden. Nun aber wieder auf zum AI Act und dessen Risikoklassen:

Unannehmbares Risiko
KI-Systeme, die in diese Kategorie fallen, sind aufgrund ihrer potenziellen Gefahren für die Sicherheit und Grundrechte der Menschen verboten. Hierzu zählen manipulative Technologien, die unbewusst das Verhalten von Personen beeinflussen können, sowie Systeme, die zur sozialen Bewertung durch öffentliche Behörden eingesetzt werden. Ein besonders heikles Feld stellt die Echtzeit-Fernbiometrie in öffentlichen Räumen dar, deren Einsatz unter strengen Bedingungen verboten ist.

Manipulative Technologien sind ein besonders sensibler Bereich. Sie nutzen ausgeklügelte Algorithmen, um Verhaltensmuster zu analysieren und zu beeinflussen, oft ohne dass die betroffenen Personen dies bemerken. Beispielsweise könnten solche Systeme gezielt Werbung an Kinder richten, um diese zu ungesunden oder gefährlichen Aktivitäten zu verleiten. Ein weiteres Beispiel wäre ein KI-gesteuertes System, das durch die Analyse

---

[1] https://data.consilium.europa.eu/doc/document/ST-5662-2024-INIT/en/pdf

von Social-Media-Aktivitäten das Kaufverhalten von Nutzern so beeinflusst, dass diese unbewusst Entscheidungen treffen, die nicht in ihrem besten Interesse sind.

Ein weiteres Beispiel für unannehmbares Risiko sind soziale Bewertungssysteme. Diese Systeme könnten von staatlichen Stellen eingesetzt werden, um Bürger basierend auf ihrem Verhalten und ihren Aktivitäten zu bewerten. Solche Bewertungen könnten dann Auswirkungen auf den Zugang zu öffentlichen Dienstleistungen wie Wohnraum oder Gesundheitsversorgung haben. Diese Form der Bewertung birgt erhebliche Risiken für die Privatsphäre und die Gleichheit der Bürger und wird daher vom AI Act strikt reguliert.

Beispiele

- **Manipulative Technologien:** Ein KI-System, das durch die Analyse von Online-Verhaltensdaten personalisierte Werbung so gestaltet, dass es insbesondere Kinder oder vulnerable Gruppen in einer Weise beeinflusst, die diese zur Teilnahme an schädlichem Online-Verhalten verleitet.
- **Soziale Bewertungssysteme:** Eine Plattform, entwickelt von einer städtischen Verwaltung, die Bürger nach ihrem sozialen Verhalten und öffentlichen Aktivitäten bewertet und darauf basierend Zugang zu Dienstleistungen wie öffentlichem Wohnraum oder schnelleren Behördenprozessen gewährt.

Hohes Risiko

Diese Kategorie umfasst KI-Systeme, die in kritischen Bereichen wie Gesundheitswesen, Bildung, Beschäftigung und Rechtswesen eingesetzt werden und ein signifikantes Risiko für die individuellen Rechte oder die öffentliche Sicherheit darstellen können. Solche Systeme unterliegen strengen Vorschriften bezüglich Datenqualität, Transparenz, menschlicher Aufsicht und Sicherheit. Vor dem Markteintritt ist eine Konformitätsbewertung erforderlich, um die Einhaltung der gesetzlichen Anforderungen zu gewährleisten.

Im Gesundheitswesen zum Beispiel können KI-Systeme, die zur Diagnose von Krankheiten eingesetzt werden, enorme Vorteile bieten, indem sie schneller und präziser arbeiten als menschliche Ärzte. Allerdings muss sichergestellt werden, dass die Daten, auf denen diese Systeme basieren, von höchster Qualität sind, um Fehldiagnosen zu vermeiden. Dazu gehört auch, dass die Algorithmen transparent und nachvollziehbar sind, damit Ärzte und Patienten verstehen können, wie die Diagnosen zustande kommen.

In der Beschäftigung spielen KI-basierte Rekrutierungstools eine immer größere Rolle. Diese Tools können Bewerbungen vorsortieren und die am besten geeigneten Kandidaten herausfiltern. Allerdings müssen diese Systeme fair und transparent sein, um Diskriminierung zu vermeiden. Das bedeutet, dass die Algorithmen so gestaltet sein müssen, dass sie keine Vorurteile gegenüber bestimmten Gruppen haben und dass die Kriterien, nach denen sie Entscheidungen treffen, offengelegt werden.

Beispiele

- **Gesundheitswesen:** Ein KI-System, das in Krankenhäusern zur Diagnose von Krankheiten aus Bildgebungsdaten verwendet wird. Aufgrund der kritischen Natur der Anwendung unterliegen solche Systeme strengen Konformitätsbewertungen, um Fehldiagnosen zu minimieren.
- **Rekrutierungstools:** KI-basierte Software, die von mittelständischen Unternehmen zur Vorsortierung von Bewerbungen genutzt wird. Diese Tools müssen faire und transparente Algorithmen verwenden, um Diskriminierung zu vermeiden und die Chancengleichheit aller Kandidaten zu gewährleisten.

Begrenztes Risiko

KI-Anwendungen, die begrenzte Risiken bergen, müssen spezifische Transparenzpflichten erfüllen. Dies soll sicherstellen, dass Nutzer klar darüber informiert sind, wenn sie mit einem KI-System interagieren, insbesondere in Fällen, wo Emotionen oder persönliche Merkmale erkannt werden können.

Ein häufiges Beispiel für begrenztes Risiko sind Chatbots im Kundenservice. Diese Chatbots werden zunehmend auf den Websites von Unternehmen eingesetzt, um Kundenanfragen zu beantworten und Unterstützung zu bieten. Es ist wichtig, dass Nutzer wissen, dass sie mit einem KI-System interagieren und nicht mit einem Menschen, um Missverständnisse zu vermeiden.

Ein weiteres Beispiel ist die Emotionserkennung in Feedback-Tools. Diese Tools können die Mimik und Gestik von Personen in Videokonferenzen analysieren, um Rückmeldungen zur Zufriedenheit und zum Engagement der Teilnehmer zu geben. Nutzer müssen darüber informiert werden, dass solche Technologien eingesetzt werden und ihre Zustimmung einholen.

Beispiele

- **Chatbots im Kundenservice:** Ein KI-Chatbot, der auf der Website eines mittelständischen Unternehmens eingesetzt wird, muss klar als maschinengesteuerte Interaktion gekennzeichnet sein, damit Nutzer wissen, dass sie nicht mit einem Menschen sprechen.
- **Emotionserkennung in Feedback-Tools:** Software, die Mimik in Videokonferenzen analysiert, um Feedback zur Teilnehmerzufriedenheit zu geben. Benutzer müssen über den Einsatz dieser Technologie informiert werden und ihr zustimmen.

Minimales oder kein Risiko

Der Großteil der KI-Anwendungen fällt in diese Kategorie und wird als sicher eingestuft, sodass nur minimale oder keine spezifischen regulatorischen Anforderungen bestehen.

Dennoch werden Entwickler und Anbieter dazu ermutigt, freiwillige Verhaltenskodizes zu befolgen, um das Vertrauen in ihre Technologien zu fördern.

Ein Beispiel für minimales Risiko sind automatisierte Textgenerierungstools, die von Consulting-Unternehmen genutzt werden, um Berichte zu erstellen. Solche Tools sind in der Regel sicher, solange sie keine Entscheidungen treffen, die erhebliche Auswirkungen auf Einzelpersonen haben.

Ein weiteres Beispiel sind Empfehlungssysteme für nicht-kritische Inhalte. Diese Systeme werden häufig von Online-Händlern eingesetzt, um Kunden Produkte basierend auf ihren vorherigen Käufen zu empfehlen. Solche Systeme stellen ein minimales Risiko dar und erfordern keine spezifischen regulatorischen Maßnahmen außer der allgemeinen Einhaltung der Datenschutzgesetze.

Beispiele

- **Automatisierte Textgenerierung für Berichte:** Ein Tool, das von einem Consulting-Unternehmen genutzt wird, um aus Rohdaten automatisch Berichte zu erstellen. Solche Anwendungen gelten als risikoarm, solange sie keine Entscheidungen treffen, die erhebliche Auswirkungen auf Einzelpersonen haben.
- **Empfehlungssysteme für nicht-kritische Inhalte:** Eine KI, die in einem Online-Buchladen läuft und Lesern Bücher basierend auf ihren vorherigen Käufen empfiehlt. Diese Systeme stellen ein minimales Risiko dar und erfordern keine spezifischen regulatorischen Maßnahmen außer der allgemeinen Einhaltung der Datenschutzgesetze.

Fazit AI Act

Der AI Act stellt einen signifikanten Schritt in Richtung einer regulierten KI-Zukunft in Europa dar, besonders für mittelständische Unternehmen, die in das Terrain der künstlichen Intelligenz vorstoßen. Dieser rechtliche Rahmen zielt darauf ab, durch die Festlegung klarer Richtlinien für die Entwicklung, den Vertrieb und die Nutzung von KI-Systemen den Binnenmarkt zu stärken. Zentral für den AI Act ist ein risikobasierter Ansatz, der KI-Systeme in verschiedene Risikoklassen einteilt, um sowohl den technologischen Fortschritt zu fördern als auch ein hohes Schutzniveau für Bürger und Gesellschaft sicherzustellen.

Unternehmen müssen sich bewusst machen, dass sie als Betreiber der KI die rechtliche Verantwortung für die Anwendung tragen und letztlich auch dafür haften. Der AI Act greift bereits vor Beginn jeglicher Programmierungsarbeit: Die Regelungen müssen schon in der Konzeptionsphase beachtet werden. Dadurch verlängern sich die Projektlaufzeiten, aber eine rückwirkende Berücksichtigung aller Vorgaben und Dokumentationspflichten wird schlicht nicht möglich sein.

Der AI Act fördert Innovation und Wettbewerb, indem er klare Leitlinien bietet und gleichzeitig sicherstellt, dass KI-Systeme sicher und transparent sind. Mittelständische Unternehmen können dadurch nicht nur ihre Effizienz und Wettbewerbsfähigkeit steigern, sondern auch das Vertrauen ihrer Kunden gewinnen. Durch die Einhaltung der Vorschriften und den verantwortungsvollen Umgang mit KI können Unternehmen eine Vorreiterrolle in der digitalen Transformation einnehmen und aktiv zur Gestaltung einer sicheren und ethischen KI-Zukunft beitragen.

Datenschutz im Zeitalter des AI Acts: Navigieren zwischen Innovation und Privatsphäre

15

Die Einführung des AI Acts bringt neue regulatorische Rahmenbedingungen für die Nutzung von Künstlicher Intelligenz in Europa und lenkt den Fokus auf eine der größten Herausforderungen der digitalen Welt: den Datenschutz. In einer Ära, in der Daten das neue Gold darstellen, ist der Umgang mit sensiblen Informationen eine Gratwanderung zwischen der Erschließung neuer technologischer Möglichkeiten und dem Schutz individueller Rechte.

Datenschutz: Die unsichtbare Mauer der Digitalisierung

Der Schutz sensibler Daten steht im Zentrum des Spannungsfeldes zwischen technologischem Fortschritt und persönlicher Privatsphäre. Der AI Act und bestehende Datenschutzgesetze wie die DSGVO setzen klare Grenzen und definieren strenge Richtlinien für die Erhebung, Verarbeitung und Speicherung personenbezogener Daten durch KI-Systeme. Für Unternehmen bedeutet dies, dass der Umgang mit Daten nicht nur eine technische, sondern vor allem eine rechtliche Herausforderung darstellt.

Um diese Herausforderung erfolgreich zu meistern, müssen mittelständische Unternehmen eine Datenschutzstrategie entwickeln, die sowohl innovative Technologien als auch die Einhaltung gesetzlicher Vorschriften in den Mittelpunkt stellt. Dabei spielt die Implementierung von „Datenschutz by Design" eine zentrale Rolle. Das bedeutet, dass Datenschutzmaßnahmen bereits in der Entwicklungsphase von KI-Systemen integriert werden, um Compliance von Grund auf zu gewährleisten und somit spätere Anpassungen und potenzielle rechtliche Konflikte zu minimieren.

On-Premise vs. Cloud: Wo Innovation auf Souveränität trifft

Die Wahl zwischen On-Premise-Lösungen und Cloud-Services ist nicht nur eine Frage der Präferenz, sondern reflektiert die Grundwerte eines Unternehmens hinsichtlich Datenschutz und Souveränität. On-Premise-Lösungen bieten die Möglichkeit, die vollständige Kontrolle über Daten und deren Verarbeitung zu behalten, da die Server und die gesamte Infrastruktur im eigenen Unternehmen gehostet werden. Im Gegensatz dazu bieten Cloud-Lösungen Flexibilität und Skalierbarkeit, da die Daten und Anwendungen auf externen Servern eines Cloud-Anbieters gespeichert und verwaltet werden.

Hierbei ist jedoch Vorsicht geboten: Die geografische Lage der Server, auf denen die Daten gespeichert werden, kann erhebliche Auswirkungen auf die Einhaltung von Datenschutzgesetzen und Sicherheitsstandards haben.

Vorteile und Herausforderungen von On-Premise-Lösungen

On-Premise-Lösungen ermöglichen es Unternehmen, ihre Daten vor Ort zu speichern und zu verarbeiten. Dies bietet den Vorteil, dass Unternehmen die vollständige Kontrolle über ihre Daten behalten und die Sicherheitsmaßnahmen direkt verwalten können. Allerdings erfordert dies erhebliche Investitionen in Hardware, Software und IT-Personal, um den reibungslosen Betrieb und die Sicherheit der Systeme zu gewährleisten.

Ein weiterer Vorteil von On-Premise-Lösungen ist die erhöhte Datensouveränität. Da die Daten innerhalb der eigenen Infrastruktur verbleiben, können Unternehmen besser sicherstellen, dass sie den strengen Datenschutzanforderungen des AI Acts und der DSGVO entsprechen. Dies kann insbesondere für Unternehmen, die mit hochsensiblen Daten arbeiten, ein entscheidender Faktor sein.

Vorteile und Herausforderungen von Cloud-Services

Cloud-Services bieten eine flexible und skalierbare Lösung für die Speicherung und Verarbeitung von Daten. Sie ermöglichen es Unternehmen, schnell auf sich ändernde Geschäftsanforderungen zu reagieren und Ressourcen effizient zu nutzen. Dies kann besonders vorteilhaft für mittelständische Unternehmen sein, die nicht über die gleichen finanziellen und personellen Ressourcen wie Großunternehmen verfügen.

Jedoch bringt die Nutzung von Cloud-Services auch Herausforderungen mit sich. Ein zentrales Thema ist die geografische Lage der Server, auf denen die Daten gespeichert werden. Die Verarbeitung von Daten auf Servern in den USA wirft Fragen bezüglich des Datenschutzes und der Überwachung durch US-Behörden auf. Im Gegensatz dazu bieten Server in Europa eine stärkere Absicherung durch die DSGVO und den AI Act, was sie zu einem sicheren Hafen für sensible Daten macht.

Server in den USA vs. Europa:

- **USA:** Die Nutzung von Servern in den USA kann mit Risiken verbunden sein, da US-Behörden unter bestimmten Umständen auf gespeicherte Daten zugreifen können. Dies steht im Widerspruch zu den strengen Datenschutzanforderungen der DSGVO und des AI Acts.
- **Europa:** Server in Europa bieten durch die Einhaltung der DSGVO und des AI Acts ein höheres Maß an Datenschutz. Dies macht sie besonders attraktiv für Unternehmen, die sicherstellen wollen, dass ihre Daten den höchsten Datenschutzstandards entsprechen.

KI mit Charakter: Zwischen Datenschutz und „Big Brother is watching you"

Die Debatte um Datenschutz in der KI-Welt ist nicht vollständig ohne die Betrachtung der Balance zwischen Innovation und Überwachung. KI-Systeme haben das Potenzial, unser Leben zu verbessern, aber sie tragen auch die Gefahr in sich, zu Werkzeugen der Massenüberwachung zu werden. Hier kommen die ethischen Aspekte ins Spiel, die Unternehmen berücksichtigen müssen, um nicht als "Big Brother" wahrgenommen zu werden.

Es ist entscheidend, dass KI-Systeme transparent arbeiten und die Privatsphäre der Nutzer respektieren. Unternehmen müssen sicherstellen, dass ihre KI-Lösungen nicht nur technisch ausgereift, sondern auch ethisch verantwortungsvoll sind. Dies umfasst klare Richtlinien darüber, wie Daten gesammelt, verarbeitet und genutzt werden, sowie die Gewährleistung, dass Nutzer die Kontrolle über ihre eigenen Daten behalten.

Die Implementierung von Datenschutzmaßnahmen wie Anonymisierung und Pseudonymisierung kann helfen, das Risiko zu minimieren, dass personenbezogene Daten missbraucht werden. Darüber hinaus sollten Unternehmen regelmäßig Audits und Bewertungen durchführen, um sicherzustellen, dass ihre Datenschutzpraktiken den aktuellen gesetzlichen und ethischen Standards entsprechen.

Die Kunst des balancierten Datenschutzes

Der Schlüssel zum Erfolg im Umgang mit sensiblen Daten unter dem AI Act liegt in einer ausgewogenen Strategie, die sowohl die technologischen als auch die rechtlichen Aspekte berücksichtigt. Hier einige Tipps, wie Unternehmen diese Herausforderung meistern können:

- **Datenschutz by Design:** Integriere Datenschutzmaßnahmen bereits in der Entwicklungsphase von KI-Systemen, um Compliance von Grund auf zu gewährleisten.

- **Transparente Datenverarbeitung:** Informiere Nutzer klar und verständlich über den Umgang mit ihren Daten, um Vertrauen und Akzeptanz zu schaffen.
- **Strategische Datenlagerung:** Wäge sorgfältig ab, wo und wie Daten gespeichert werden, insbesondere im Hinblick auf die geografische Lage der Server und die damit verbundenen rechtlichen Implikationen.

Fazit: Datenschutz als strategisches Fundament in der KI-Ära

Der Umgang mit sensiblen Daten im Lichte des AI Acts und der Datenschutzgesetze erscheint zunächst als eine Herausforderung. Doch tatsächlich bietet er eine Chance, die Weichen für nachhaltige Innovation und vertrauensvolle Kundenbeziehungen zu stellen. Der Schlüssel liegt in der strategischen Integration von Datenschutzmaßnahmen in alle Aspekte der KI-Entwicklung und -Nutzung. Hierbei wird die Einholung einer rechtlichen Einschätzung (Legal Opinion) unerlässlich, um sicherzustellen, dass die implementierten Lösungen nicht nur den technologischen, sondern auch den spezifischen regulatorischen Anforderungen des AI Acts vollständig entsprechen.

Die bewusste Entscheidung zwischen On-Premise-Lösungen und Cloud-Services, insbesondere unter Berücksichtigung der Serverstandorte, spiegelt eine gründliche Auseinandersetzung mit Datenschutz und Datensicherheit wider. Dies ist ein entscheidender Schritt, der weit über die einfache Compliance hinausgeht. Es ist eine Investition in die Zukunftsfähigkeit und das Innovationspotenzial des Unternehmens.

Indem Unternehmen Datenschutz und -sicherheit als zentrale Säulen ihrer Geschäftsstrategie etablieren, minimieren sie nicht nur das Risiko regulatorischer Sanktionen, sondern stärken auch das Vertrauen ihrer Nutzer. Eine umfassende rechtliche Prüfung, angefangen bei der Einholung einer Legal Opinion, ist daher nicht nur eine Vorsichtsmaßnahme, sondern ein strategischer Schritt, der die Tür zu verantwortungsvoller Innovation öffnet. In diesem Sinne wandelt sich der Datenschutz von einer potenziellen Hürde zu einem soliden Fundament, auf dem die zukunftsorientierte Entwicklung und Implementierung von KI-Technologien sicher stehen kann.

Zusammenfassend lässt sich sagen, dass mittelständische Unternehmen, die den Datenschutz ernst nehmen und ihn als integralen Bestandteil ihrer KI-Strategie betrachten, nicht nur rechtliche Anforderungen erfüllen, sondern auch ihre Wettbewerbsfähigkeit stärken und das Vertrauen ihrer Kunden gewinnen können. Der AI Act bietet dabei den Rahmen, innerhalb dessen Innovation und Privatsphäre erfolgreich miteinander in Einklang gebracht werden können.

Die soziale Architektur der KI-Implementierung – Governance, interne Politik und Stakeholder-Management

16

Die Einführung von KI-Technologien in Unternehmen ist nicht nur eine technische oder rechtliche Herausforderung, sondern erfordert auch ein ausgeklügeltes Management der Unternehmensdynamik. Governance, interne Politik und Stakeholder-Management spielen eine ebenso entscheidende Rolle wie die Überwindung von Datenschutzhürden. Die wahre Kunst der erfolgreichen Implementierung von KI-Tools liegt darin, ein Orchester verschiedener Interessen zu dirigieren und alle wichtigen Stakeholder hinter einem gemeinsamen Ziel zu vereinen.

Governance: Das Rückgrat der KI-Strategie

Eine starke Governance-Struktur ist das Rückgrat jeder erfolgreichen KI-Strategie. Sie definiert klare Richtlinien, Verantwortlichkeiten und Prozesse, die sicherstellen, dass die KI-Implementierung im Einklang mit den Unternehmenszielen und -werten steht. Governance sorgt für Transparenz und Vertrauen, indem sie einen Rahmen schafft, der sowohl Innovation fördert als auch Risiken managt.

Ein effektives Governance-Framework beginnt mit der Etablierung eines KI-Lenkungsausschusses, der aus Führungskräften verschiedener Abteilungen besteht. Dieser Ausschuss sollte sich regelmäßig treffen, um den Fortschritt der KI-Initiativen zu überwachen, strategische Entscheidungen zu treffen und sicherzustellen, dass die KI-Implementierung die Unternehmenswerte widerspiegelt. Ein solider Governance-Plan umfasst zudem die Festlegung von ethischen Leitlinien, die die Entwicklung und den Einsatz von KI-Systemen steuern. Diese Leitlinien sollten klare Vorgaben enthalten, wie

D. Renner et al., *KI im Mittelstand: Chancen, Optimierungen und Neugeschäft*,
https://doi.org/10.1007/978-3-658-46077-8_16

KI genutzt wird, um Diskriminierung zu vermeiden, Transparenz zu gewährleisten und die Rechte der Nutzer zu schützen.

☑ Checkliste: Governance der KI-Implementierung

Governance-Framework etablieren:

- KI-Lenkungsausschuss (Key Stakeholder) aus Führungskräften verschiedener Abteilungen bilden.
- Regelmäßige Treffen des KI-Lenkungsausschusses planen und durchführen.
- Fortschritt der KI-Initiativen überwachen und strategische Entscheidungen treffen.
- Ethik-Leitlinien für die Entwicklung und den Einsatz von KI-Systemen festlegen.
  - Richtlinien zur Vermeidung von Diskriminierung.
  - Transparenz gewährleisten.
  - Schutz der Rechte der Nutzer sicherstellen.

Verantwortlichkeiten und Prozesse definieren:

- Klare Zuständigkeiten und Aufgaben im Zusammenhang mit der KI-Implementierung festlegen.
- Prozesse zur Überwachung und Steuerung der KI-Projekte implementieren.
- Regelmäßige Berichterstattung und Dokumentation sicherstellen.

Risikomanagement:

- Risiken der KI-Implementierung identifizieren und bewerten.
- Maßnahmen zur Risikominderung entwickeln und umsetzen.
- Kontinuierliches Monitoring und Anpassung der Risikomanagementstrategien.

Interne Politik:

- Bereichsübergreifende Teams mit Mitgliedern verschiedener Abteilungen einrichten.
- Interne Kommunikationskanäle schaffen und pflegen.
- Regelmäßige Workshops und Schulungen zur Förderung des Verständnisses und der Akzeptanz von KI durchführen.
- Inklusiven Ansatz zur Integration verschiedener Perspektiven und Prioritäten verfolgen.

Stakeholder-Management:

- Stakeholder-Analyse durchführen:
  - Alle relevanten Stakeholder identifizieren.
  - Einfluss und Interesse der Stakeholder an der KI-Implementierung bewerten.
- Maßgeschneiderte Kommunikationsstrategie entwickeln:
  - Bedürfnisse und Erwartungen der verschiedenen Gruppen adressieren.
  - Regelmäßige Updates, Meetings und Feedback-Schleifen einplanen.
- Klare und regelmäßige Kommunikation sicherstellen:
  - Fortschritte, Herausforderungen und Erfolge transparent kommunizieren.
  - Regelmäßige Berichte, Newsletter und interaktive Plattformen nutzen.
- Aktive Beteiligung der Stakeholder fördern:
  - Workshops, gemeinsame Arbeitsgruppen und Pilotprojekte organisieren.
- Erwartungen managen:
  - Realistische Ziele und Meilensteine definieren.
  - Überzogene Erwartungen vermeiden und realistische Rahmenbedingungen setzen.

Diese Checkliste bietet eine strukturierte Vorgehensweise, um die Governance bei der Implementierung von KI in einem Unternehmen sicherzustellen und dabei alle wichtigen Aspekte von interner Politik bis hin zu Stakeholder-Management zu berücksichtigen.

Die Rolle der internen Politik

Interne Politik kann nicht ignoriert werden, wenn es darum geht, KI-Tools in einem Unternehmen einzuführen. Die Dynamik zwischen verschiedenen Abteilungen, die oft unterschiedliche Prioritäten und Bedenken haben, muss sorgfältig navigiert werden. Erfolgreiche KI-Projekte erfordern einen inklusiven Ansatz, der die verschiedenen Perspektiven berücksichtigt und integriert. Die Herausforderung besteht darin, einen Konsens zu finden, der die Basis für eine breite Unterstützung der KI-Initiative bildet.

Ein integrativer Ansatz könnte die Einrichtung von bereichsübergreifenden Teams beinhalten, die aus Mitgliedern verschiedener Abteilungen bestehen. Diese Teams sollten von Anfang an in den Entwicklungsprozess einbezogen werden, um sicherzustellen, dass alle relevanten Perspektiven berücksichtigt werden. Darüber hinaus ist es wichtig, interne Kommunikationskanäle zu schaffen, die den Austausch von Ideen und Bedenken fördern. Regelmäßige Workshops und Schulungen können helfen, das Verständnis und die Akzeptanz von KI innerhalb der Organisation zu stärken.

Stakeholder-Management: Ein Schlüssel zum Erfolg

Das Management von Stakeholdern ist entscheidend, um in der komplexen Landschaft der KI-Implementierung voranzukommen. Stakeholder – von der Geschäftsleitung über die IT-Abteilung bis hin zu Endnutzern – haben jeweils eigene Erwartungen und Bedenken bezüglich der KI. Der Schlüssel zum Erfolg liegt darin, diese Gruppen nicht nur zu informieren, sondern sie wirklich ins Boot zu holen und aktiv in den Implementierungsprozess einzubeziehen. Eine effektive Kommunikation und Beteiligung der Stakeholder stärkt das gemeinsame Engagement und die Akzeptanz der KI-Tools.

Eine effektive Stakeholder-Analyse ist der erste Schritt. Diese Analyse sollte die Identifikation aller relevanten Stakeholder umfassen und deren Einfluss sowie Interesse an der KI-Implementierung bewerten. Darauf aufbauend kann eine maßgeschneiderte Kommunikationsstrategie entwickelt werden, die die Bedürfnisse und Erwartungen der verschiedenen Gruppen adressiert. Regelmäßige Updates, Meetings und Feedback-Schleifen sind essenziell, um das Vertrauen und die Unterstützung der Stakeholder zu gewinnen.

Strategien für effektives Stakeholder-Management

- **Identifiziere und verstehe deine Stakeholder:** Ein tiefes Verständnis der Interessen, Bedenken und Einflussmöglichkeiten deiner Stakeholder ist essenziell, um sie effektiv zu managen. Dies erfordert eine detaillierte Analyse und kontinuierliche Überwachung.
- **Kommuniziere klar und regelmäßig:** Halte alle Stakeholder über Fortschritte, Herausforderungen und Erfolge auf dem Laufenden. Transparente Kommunikation baut Vertrauen auf und minimiert Widerstände. Nutzen Sie hierfür regelmäßige Berichte, Newsletter und interaktive Plattformen.
- **Fördere die Beteiligung:** Aktive Beteiligung schafft ein Gefühl der Zugehörigkeit und des Besitzes, was die Akzeptanz und Unterstützung für das Projekt erhöht. Dies kann durch Workshops, gemeinsame Arbeitsgruppen und Pilotprojekte erreicht werden.
- **Manage die Erwartungen:** Sei realistisch in dem, was KI leisten kann und was nicht. Überzogene Erwartungen können zu Enttäuschungen führen, während ein realistischer Rahmen die Grundlage für den Erfolg bildet. Eine klare Definition der Projektziele und Meilensteine ist hierbei entscheidend.

Fazit: Ein harmonisches Zusammenspiel

Die Implementierung von KI-Tools ist ein vielschichtiges Unterfangen, das weit über Technik und rechtliche Compliance hinausgeht. Governance, interne Politik und Stakeholder-Management sind wie die drei Musketiere, die Hand in Hand arbeiten müssen, um eine erfolgreiche KI-Integration zu gewährleisten. Wenn diese Faktoren harmonisch zusammenspielen, legst du den Grundstein für eine KI-Einführung, die nicht nur technisch und rechtlich einwandfrei ist, sondern auch von allen Beteiligten mitgetragen wird. Denn am Ende des Tages ist es diese soziale Architektur, die den Weg für wirklich transformative KI-Innovationen ebnet – und wer will schon in einem Unternehmen arbeiten, wo niemand mitzieht?

Durch die gezielte Berücksichtigung und Integration dieser Aspekte können Unternehmen sicherstellen, dass ihre KI-Implementierungsprojekte nicht nur technisch erfolgreich sind, sondern auch breite Akzeptanz finden und nachhaltig zum Unternehmenserfolg beitragen. Die soziale Architektur der KI-Implementierung ist somit der Schlüssel zu einer zukunftsorientierten und verantwortungsvollen Nutzung von Künstlicher Intelligenz.

Stolpersteine auf dem KI-Pfad: Wo's brennt, wenn man KI ins Haus holt

17

Die Implementierung von KI in mittelständischen Unternehmen ist ein aufregendes Abenteuer, das viele Potenziale bietet. Doch wie bei jeder Reise gibt es auch hier Hindernisse und Herausforderungen, die es zu meistern gilt. Nachdem wir uns bereits mit den rechtlichen Rahmenbedingungen und den Erfolgsfaktoren wie Governance, interner Politik und Stakeholder-Management auseinandergesetzt haben, ist es nun an der Zeit, einen Blick auf die Stolpersteine zu werfen, die auf dem Weg zur erfolgreichen KI-Integration lauern. Diese Hindernisse können, wenn sie nicht rechtzeitig erkannt und angegangen werden, den gesamten Implementierungsprozess gefährden.

Datenqualität und Datenmangel

Eine der größten Herausforderungen bei der Implementierung von KI ist die Qualität und Verfügbarkeit der Daten. Ohne saubere, strukturierte und ausreichend umfangreiche Datensätze können KI-Modelle nicht effektiv trainiert werden. Oftmals stellen Unternehmen fest, dass ihre vorhandenen Daten nicht den Anforderungen entsprechen oder wichtige Daten fehlen.

Tipps zur Überwindung:

- **Datenbereinigung:** Investiere Zeit und Ressourcen in die Bereinigung und Strukturierung der vorhandenen Daten, um sicherzustellen, dass sie für das Training von KI-Modellen geeignet sind.

D. Renner et al., *KI im Mittelstand: Chancen, Optimierungen und Neugeschäft*, https://doi.org/10.1007/978-3-658-46077-8_17

- **Datenstrategie entwickeln:** Erstelle eine umfassende Datenstrategie, die die Erfassung, Speicherung und Nutzung von Daten systematisch regelt.
- **Externe Datenquellen:** Ziehe in Betracht, externe Datenquellen zu nutzen oder Partnerschaften einzugehen, um Datenlücken zu schließen.

Technologische Komplexität und Infrastruktur

Die Integration von KI-Technologien erfordert oft eine erhebliche Anpassung der bestehenden IT-Infrastruktur. Dies kann von der Notwendigkeit, neue Hardware zu beschaffen, bis hin zur Implementierung spezialisierter Softwarelösungen reichen.

Tipps zur Überwindung:

- **IT-Audit durchführen:** Beginne mit einem umfassenden IT-Audit, um die bestehenden Systeme zu bewerten und festzustellen, welche Anpassungen erforderlich sind.
- **Skalierbare Lösungen wählen:** Setze auf skalierbare Lösungen, die mit den wachsenden Anforderungen der KI-Implementierung mithalten können.
- **Fachkräfte einstellen oder weiterbilden:** Stelle sicher, dass dein IT-Team über die notwendigen Fähigkeiten verfügt oder bilde sie entsprechend weiter.

Widerstand der Mitarbeiter

Die Einführung neuer Technologien wie KI kann bei Mitarbeitern Unsicherheit und Widerstand hervorrufen. Ängste vor Arbeitsplatzverlust oder Veränderungen der Arbeitsweise sind häufige Ursachen für solche Reaktionen.

Tipps zur Überwindung:

- **Transparente Kommunikation:** Informiere die Mitarbeiter frühzeitig und transparent über die geplanten Änderungen und die Vorteile der KI-Implementierung.
- **Schulungen und Weiterbildungen:** Biete umfassende Schulungsprogramme an, um die Mitarbeiter mit den neuen Technologien vertraut zu machen und ihre Fähigkeiten zu erweitern.
- **Einbindung der Mitarbeiter:** Beziehe die Mitarbeiter aktiv in den Implementierungsprozess ein, um ihre Akzeptanz und Unterstützung zu gewinnen.

Ethische Überlegungen und Verantwortlichkeiten

KI-Systeme können unbeabsichtigte Konsequenzen haben, wie etwa das Einführen von Verzerrungen (Bias) in Entscheidungsprozesse oder den Missbrauch personenbezogener Daten. Ethische Überlegungen und die Festlegung klarer Verantwortlichkeiten sind daher unerlässlich.

Tipps zur Überwindung:

- **Ethische Richtlinien etablieren:** Entwickle und implementiere ethische Richtlinien für den Einsatz von KI, die Aspekte wie Fairness, Transparenz und Datenschutz berücksichtigen.
- **Verantwortung festlegen:** Bestimme klare Verantwortlichkeiten innerhalb des Unternehmens für die Überwachung und Einhaltung dieser Richtlinien.
- **Regelmäßige Audits:** Führe regelmäßige Audits durch, um sicherzustellen, dass die KI-Systeme den ethischen Standards entsprechen und keine ungewollten Verzerrungen aufweisen.

Kontinuierliche Überwachung und Anpassung

KI-Implementierungen sind keine einmaligen Projekte, sondern kontinuierliche Prozesse. Die Systeme müssen regelmäßig überwacht und angepasst werden, um sicherzustellen, dass sie weiterhin effektiv und zuverlässig arbeiten.

Tipps zur Überwindung:

- **Kontinuierliches Monitoring:** Implementiere Systeme zur kontinuierlichen Überwachung der KI-Modelle und ihrer Leistung.
- **Feedback-Schleifen einbauen:** Etabliere Feedback-Schleifen, um Rückmeldungen von Nutzern und Stakeholdern regelmäßig zu sammeln und in die Verbesserung der KI-Systeme einfließen zu lassen.
- **Agilität bewahren:** Sei bereit, die KI-Strategie und -Technologien anzupassen, wenn neue Herausforderungen oder Möglichkeiten auftauchen.

Fazit: Vorbereitung ist alles

Die Implementierung von KI in mittelständischen Unternehmen ist zweifellos mit Herausforderungen verbunden, doch mit der richtigen Vorbereitung und Strategie können diese Hindernisse erfolgreich überwunden werden. Datenqualität, technologische Komplexität, Mitarbeiterakzeptanz, ethische Überlegungen und kontinuierliche Anpassung sind zentrale Aspekte, die es zu beachten gilt. Durch proaktive Planung und Einbindung aller relevanten Stakeholder kann der KI-Pfad nicht nur erfolgreich beschritten, sondern auch nachhaltig gestaltet werden. Letztendlich liegt der Schlüssel zum Erfolg in der Fähigkeit, potenzielle Probleme frühzeitig zu erkennen und entsprechende Maßnahmen zu ergreifen. Unser kommender Startkit wird dir dabei helfen, diese Vorbereitungen noch gezielter und effektiver umzusetzen.

Ein weiterer wichtiger Punkt ist das kontinuierliche Lernen und Anpassen. Die Welt der Künstlichen Intelligenz ist dynamisch und verändert sich ständig. Was heute als Best Practice gilt, kann morgen schon veraltet sein. Daher ist es essenziell, immer auf dem Laufenden zu bleiben, neue Entwicklungen zu beobachten und dein Wissen regelmäßig zu aktualisieren. Schulungen und Weiterbildungen für dich und dein Team sind dabei genauso wichtig wie der Austausch mit anderen Unternehmen und Experten in der Branche.

Auch der menschliche Faktor sollte nicht unterschätzt werden. Die Einführung von KI kann bei deinen Mitarbeitern Ängste und Unsicherheiten auslösen. Daher ist es entscheidend, sie frühzeitig in den Prozess einzubeziehen, transparent zu kommunizieren und ihnen die Vorteile der neuen Technologien aufzuzeigen. Schulungsprogramme und offene Diskussionen können helfen, Vorbehalte abzubauen und die Akzeptanz zu fördern.

Denke daran: Der Weg zur erfolgreichen Implementierung von KI ist kein Sprint, sondern ein Marathon. Mit Geduld, Ausdauer und der Bereitschaft, aus Fehlern zu lernen, wirst du die Herausforderungen meistern und dein Unternehmen auf ein neues Innovationslevel heben. Bleib neugierig, bleib engagiert, und nutze die Chancen, die dir die Künstliche Intelligenz bietet.

Ich hoffe, dass dir dieses Kapitel einen klaren und realistischen Überblick über die Potenziale und Herausforderungen von KI gegeben hat. Sei bereit, die Reise fortzusetzen, und lass uns gemeinsam die Zukunft gestalten. Dein Engagement und deine Bereitschaft, Neues auszuprobieren, sind der Schlüssel zu langfristigem Erfolg. Viel Erfolg auf deinem KI-Abenteuer!

Teil V

KI-Startkit – Schritt für Schritt zur ersten Implementierung

Hallo und herzlich willkommen zu Teil 5 unseres Buches! Nachdem wir uns intensiv mit den Möglichkeiten und Herausforderungen der KI beschäftigt haben, ist es nun an der Zeit, in die Praxis überzugehen. Theorie ist wichtig, aber echte Fortschritte machst du erst, wenn du die ersten konkreten Schritte unternimmst. Genau dabei wollen wir dich unterstützen.

Vielleicht fühlst du dich nach all den Informationen, die du bisher erhalten hast, ein wenig überwältigt. Das ist verständlich, denn der Einstieg in die Welt der KI kann komplex erscheinen. Doch keine Sorge – wir sind hier, um dir zu helfen! Unser KI-Startkit ist speziell darauf ausgelegt, dir den Weg zur ersten Implementierung zu erleichtern. Mit detaillierten Checklisten und klaren Anleitungen führen wir dich Schritt für Schritt durch den Prozess.

Stell dir vor, du bereitest dich darauf vor, ein neues Abenteuer zu beginnen. Du hast deine Ausrüstung, du kennst das Ziel und nun geht es darum, die Route zu planen. Genau so ist es auch mit der Implementierung von KI in deinem Unternehmen. Du hast das Wissen, du weißt um die Potenziale und Herausforderungen, und jetzt geht es darum, die ersten praktischen Schritte zu gehen. In diesem Teil des Buches findest du konkrete Checklisten, die dir zeigen, wie du KI in deinem Unternehmen einführen kannst.

Meilensteine der KI-Implementierung: Ein Phasenplan für den Mittelstand

18

Wir wissen, dass jedes Unternehmen einzigartig ist und vor unterschiedlichen Herausforderungen steht. Daher sind unsere Anleitungen flexibel und anpassbar, sodass du sie auf deine spezifischen Bedürfnisse zuschneiden kannst. Du wirst sehen, dass der Weg zur ersten Implementierung weniger steinig ist, als du vielleicht denkst.

Mach dich bereit, die ersten Schritte zu gehen und KI in deinem Unternehmen zum Leben zu erwecken. Mit unserem Startkit bist du bestens gerüstet, um die Theorie in die Praxis umzusetzen und die Vorteile der Künstlichen Intelligenz voll auszuschöpfen.

Phase 1: Vor der KI-Implementierung – Wo, Warum, Wie?

Bevor du mit der Implementierung von KI beginnst, ist es wichtig, eine gründliche Bestandsaufnahme und Zielsetzung durchzuführen sowie eine umfassende Markt- und Technologieanalyse zu erstellen. Dieser erste Schritt legt das Fundament für eine erfolgreiche KI-Strategie in deinem Unternehmen.

1. Bestandsaufnahme und Zielsetzung

Eine sorgfältige Bestandsaufnahme und Zielsetzung ist der Schlüssel zum Erfolg jeder KI-Implementierung. Dabei geht es darum, klar zu definieren, wo und warum du KI einsetzen möchtest und wie du diese Ziele erreichen kannst.

© Der/die Autor(en), exklusiv lizenziert an Springer Fachmedien Wiesbaden GmbH, ein Teil von Springer Nature 2025
D. Renner et al., *KI im Mittelstand: Chancen, Optimierungen und Neugeschäft*, https://doi.org/10.1007/978-3-658-46077-8_18

Checkliste:

- **Geschäftsbereiche mit Optimierungspotenzial identifizieren:** Analysiere verschiedene Abteilungen deines Unternehmens, um Bereiche zu finden, die von KI profitieren könnten. Schau dir insbesondere wiederholbare, datenintensive Aufgaben an, die automatisiert werden können. Beispielsweise könnten die Buchhaltung, der Kundenservice oder die Lagerverwaltung von KI-gestützten Lösungen profitieren.

> **Tipp** Führe Workshops mit deinen Abteilungen durch, um deren spezifische Herausforderungen und mögliche KI-Anwendungsfälle zu identifizieren.

- **Definiere klare Ziele:** Setze messbare und spezifische Ziele, die du mit KI erreichen möchtest, wie z. B. Kosteneinsparungen, Effizienzsteigerungen oder Umsatzwachstum. Es ist wichtig, realistische und erreichbare Ziele zu setzen, um den Erfolg deiner KI-Projekte messen zu können.

> **Tipp** Verwende die SMART-Methode (Spezifisch, Messbar, Akzeptiert, Realistisch, Terminiert), um deine Ziele klar und umsetzbar zu formulieren.

- **Bestehende Datenquellen und deren Qualität analysieren:** Überprüfe, welche Daten in deinem Unternehmen vorhanden sind und in welchem Zustand sie sich befinden. Identifiziere mögliche Datenlücken und plane, wie diese geschlossen werden können.

> **Tipp** Erstelle ein Dateninventar, das alle relevanten Datenquellen, deren Qualität und die Verantwortlichen für die Datenpflege auflistet. Setze regelmäßige Audits zur Datenqualität an, um sicherzustellen, dass deine Daten stets auf dem neuesten Stand und vollständig sind.

☑ **Handlungsempfehlung**
Erstelle eine Liste mit den Top 3 Bereichen, in denen du KI einsetzen möchtest. Diskutiere diese Liste mit deinem Team und priorisiere die Bereiche anhand der potenziellen Auswirkungen und der Umsetzbarkeit. Ein gemeinsames Brainstorming kann helfen, weitere wertvolle Ideen zu sammeln und die Akzeptanz im Team zu erhöhen.

2. Markt- und Technologieanalyse

Eine umfassende Markt- und Technologieanalyse hilft dir, die besten Tools und Dienstleistungen für dein KI-Projekt zu finden und zu bewerten, wie andere Unternehmen KI nutzen. Hier ist eine detaillierte Checkliste, die dir einen klaren Weg aufzeigt.

Checkliste:

- Führe eine Marktanalyse durch:
  - **Wettbewerber und Branchenführer untersuchen:** Finde heraus, wie deine Wettbewerber und führende Unternehmen in deiner Branche KI einsetzen. Welche spezifischen Anwendungen nutzen sie? Welche Erfolge und Misserfolge haben sie erlebt?

> 💡 **Tipp** Verwende Tools wie SWOT-Analysen, um Stärken, Schwächen, Chancen und Bedrohungen in Bezug auf die KI-Nutzung bei deinen Wettbewerbern zu identifizieren. Führe Gespräche mit Branchenexperten und besuche Fachkonferenzen, um Einblicke zu gewinnen.

  - **Bewährte Praktiken identifizieren:** Notiere dir erfolgreiche Anwendungsfälle und Technologien, die sich in der Praxis bewährt haben. Dies kann dir helfen, potenzielle Fehler zu vermeiden und direkt von den Erfahrungen anderer zu profitieren.

> 💡 **Tipp** Erstelle eine Liste mit Best Practices, die du in deinem Unternehmen umsetzen möchtest. Beispiele könnten der Einsatz von KI für predictive maintenance in der Produktion oder personalisierte Marketingkampagnen im E-Commerce sein.

- Recherchiere verfügbare KI-Tools und -Plattformen:
  - **Verschiedene KI-Lösungen vergleichen:** Informiere dich über die verschiedenen KI-Lösungen, die auf dem Markt verfügbar sind. Achte dabei auf Faktoren wie Skalierbarkeit, Benutzerfreundlichkeit, Kosten und die Möglichkeit zur Integration in bestehende Systeme. Einige Möglichkeiten haben wir in diesem Buch bereits erwähnt.

> 💡 **Tipp** Erstelle eine Vergleichstabelle, in der du die wichtigsten Merkmale der verschiedenen Tools auflistest. Berücksichtige dabei Aspekte wie die Unterstützung durch den Anbieter, die Community und die Flexibilität der Plattform.

- **Pilotprojekte und Testversionen nutzen:** Viele Anbieter bieten Testversionen oder Pilotprojekte an. Nutze diese Möglichkeiten, um die Tools in deinem spezifischen Kontext zu testen und ihre Eignung zu bewerten.

> **Tipp** Implementiere ein kleines Pilotprojekt, das einen konkreten Geschäftsprozess verbessert. Dies könnte ein Machine-Learning-Tool sein, das Prognosen für deinen Lagerbestand erstellt. Teste das Tool und evaluiere die Ergebnisse, bevor du es im großen Maßstab einführst.

- Bewerte externe Berater und Dienstleister:
  - **Experten hinzuziehen:** Überlege, ob du externe Experten hinzuziehen möchtest, um deine KI-Projekte zu unterstützen. Berater und Dienstleister können wertvolles Know-how und Erfahrungen einbringen, die den Implementierungsprozess beschleunigen und optimieren können.

> **Tipp** Recherchiere und kontaktiere Beratungsfirmen, die sich auf KI spezialisiert haben. Vereinbare Gespräche, um ihre Expertise und Erfahrungen zu evaluieren. Frage nach Referenzen und Fallstudien, die ihre bisherigen Erfolge belegen.

  - **Partnerschaften und Kooperationen eingehen:** Langfristige Partnerschaften mit Technologieanbietern oder Forschungsinstituten können ebenfalls von Vorteil sein. Diese Partnerschaften bieten Zugang zu den neuesten Entwicklungen und ermöglichen eine kontinuierliche Weiterentwicklung deiner KI-Lösungen.

> **Tipp** Suche nach Universitäten oder Forschungseinrichtungen, die an KI-Projekten arbeiten, und erkunde Möglichkeiten für Kooperationen. Solche Partnerschaften können dir Zugang zu hochqualifiziertem Personal und innovativen Lösungen verschaffen.

> ☑ **Handlungsempfehlung**
> Erstelle eine Vergleichstabelle der potenziellen KI-Tools und -Dienstleister. Wähle die Top 3 aus und plane Demos oder Beratungsgespräche. Diese Schritte helfen dir, eine fundierte Entscheidung zu treffen und sicherzustellen, dass die ausgewählten Tools und Dienstleistungen den spezifischen Anforderungen deines Unternehmens entsprechen. Achte darauf, dass du auch die Kosten und den Support berücksichtigst, um eine nachhaltige Implementierung zu gewährleisten.

Phase 2: Vorbereitung auf den Prototyp-Projektstart

In der zweiten Phase geht es darum, die Voraussetzungen für einen erfolgreichen Start deines KI-Projekts zu schaffen. Diese Phase umfasst die Datenvorbereitung und -management sowie die Bildung eines interdisziplinären Teams. Eine gründliche Vorbereitung ist entscheidend, um sicherzustellen, dass dein KI-Projekt auf einer soliden Basis aufbaut und die besten Chancen auf Erfolg hat.

1. Datenvorbereitung und -management
Qualitativ hochwertige Daten sind das A und O jeder KI-Implementierung. Ohne saubere und gut strukturierte Daten kann keine KI effektiv arbeiten. Hier sind die wichtigsten Schritte, die du beachten solltest:

Checkliste:

- Relevante Daten sammeln und bereinigen:
  - **Datenquellen identifizieren:** Finde heraus, welche Datenquellen für dein KI-Projekt relevant sind. Das können interne Systeme wie ERP, CRM und Produktionsdaten sein oder auch externe Quellen wie Marktdaten und Social-Media-Daten.

    > 💡**Tipp** Erstelle eine Liste aller potenziellen Datenquellen und ordne sie nach ihrer Relevanz für das Projekt. Ein Workshop mit deinem Team kann helfen, alle wichtigen Datenquellen zu identifizieren.

  - **Daten bereinigen:** Achte darauf, dass die gesammelten Daten vollständig, konsistent und frei von Fehlern sind. Dies kann durch Datenbereinigungs- und Validierungsprozesse erreicht werden.

    > 💡**Tipp** Nutze spezialisierte Tools zur Datenbereinigung wie OpenRefine oder Talend. Setze klare Standards für Datenqualität und dokumentiere den Bereinigungsprozess, um die Nachvollziehbarkeit zu gewährleisten.

- Datenschutz und Datensicherheit gewährleisten:
  - **Gesetzeskonformität sicherstellen:** Achte auf die Einhaltung von Datenschutzgesetzen und -vorschriften wie der DSGVO. Stelle sicher, dass alle Daten sicher gespeichert und geschützt sind.

> ·☾· **Tipp** Implementiere Datenschutzrichtlinien und schule dein Team regel-
> mäßig zu den geltenden Vorschriften. Verwende Verschlüsselung und Zugriffs-
> kontrollen, um die Datensicherheit zu gewährleisten.

- **Sichere Datenspeicherung:** Setze auf sichere Speicherlösungen, die den Schutz
  sensibler Daten gewährleisten.

> ·☾· **Tipp** Nutze Cloud-Dienste mit hohen Sicherheitsstandards oder eigene
> sichere Serverlösungen. Führe regelmäßige Sicherheitsaudits durch, um
> Schwachstellen frühzeitig zu erkennen und zu beheben.

- Datenmanagementsystem implementieren:
  - **Robustes Datenmanagementsystem etablieren:** Ein gutes Datenmanagementsys-
    tem erleichtert die Speicherung, Verwaltung und Analyse deiner Daten. Systeme wie
    SQL-Datenbanken, Data Lakes oder spezialisierte Data-Warehouse-Lösungen können
    je nach Bedarf eingesetzt werden.

> ·☾· **Tipp** Wähle ein System, das zu den Anforderungen deines Projekts passt.
> SQL-Datenbanken sind gut für strukturierte Daten, während Data Lakes größere
> Flexibilität für unstrukturierte Daten bieten. Implementiere Datenintegrations-
> Tools wie Apache Nifi oder Talend, um Daten aus verschiedenen Quellen
> effizient zusammenzuführen.

> ☑ **Handlungsempfehlung**
> Starte mit der Identifikation aller relevanten Datenquellen. Halte Workshops mit dei-
> nem Team ab, um sicherzustellen, dass keine wichtigen Quellen übersehen werden.
> Bereinige anschließend die Daten gründlich, um eine hohe Qualität sicherzustellen.
> Dokumentiere den Bereinigungsprozess und setze klare Standards für Datenqua-
> lität. Achte darauf, dass alle datenschutzrechtlichen Anforderungen erfüllt sind
> und sichere Speichermethoden verwendet werden. Schließlich implementiere ein
> robustes Datenmanagementsystem, das die Verwaltung und Analyse deiner Daten
> erleichtert. Wähle die für dein Projekt am besten geeigneten Tools und setze diese
> konsequent ein. Dies schafft eine solide Grundlage für den Einsatz von KI und hilft,
> potenzielle Probleme frühzeitig zu erkennen und zu beheben.

2. Bildung eines interdisziplinären Teams

Für eine erfolgreiche KI-Implementierung ist es wichtig, ein starkes und vielfältiges Team zu haben, das verschiedene Perspektiven und Fachkenntnisse einbringt.

Checkliste:

- Team zusammenstellen:
  - **Fachbereiche einbinden:** Stelle sicher, dass alle relevanten Fachbereiche im Team vertreten sind, wie IT, Datenanalyse, Fachabteilungen und Management.

    > 🔅**Tipp** Identifiziere Schlüsselpersonen aus den verschiedenen Abteilungen und lade sie zu einem Kick-off-Meeting ein. Erkläre die Ziele des Projekts und ihre Rolle dabei.

  - **Rollen und Verantwortlichkeiten definieren:** Klare Zuständigkeiten sind wichtig, um reibungslose Abläufe zu gewährleisten. Definiere die Rollen jedes Teammitglieds genau.

    > 🔅**Tipp** Erstelle ein Organigramm, das die Verantwortlichkeiten und Aufgaben jedes Teammitglieds zeigt. Nutze Projektmanagement-Tools wie Asana oder Monday.com, um Aufgaben und Verantwortlichkeiten zu verfolgen.

- Kompetenzen und Schulungen:
  - **Notwendige Kompetenzen sicherstellen:** Stelle sicher, dass das Team über die notwendigen Fähigkeiten und Kenntnisse verfügt. Plane Schulungen und Weiterbildungen ein, um Wissenslücken zu schließen.

    > 🔅**Tipp** Identifiziere Schulungsbedarfe und organisiere gezielte Trainings. Online-Kurse und Workshops von Plattformen wie Coursera oder Udemy können hilfreich sein um KI-Wissen in deinem Team aufzubauen.

  - **Externe Expertise einbeziehen:** Ziehe externe Berater hinzu, wenn interne Ressourcen nicht ausreichen. Berater können wertvolle Einblicke und Erfahrungen einbringen.

> ⚙️**Tipp** Wähle Berater mit nachgewiesener Erfahrung in KI-Projekten und fordere Referenzen an. Arbeite eng mit ihnen zusammen, um das interne Wissen zu erweitern.

- **Plane regelmäßige Meetings und Updates:** Regelmäßige Treffen und Updates sind wichtig, um den Fortschritt des Projekts zu überwachen, Probleme frühzeitig zu identifizieren und gemeinsam Lösungen zu entwickeln.

> ☑ **Handlungsempfehlung**
> Organisiere einen Kick-off-Workshop, um das Team zu schulen und die Projektziele zu definieren. Dies bietet die Gelegenheit, das Team zu motivieren, klare Ziele zu setzen und eine gemeinsame Vision für das Projekt zu entwickeln. Stelle sicher, dass alle Teammitglieder über die Projektziele, den Zeitplan und ihre jeweiligen Rollen und Verantwortlichkeiten informiert sind.
>
> **Teamwork makes the dream work.** – Ein interdisziplinäres Team stellt sicher, dass alle Aspekte der KI-Implementierung berücksichtigt werden, von der Technik bis zur Geschäftsstrategie. Durch die Zusammenarbeit verschiedener Experten kann das Projekt aus verschiedenen Blickwinkeln betrachtet und optimiert werden.

Phase 3: Prototyping und Pilotphase

In der dritten Phase geht es darum, einen ersten KI-Prototypen zu entwickeln und zu testen. Diese Phase ist entscheidend, um die Machbarkeit und den Nutzen von KI in deinem Unternehmen zu evaluieren, bevor du in eine umfassende Implementierung gehst.

1. Entwicklung und Testen eines KI-Prototyps
Der erste Schritt in dieser Phase besteht darin, einen funktionierenden Prototyp zu entwickeln und zu testen. Dies hilft, das Konzept zu validieren und potenzielle Herausforderungen frühzeitig zu erkennen.

Checkliste:

- **Kleinen, überschaubaren Anwendungsfall wählen:** Entscheide dich für ein Projekt, das klar definierte Ziele hat und sich gut zur Überprüfung der KI-Machbarkeit eignet. Der Anwendungsfall sollte überschaubar sein, um schnelle Ergebnisse zu erzielen.

> ☀️**Tipp** Wähle einen Anwendungsfall, der einen hohen Nutzen verspricht und gleichzeitig ein geringes Risiko birgt. Zum Beispiel könnte dies die Automatisierung eines einfachen, aber zeitaufwendigen Prozesses sein, wie die automatische Bearbeitung von E-Mail-Anfragen.

- **Entwickle den Prototyp unter Verwendung der ausgewählten Tools und Daten:** Nutze die Tools und Plattformen, die in der Markt- und Technologieanalyse ausgewählt wurden. Verwende die vorbereiteten Daten, um den Prototyp zu trainieren und zu testen.

> ☀️**Tipp** Halte die Entwicklung des Prototyps einfach und fokussiere dich auf die Kernfunktionalitäten. Nutze Agile-Methoden, um in kurzen Iterationen vorzugehen und regelmäßig Feedback einzuholen. Dies hilft, den Entwicklungsprozess flexibel und anpassungsfähig zu gestalten.

- **Teste den Prototyp in einer kontrollierten Umgebung:** Führe Tests durch, um die Funktionalität und Leistung des Prototyps zu bewerten. Achte darauf, dass die Tests in einer kontrollierten Umgebung stattfinden, um genaue Ergebnisse zu erhalten.

> ☀️**Tipp** Erstelle eine Testumgebung, die realistische Bedingungen simuliert, aber gleichzeitig sicherstellt, dass keine negativen Auswirkungen auf den laufenden Betrieb entstehen. Verwende Testdaten, die repräsentativ für die späteren Einsatzszenarien sind.

> ☑ **Handlungsempfehlung**
> Setze einen Zeitplan für die Entwicklung und das Testen des Prototyps. Dokumentiere die Ergebnisse sorgfältig und plane die nächsten Schritte basierend auf den gewonnenen Erkenntnissen. Achte darauf, dass alle relevanten Stakeholder in den Prozess einbezogen werden, um eine umfassende Evaluierung zu gewährleisten. Organisiere Review-Meetings, in denen die Ergebnisse der Tests präsentiert und diskutiert werden. Achte darauf, dass das Feedback dokumentiert und systematisch in die weiteren Entwicklungsschritte integriert wird.
> **Think big, start small.** – Ein Prototyp hilft dir, die Machbarkeit und den Nutzen von KI in deinem Unternehmen zu evaluieren, bevor du in eine umfassende

Implementierung gehst. Durch die Entwicklung eines Prototyps kannst du Risiken minimieren und wertvolle Erkenntnisse gewinnen.

2. Feedback und Anpassung

Nachdem der Prototyp entwickelt und getestet wurde, ist es wichtig, Feedback zu sammeln und Anpassungen vorzunehmen. Dieser iterative Prozess stellt sicher, dass der Prototyp kontinuierlich verbessert wird und den Anforderungen deines Unternehmens entspricht.

Checkliste:

- **Sammle Feedback von den Nutzern des Prototyps:** Befrage die Endnutzer, um deren Erfahrungen und Meinungen zum Prototyp zu erfahren. Identifiziere dabei Stärken und Schwächen.

  > 💡**Tipp** Erstelle gezielte Fragebögen oder Interviews, um spezifische Rückmeldungen zu erhalten. Achte darauf, dass du ein breites Spektrum an Nutzern einbeziehst, um vielfältige Perspektiven zu bekommen. Nutze Tools wie Google Forms oder SurveyMonkey, um die Befragungen effizient durchzuführen und die Ergebnisse zu analysieren.

- **Analysiere die Performance-Daten des Prototyps:** Überprüfe die gesammelten Daten, um die Leistung des Prototyps zu bewerten. Achte auf Kennzahlen wie Genauigkeit, Effizienz und Benutzerfreundlichkeit.

  > 💡**Tipp** Setze Analytik-Tools ein, um die Performance-Daten zu sammeln und zu visualisieren. Tools wie Tableau oder Power BI können helfen, die Daten verständlich darzustellen und Trends zu erkennen. Erstelle regelmäßige Berichte, um den Fortschritt zu dokumentieren.

- **Nimm notwendige Anpassungen und Verbesserungen vor:** Basierend auf dem Feedback und den Performance-Daten, passe den Prototyp an. Dies kann die Optimierung von Algorithmen, die Verbesserung der Benutzeroberfläche oder die Anpassung der Datenverarbeitung umfassen.

> **Tipp** Arbeite eng mit deinem Entwicklungsteam zusammen, um schnelle Iterationen zu ermöglichen. Nutze Agile-Methoden wie Scrum, um regelmäßige Verbesserungszyklen zu planen und umzusetzen. Setze Prioritäten, um die wichtigsten Anpassungen zuerst anzugehen.

> ☑ **Handlungsempfehlung**
> Plane eine Feedback-Runde mit allen Stakeholdern. Nutze die gewonnenen Erkenntnisse, um den Prototyp zu optimieren und für die Pilotphase vorzubereiten. Dieser Prozess sollte kontinuierlich wiederholt werden, um stetige Verbesserungen zu gewährleisten. Organisiere regelmäßige Review-Meetings, in denen die Ergebnisse der Anpassungen besprochen und neue Ziele gesetzt werden. Dokumentiere alle Änderungen und deren Auswirkungen sorgfältig, um den Fortschritt nachvollziehen zu können.
> **Iterate to innovate.** – Feedback und kontinuierliche Anpassungen sind der Schlüssel zur erfolgreichen Implementierung von KI. Durch regelmäßiges Feedback und Anpassungen kannst du sicherstellen, dass der Prototyp optimal auf die Bedürfnisse deines Unternehmens zugeschnitten ist.

Phase 4: Skalierung und Integration

Die letzte Phase auf dem Weg zur erfolgreichen KI-Implementierung besteht darin, die entwickelte Lösung zu skalieren und in den Geschäftsalltag zu integrieren. Hierbei ist es entscheidend, einen strukturierten Rollout-Plan zu entwickeln, die Mitarbeiter zu schulen und ein kontinuierliches Monitoring- und Optimierungssystem zu etablieren.

1. Rollout und Integration in den Geschäftsalltag
Nachdem der Prototyp erfolgreich getestet und optimiert wurde, geht es nun darum, die KI-Lösung flächendeckend in deinem Unternehmen einzuführen und nahtlos in bestehende Prozesse zu integrieren.

Checkliste:

- Detaillierten Rollout-Plan entwickeln:

– **Umfassender Rollout-Plan:** Erstelle einen Plan, der alle Schritte des Rollouts beinhaltet. Dieser Plan sollte Meilensteine, Verantwortlichkeiten und Zeitpläne festlegen, um einen reibungslosen Übergang sicherzustellen.

> 💡**Tipp** Nutze Projektmanagement-Tools wie Monday.com oder Asana, um deinen Rollout-Plan detailliert zu erstellen und zu verfolgen. Setze klare Meilensteine und Deadlines, und weise jedem Teammitglied spezifische Aufgaben und Verantwortlichkeiten zu.

– **Risiken und Herausforderungen identifizieren:** Erstelle eine Risikobewertung und entwickle Strategien, um potenzielle Probleme frühzeitig zu erkennen und zu lösen.

> 💡**Tipp** Halte regelmäßige Risikobesprechungen ab und aktualisiere deinen Rollout-Plan entsprechend. Dokumentiere alle identifizierten Risiken und Maßnahmen zur Risikominderung in einem Risiko-Register.

• Mitarbeiterschulungen durchführen:
  – **Schulungen und Trainings:** Biete umfassende Schulungen und Trainings an, um sicherzustellen, dass alle Mitarbeiter die neue KI-Lösung verstehen und effektiv nutzen können. Dies fördert die Akzeptanz und maximiert den Nutzen der Implementierung.

> 💡**Tipp** Erstelle maßgeschneiderte Schulungsprogramme, die auf die spezifischen Bedürfnisse der verschiedenen Abteilungen und Rollen zugeschnitten sind. Verwende E-Learning-Plattformen, Workshops und praktische Trainings, um das Wissen zu vermitteln.

  – **Support und Hilfe bereitstellen:** Richte ein Support-System ein, das den Mitarbeitern bei Fragen und Problemen zur Verfügung steht.

> 💡**Tipp** Implementiere ein Helpdesk-System oder ein spezielles Support-Team, das auf Anfragen zur neuen KI-Lösung schnell reagieren kann. Biete eine zentrale Anlaufstelle für alle Fragen und Probleme.

• Integration in bestehende Systeme und Prozesse:
  – **Nahtlose Integration:** Stelle sicher, dass die KI-Lösung nahtlos in deine vorhandene IT-Infrastruktur und Geschäftsprozesse integriert wird. Dies kann die Anpassung

von Schnittstellen, die Automatisierung von Prozessen und die Sicherstellung der Kompatibilität umfassen.

> :bulb:**Tipp** Arbeite eng mit deinem IT-Team zusammen, um alle technischen Anforderungen zu identifizieren und umzusetzen. Nutze APIs und Middleware-Lösungen, um eine reibungslose Kommunikation zwischen den Systemen zu gewährleisten.

- **Überwachung und Anpassung:** Implementiere ein Monitoring-System, um die Leistung der KI-Lösung kontinuierlich zu überwachen und bei Bedarf Anpassungen vorzunehmen.

> :bulb:**Tipp** Verwende Monitoring-Tools wie Prometheus oder Grafana, um die Systemleistung in Echtzeit zu überwachen. Setze Alarme und Berichte auf, um frühzeitig auf Abweichungen reagieren zu können.

> ☑ **Handlungsempfehlung**
> Erstelle einen Kommunikationsplan, um alle Mitarbeiter über die neuen KI-Initiativen zu informieren und ihre Unterstützung zu gewinnen. Transparente Kommunikation ist entscheidend, um die Akzeptanz zu fördern und Bedenken auszuräumen. Informiere regelmäßig über den Fortschritt des Rollouts und die erzielten Erfolge.
> **Vom Prototyp zur Realität.** – Der Rollout ist der entscheidende Schritt, um die Vorteile der KI im gesamten Unternehmen nutzbar zu machen. Eine sorgfältige Planung und Durchführung sind dabei unerlässlich, um potenzielle Störungen zu minimieren und den Übergang so reibungslos wie möglich zu gestalten.

2. Kontinuierliches Monitoring und Optimierung

Nach dem Rollout ist es wichtig, die KI-Lösung kontinuierlich zu überwachen und zu optimieren. Dies stellt sicher, dass die Lösung effektiv bleibt und sich an veränderte Geschäftsanforderungen anpasst.

Checkliste:

- **Implementiere ein System zur Überwachung der KI-Lösung:** Setze Monitoring-Tools ein, um die Leistung der KI-Lösung in Echtzeit zu überwachen. Dies umfasst die Überprüfung von Systemmetriken, Leistungskennzahlen und Benutzerfeedback.

> **Tipp** Nutze spezialisierte Monitoring-Tools wie Prometheus, Grafana oder Splunk, um detaillierte Einblicke in die Performance deiner KI-Lösung zu erhalten. Stelle Dashboards ein, die die wichtigsten Kennzahlen in Echtzeit anzeigen, und setze Alarme, um bei Abweichungen sofort benachrichtigt zu werden.

- **Sammle kontinuierlich Nutzerdaten und Feedback:** Ermutige die Benutzer, regelmäßig Feedback zu geben, und sammle Daten über die Nutzung und Performance der KI-Lösung. Dies hilft, potenzielle Probleme frühzeitig zu erkennen und zu beheben.

> **Tipp** Implementiere einfache Feedback-Mechanismen wie Umfragen, Feedback-Buttons oder regelmäßige Nutzerbefragungen. Verwende Tools wie SurveyMonkey oder Qualtrics, um strukturiertes Feedback zu sammeln und auszuwerten. Berücksichtige sowohl quantitative als auch qualitative Rückmeldungen.

- **Optimiere die KI-Lösung regelmäßig basierend auf den gesammelten Daten und dem Feedback:** Nutze die gesammelten Daten, um kontinuierlich Verbesserungen vorzunehmen. Dies kann die Anpassung von Algorithmen, die Aktualisierung von Datenmodellen und die Verbesserung der Benutzeroberfläche umfassen.

> **Tipp** Plane regelmäßige Iterationszyklen, in denen du die KI-Lösung überprüfst und optimierst. Nutze Agile-Methoden wie Scrum, um Verbesserungen systematisch und regelmäßig umzusetzen. Dokumentiere alle Änderungen und deren Auswirkungen, um den Optimierungsprozess transparent und nachvollziehbar zu gestalten.

> ☑ **Handlungsempfehlung**
> Setze regelmäßige Review-Meetings an, um die Performance der KI-Lösung zu bewerten und Verbesserungen zu planen. Diese Meetings sollten eine Gelegenheit

bieten, die gesammelten Daten und das Feedback zu analysieren und konkrete Maßnahmen zur Optimierung zu beschließen. Eine kontinuierliche Überprüfung und Anpassung der KI-Lösung hilft, langfristig erfolgreich zu bleiben. Erstelle einen festen Zeitplan für die Review-Meetings, beispielsweise monatlich oder vierteljährlich. In diesen Meetings sollten alle relevanten Stakeholder zusammenkommen, um die aktuellen Ergebnisse zu diskutieren und zukünftige Anpassungen zu planen. Verwende Präsentationen und Berichte, um die gesammelten Daten und das Feedback klar darzustellen. Priorisiere die zu bearbeitenden Optimierungen und weise klare Verantwortlichkeiten zu, um die Umsetzung zu gewährleisten.

Never stop improving. – KI ist ein dynamisches Feld. Regelmäßige Überwachung und Optimierung sind entscheidend, um den maximalen Nutzen zu gewährleisten. Durch kontinuierliche Verbesserungen stellst du sicher, dass die KI-Lösung stets auf dem neuesten Stand ist und den Anforderungen deines Unternehmens gerecht wird.

Schlusswort: Dein Fahrplan für den KI-Erfolg

Mit diesem KI-Startkit hast du einen Leitfaden, um die ersten Schritte in die Welt der Künstlichen Intelligenz zu wagen. Denke daran: Der Weg zur erfolgreichen KI-Implementierung ist kein Sprint, sondern ein Marathon. Es erfordert Geduld, Engagement und eine kontinuierliche Lernbereitschaft. Doch die Belohnungen – von gesteigerter Effizienz über innovative Geschäftsmodelle bis hin zu neuen Wettbewerbsvorteilen – sind es allemal wert.

Die Reise beginnt mit kleinen Schritten. Wenn du es schaffst, nur bis zur dritten Phase zu gelangen und einen ersten Use Case für dich zu identifizieren und auszuprobieren, hast du bereits einen bedeutenden Fortschritt gemacht. Jeder Schritt in Richtung KI-Implementierung, sei er noch so klein, bringt dich deinem Ziel näher und eröffnet neue Möglichkeiten für dein Unternehmen.

Nimm dir Zeit für die gründliche Vorbereitung, sei offen für Feedback und Anpassungen und halte dich an die iterativen Prozesse, die wir hier beschrieben haben. Der Erfolg liegt in der kontinuierlichen Verbesserung und der Bereitschaft, aus jedem Schritt zu lernen. Du wirst sehen, dass auch kleine Fortschritte eine große Wirkung haben können.

Also, worauf wartest du noch? Nutze die Möglichkeiten, die dir KI bietet, und transformiere dein Unternehmen für die Zukunft. Bleib neugierig, bleib mutig und vor allem: Bleib am Ball! Die Welt der Künstlichen Intelligenz hält unzählige Chancen bereit – es liegt an dir, sie zu ergreifen und dein Unternehmen auf das nächste Level zu heben.

Erinnere dich daran, dass du nicht allein auf dieser Reise bist. Nutze die Ressourcen, die dir zur Verfügung stehen, tausche dich mit Experten aus und ziehe externe Unterstützung hinzu, wenn nötig. Jeder Schritt, den du unternimmst, bringt dich näher an dein

Ziel, und mit der richtigen Einstellung und Vorbereitung kannst du die Herausforderungen meistern und die vielen Vorteile der KI voll ausschöpfen.

Bleib dran und setze das Gelernte in die Tat um. Die Zukunft ist jetzt – mach den ersten Schritt und beginne deine Reise in die Welt der Künstlichen Intelligenz. Viel Erfolg auf deinem Weg!

Teil VI
Abschluss & Blick in die Glaskugel: KI im Mittelstand – Was die Zukunft so bringt

Nun sind wir am Ende dieses Buches angelangt – doch für dich soll es erst der Anfang sein. Wie wir bereits zu Beginn erwähnt haben, war dieses Buch auch für uns eine spannende Reise, die noch lange nicht vorbei ist. Künstliche Intelligenz entwickelt sich stetig weiter, und während du diese Seiten liest, gibt es wahrscheinlich schon wieder neue Entwicklungen, die noch mehr Leistung und zahlreiche neue Anwendungsfälle bieten.

Lass dich von der Flut an Innovationen nicht überwältigen. Konzentriere dich auf deine spezifischen Use Cases, die deinem Unternehmen den größten Nutzen bringen, und baue Schritt für Schritt weiteres Know-how auf. Die Welt der KI ist riesig und aufregend, aber der Schlüssel zum Erfolg liegt darin, fokussiert und strategisch vorzugehen.

Bevor wir dich nun ins Handeln entlassen, lass uns noch einen kurzen Blick in die Glaskugel werfen. Die nahe Zukunft der KI verspricht aufregende Entwicklungen und Potenziale, die den Mittelstand weiter transformieren können. In den nächsten Abschnitten werfen wir einen Blick darauf, was bald möglich sein könnte – von neuen Technologien über innovative Anwendungen bis hin zu den Herausforderungen, die uns erwarten.

Zukunftsszenarien für KI im Mittelstand: Chancen und Herausforderungen

19

Die Zukunft hält unzählige Chancen bereit – und es liegt an dir, sie zu ergreifen und dein Unternehmen auf das nächste Level zu bringen. Deine Reise hat gerade erst begonnen, und wir sind gespannt, wohin sie dich führen wird!

Markierungspflicht von KI-generierten Inhalten

Ein besonders spannendes und zugleich kritisches Zukunftsthema ist die Markierungspflicht von KI-generierten Inhalten. Bereits jetzt gibt es Initiativen, die fordern, dass Inhalte, die von Künstlicher Intelligenz erstellt wurden, klar gekennzeichnet werden müssen. Dies betrifft vor allem Bereiche wie die Medien, das Marketing und die Politik, wo die Gefahr von Desinformation und Täuschung besonders hoch ist.

Stell dir vor, jemand erstellt ein Deepfake-Video, in dem eine bekannte Persönlichkeit falsche Aussagen trifft. Ohne entsprechende Kennzeichnung könnte dies zu erheblichen Missverständnissen und sogar zu politischen oder sozialen Unruhen führen. Eine gesetzliche Markierungspflicht würde sicherstellen, dass derartige Inhalte sofort als KI-generiert erkannt werden können und somit das Vertrauen in die Echtheit von Informationen gestärkt wird.

Weitere zukunftsweisende Entwicklungen

Die Zukunft hält viele spannende Entwicklungen im Bereich der Künstlichen Intelligenz bereit, die den Mittelstand nachhaltig beeinflussen werden. Hier sind einige Szenarien, die wir uns vorstellen können:

- **Personalisierte Marketingstrategien:** Mit fortschrittlichen KI-Algorithmen wird es möglich sein, Marketingkampagnen so stark zu personalisieren, dass sie sich an den individuellen Bedürfnissen und Vorlieben jedes einzelnen Kunden orientieren. KI kann Kundendaten analysieren und daraus maßgeschneiderte Angebote und Botschaften erstellen, die die Kundenbindung und den Umsatz steigern.[1]
- **Automatisierte Entscheidungsfindung:** KI wird in der Lage sein, immer komplexere Entscheidungen zu treffen, die bisher menschlichen Managern vorbehalten waren. Dies umfasst strategische Geschäftsentscheidungen, Risikobewertungen und sogar kreative Prozesse. Dein Unternehmen kann dadurch effizienter und agiler auf Marktveränderungen reagieren.
- **Virtuelle Assistenten und Mitarbeiter:** Die Integration von KI-basierten virtuellen Assistenten wird weiter zunehmen. Diese Assistenten können Routineaufgaben übernehmen, deine Mitarbeiter unterstützen und sogar als virtuelle Teammitglieder agieren, die rund um die Uhr verfügbar sind. Dies erhöht die Produktivität und entlastet das Personal.
- **Prädiktive Wartung und Produktion:** In der Fertigungsindustrie wird prädiktive Wartung durch KI immer mehr an Bedeutung gewinnen. KI-Systeme können Maschinendaten analysieren und vorhersagen, wann Wartungen erforderlich sind, um Ausfälle zu vermeiden und die Effizienz zu steigern. Ebenso können Produktionsprozesse durch KI optimiert und Engpässe vorhergesagt werden.
- **Medizinische Beratung und Diagnostik:** Bereits heute gibt es KI-Lösungen wie Med-Gemini, die in der Lage sind, genauere und empathischere Auskünfte zu geben als manche Fachärzte. Diese Systeme analysieren große Mengen medizinischer Daten, um präzise Diagnosen und personalisierte Behandlungsvorschläge zu liefern. Dies zeigt, dass KI nicht nur im Alltag, sondern auch in der Wissenschaft und Medizin immer mehr an Bedeutung gewinnt. Die Fähigkeit der KI, große Datenmengen schnell zu verarbeiten und dabei genaue und einfühlsame Empfehlungen zu geben, revolutioniert die medizinische Versorgung und Forschung.[2]
- **Roboter in verschiedenen Branchen:** Roboter werden zunehmend in allen möglichen Bereichen eingesetzt, um den Menschen die Arbeit zu erleichtern. In der Logistik helfen autonome Roboter bei der Lagerverwaltung und dem Transport von Waren,

---

[1] https://www.forbes.com/sites/forbescommunicationscouncil/2024/01/05/ai-and-personalization-in-marketing/

[2] https://www.health.harvard.edu/blog/can-ai-answer-medical-questions-better-than-your-doctor-202403273028

wodurch Prozesse effizienter gestaltet werden. In der Krankenpflege unterstützen Roboter das Pflegepersonal bei Routineaufgaben und ermöglichen es den Pflegekräften, sich mehr auf die individuelle Betreuung der Patienten zu konzentrieren. Auch im Lieferservice sind Roboter auf dem Vormarsch und liefern Pakete direkt an die Haustür der Kunden, was die Lieferketten optimiert und die Zustellzeiten verkürzt.

- **Länderspezifische LLMs:** In Zukunft werden Länder eigene Large Language Models (LLMs) entwickeln, die speziell auf die jeweilige Kultur und die lokalen regulatorischen Anforderungen zugeschnitten sind. Dies wird sicherstellen, dass die KI-Anwendungen besser auf die Bedürfnisse und Besonderheiten der jeweiligen Bevölkerung abgestimmt sind.
- **Schlankere und energieeffizientere LLMs:** Künstliche Intelligenz wird auch in schlankeren Modellen verfügbar sein, die weniger Energie verbrauchen. Diese Entwicklungen sind nicht nur umweltfreundlicher, sondern ermöglichen auch eine breitere Anwendung von KI-Technologien in verschiedenen Industrien und Unternehmen.
- **KI als Ersatz für klassische Suchmaschinen:** KI könnte klassische Suchmaschinen teilweise ablösen, indem sie direktere und relevantere Antworten auf Benutzeranfragen liefert. Modelle wie ChatGPT könnten Google als Quelle der Wahrheit ablösen, indem sie nicht nur Suchergebnisse anzeigen, sondern auch verständliche und kontextualisierte Antworten geben. Dies würde die Art und Weise, wie Informationen gesucht und gefunden werden, grundlegend verändern.

Fazit: Die Zukunft aktiv gestalten

Bei all diesen technologischen Fortschritten darf man eines nicht vergessen: Hinter jeder erfolgreichen KI-Implementierung stehen Menschen – die Innovatoren, die Entwickler, die Nutzer. Deine Mitarbeiter sind ein wesentlicher Teil dieses Transformationsprozesses. Investiere in ihre Weiterbildung, fördere eine Kultur der Innovation und ermutige sie, neue Technologien auszuprobieren und aktiv mitzugestalten.

Ein wichtiger Schritt in dieser Richtung ist die Schaffung eines Arbeitsumfelds, das Innovation und Experimentierfreude fördert. Dies kann durch regelmäßige Workshops, Schulungen und interaktive Projekte erreicht werden. Fördere die Zusammenarbeit zwischen verschiedenen Abteilungen, um die vielfältigen Perspektiven und Erfahrungen zu nutzen, die dein Team mitbringt. Auf diese Weise wird die Implementierung von KI zu einem integralen Bestandteil der Unternehmenskultur und nicht nur zu einem technischen Projekt.

Während wir die vielen Vorteile von KI nutzen, dürfen wir die ethischen Implikationen nicht aus den Augen verlieren. Transparenz, Fairness und Datenschutz sind zentrale Themen, die berücksichtigt werden müssen, um das Vertrauen der Kunden und Partner zu gewinnen und zu erhalten. Entwickle klare Richtlinien und Prozesse, um sicherzustellen, dass deine KI-Anwendungen diesen Prinzipien entsprechen. Ein Beispiel hierfür ist die

Abb. 11.1 Mensch füttert die
KI mit Daten

Entwicklung von Algorithmen, die keine diskriminierenden Entscheidungen treffen. Dies erfordert eine sorgfältige Prüfung und Anpassung der verwendeten Daten und Modelle. Ebenso wichtig ist es, den Datenschutz zu gewährleisten, indem sensible Daten geschützt und nur für legitime Zwecke verwendet werden (Abb. 11.1).

Die Integration von KI in den Mittelstand hat nicht nur lokale, sondern auch globale Auswirkungen. Unternehmen, die frühzeitig in KI investieren und diese effektiv nutzen, können sich einen Wettbewerbsvorteil verschaffen und ihre Marktposition stärken. Gleichzeitig bietet die Zusammenarbeit mit internationalen Partnern und die Nutzung globaler Ressourcen neue Chancen für Wachstum und Innovation.

Die Implementierung von KI ist kein einmaliges Projekt, sondern ein fortlaufender Prozess. Künstliche Intelligenz muss ganzheitlich über das Unternehmen hinweg gedacht werden, nicht nur in einzelnen Tools und Use Cases. Sie sollte als strategische Säule betrachtet werden, die das gesamte Unternehmen beeinflusst und weiterentwickelt. Technologien entwickeln sich ständig weiter, und es ist entscheidend, dass dein Unternehmen flexibel und anpassungsfähig bleibt. Bleibe stets auf dem Laufenden über die neuesten Trends und Entwicklungen in der KI-Welt und nutze diese Erkenntnisse, um deine Strategien und Prozesse kontinuierlich zu verbessern.

Ein letztes Wort: Auf in die Zukunft!

Dieses Buch war dein Reiseführer durch die faszinierende Welt der Künstlichen Intelligenz, speziell zugeschnitten auf die Bedürfnisse des Mittelstands. Wir hoffen, dass du nicht nur neue Erkenntnisse gewonnen, sondern auch den Mut gefunden hast, die Potenziale der KI in deinem Unternehmen voll auszuschöpfen. In diesem Sinne: Auf in die Zukunft! Mach dich bereit, die Potenziale der Künstlichen Intelligenz voll auszuschöpfen und die digitale Transformation deines Unternehmens aktiv mitzugestalten. Die Zukunft gehört denen, die mutig genug sind, neue Wege zu beschreiten und die Kraft der Innovation zu nutzen.

Vielen Dank für deine Zeit und dein Vertrauen in unser Buch. Wir freuen uns auf die Reise, die du und dein Unternehmen mit der Künstlichen Intelligenz erleben werdet. Bleib neugierig, bleib innovativ – die Zukunft wartet auf dich!

Printed in the United States
by Baker & Taylor Publisher Services